Una guía para recolectar agua de lluvia y supervivencia con agua

Estrategias esenciales de emergencia para obtener agua, autosuficiencia y habilidades de supervivencia en un mundo incierto

Tabla de contenidos

Primera Parte: Recolección de agua de lluvia

Una guía sostenible para recolectar, almacenar y utilizar el don de la naturaleza para la conservación del agua y la autosuficiencia

Introducción

En un mundo en el que el agua es un bien cada vez más preciado, imagina una solución que conserve este recurso vital y transforme una ducha de lluvia mundana en un salvavidas sostenible para tu hogar y jardín. Bienvenido al cautivador reino de "Recolectar agua de lluvia".

Una aventura acuática

Llegará un día en el que ya no estará a merced de su factura de agua, su jardín prosperará sin engullir galones del grifo y no se quedará seco durante las sequías. Este libro es tu boleto a un país de las maravillas acuáticas donde la lluvia se convierte en una compañera en tu viaje hacia la sostenibilidad.

Propósito desvelado

El objetivo principal de "Recolectar agua de lluvia" es empoderarlo con el conocimiento y las habilidades para aprovechar el increíble potencial del agua de lluvia. Más que un recurso, el agua de lluvia es una solución, y este libro es su hoja de ruta para liberar todo su potencial. No se trata solo de la conservación del agua, sino de un cambio de estilo de vida hacia la autosuficiencia, el respeto al medio ambiente y una conexión más profunda con la naturaleza.

¿Por qué se destaca este libro?

¿Qué diferencia a esta guía del resto en el mercado? En pocas palabras, está diseñada pensando en ti. No hay jerga complicada ni diagramas intrincados que te hagan girar la cabeza. Este libro es tu amable vecino, que te invita a charlar sobre la lluvia, los barriles y la vida sostenible.

- **Fácil de entender:** Olvídate de los tecnicismos desconcertantes. Este libro desglosa el proceso de recolección de agua de lluvia en capítulos fáciles de digerir. No necesitas un título de ingeniería para entender los conceptos que aquí se presentan.

- **Ideal para principiantes:** Tanto si eres un entusiasta de la jardinería como si eres alguien que acaba de sumergirse en la piscina de la sostenibilidad, este libro es el punto de partida perfecto. No supone conocimientos previos. Te guía desde lo básico hasta lo más complicado para convertirte en un maestro de la recolección de agua de lluvia.

- **Métodos e instrucciones prácticas:** Este no es un libro de texto teórico. Es un manual práctico. Sumérgete en instrucciones prácticas paso a paso que convierten la teoría en acción. En el momento en que lo deje, estará listo para implementar su sistema de recolección de agua de lluvia con confianza.

- **Atractivo y accesible:** ¿Los manuales complicados acumulan polvo en su estante? Este no se unirá a ellos. "Recolectar agua de lluvia" es un libro escrito en un estilo atractivo, humorístico y accesible.

Dile adiós a los problemas del agua y únete al movimiento hacia un futuro más sostenible. Este libro es la clave para un mañana más verde y autosuficiente. Por lo tanto, sumérgete en las páginas de "Recolectar agua de lluvia" y deja que comience la revolución del agua. Tu jardín, tu cartera y el planeta te lo agradecerán.

Capítulo 1: Conceptos básicos de la recolección de agua de lluvia

El agua de lluvia ha jugado un papel vital a lo largo de la historia de la humanidad. Desde las civilizaciones antiguas hasta el presente consciente del medio ambiente, la recolección de agua de lluvia se ha entretejido en el tejido de la vida sostenible. En este capítulo, repasarás los conceptos fundamentales de la recolección de agua de lluvia. Rastrearás sus raíces en la historia, comprenderás su significado moderno y explorarás su lugar dentro de la intrincada red del ciclo natural del agua.

El agua de lluvia ha jugado un papel vital a lo largo de la historia de la humanidad[1]

Contexto histórico de la captación de agua de lluvia

La lluvia, la danza eterna de las gotas de los cielos, ha sido una compañera eterna para la humanidad. En la intrincada coreografía de la naturaleza, el agua de lluvia ha sido más que un visitante fugaz. Es un recurso atemporal que las primeras civilizaciones, con su profundo conocimiento del medio ambiente, aprovecharon ingeniosamente para sobrevivir. Prepárate para viajar en el tiempo para explorar el contexto histórico de la recolección de agua de lluvia y ser testigo de la evolución de las técnicas que han dado forma a esta práctica.

Desvelando el ingenio de los nabateos

Los nabateos, habitantes de la antigua ciudad de Petra, eran verdaderos maestros de la recolección de agua de lluvia. Situados en el corazón de un desierto, su supervivencia dependía de su capacidad para aprovechar al máximo cada preciosa gota de lluvia. Los ingeniosos jardines de lluvia de Petra fueron un testimonio de su avanzada comprensión del flujo y la conservación del agua.

Talladas en la piedra arenisca de color rojo rosado, las presas y cisternas nabateas formaban una intrincada red diseñada para capturar y dirigir el agua de lluvia. Estas estructuras no eran solo utilitarias. Eran una combinación de funcionalidad y arte. Los nabateos esculpieron su entorno para armonizar con las lluvias esporádicas pero vivificantes, mostrando un nivel de ingenio que todavía cautiva a las mentes modernas.

Su enfoque fue proactivo. No esperaron a que la escasez de agua forzara la innovación, anticipándose a las necesidades de su comunidad y diseñando soluciones para una prosperidad sostenida. El legado de los nabateos sirve como recordatorio de que, incluso en los entornos más duros, los seres humanos tienen el potencial de transformar los desafíos en oportunidades.

Sabiduría griega en la cuenca de la azotea

Los griegos, reconocidos por sus contribuciones a la filosofía y la ciencia, también reconocieron el valor del agua de lluvia. En una sociedad que estimaba la sabiduría, implementaron sofisticados sistemas de captación en los techos para capturar y canalizar la lluvia hacia los recipientes de almacenamiento.

Los griegos entendían que la lluvia era una fuente de vida. Los sistemas de captación de los tejados, que a menudo se ven junto con la arquitectura de las antiguas casas griegas, eran una manifestación práctica de su reverencia por el agua. Al recolectar agua de lluvia, los griegos aseguraron un suministro confiable para uso doméstico y agrícola.

Esta integración armoniosa de practicidad y filosofía reflejaba un enfoque holístico de la vida en concierto con la naturaleza. Los griegos, en su búsqueda del conocimiento, reconocieron la interconexión de la vida humana con el medio ambiente. La sabiduría de los sistemas de captación en los tejados no fue solo un logro tecnológico. Fue una manifestación de una comprensión más profunda de la relación simbiótica entre la humanidad y los elementos.

El brillo hidráulico de Mohenjo-Daro

La antigua ciudad de Mohenjo-Daro, enclavada en las fértiles llanuras del valle del Indo, muestra otro capítulo en la saga histórica de la recolección de agua de lluvia. Los habitantes de esta civilización avanzada fueron pioneros en la elaboración de intrincados sistemas de canales y embalses para aprovechar las lluvias monzónicas.

La gestión estratégica del agua de Mohenjo-Daro no se limitaba a sobrevivir, sino a prosperar. Los canales y embalses eran sistemas cuidadosamente planificados y diseñados que sostenían las actividades agrícolas. La brillantez de Mohenjo-Daro radicaba en el diseño arquitectónico de la ciudad y la previsión de aprovechar la abundancia estacional de lluvia para la prosperidad a largo plazo.

Los avanzados sistemas hidráulicos de la ciudad eran un testimonio de la destreza organizativa y de ingeniería de una civilización que florecía en armonía con su entorno. Las lecciones prácticas de Mohenjo-Daro trascienden el tiempo, recordándole que la gestión sostenible del agua no es un concepto moderno, sino una sabiduría milenaria arraigada en la historia humana compartida.

Maestría romana: Acueductos y aljibes

Los romanos, sinónimo de maravillas de la ingeniería, elevaron la recolección de agua de lluvia a una forma de arte. La grandeza de sus acueductos y cisternas suministraba agua para uso doméstico y desempeñó un papel crucial en el sostenimiento del extenso Imperio romano.

Con sus impresionantes arcos que se extendían a través de paisajes, los acueductos eran hazañas de ingeniería que transportaban agua a grandes distancias. Las cisternas, ubicadas estratégicamente dentro de las ciudades y fincas, almacenaban el agua de lluvia para los momentos de necesidad. Los romanos reconocieron que el agua de lluvia era un activo estratégico que podía gestionarse a gran escala.

La maestría de los romanos se extendió más allá de las conquistas. Abarca la utilización cuidadosa de los recursos naturales. Sus acueductos y cisternas eran conductos de sostenibilidad y aseguraban un suministro de agua estable para una civilización floreciente. El legado de la recolección romana de agua de lluvia es un testimonio del impacto duradero de la gestión ambiental con visión de futuro.

Evolución en la Edad Media

A medida que se desarrollaba el período medieval, los monasterios se convirtieron en centros de innovación en la gestión del agua. Vastos sistemas de techos recolectaban agua de lluvia, atendiendo las necesidades agrícolas y domésticas. Los monjes, a menudo custodios del conocimiento y la sabiduría, reconocían el valor del agua de lluvia para el sustento y el bienestar espiritual y comunitario de sus sociedades.

En la tradición monástica, la recolección de agua de lluvia pasó de ser una necesidad práctica a una práctica espiritual. Los monasterios a menudo presentaban intrincados sistemas de canaletas y bajantes que dirigían el agua de lluvia a las instalaciones de almacenamiento. El agua de lluvia recolectada, considerada pura e inmaculada, se utilizaba para diversos fines, incluida la elaboración de cerveza y preparaciones medicinales.

El enfoque monástico de la recolección de agua de lluvia refleja una profunda comprensión de la interconexión del bienestar físico y espiritual. Más que sobrevivir, se trataba de una vida holística. Los ecos de la recolección medieval de agua de lluvia resuenan en los tranquilos patios de los monasterios, donde la práctica atemporal se fusionó con una apreciación más profunda de la santidad del agua.

Refinamiento renacentista

El período del Renacimiento fue testigo de un refinamiento de los sistemas de recolección de agua de lluvia. Diseños elaborados adornaban las propiedades de los ricos, reflejando un enfoque práctico para la conservación del agua y una integración estética de funcionalidad y belleza. La grandeza de estos sistemas reflejaba las aspiraciones culturales y artísticas de la época.

A medida que se desarrollaba el Renacimiento, un renovado interés en el conocimiento clásico y una celebración del potencial humano estimularon los avances en varios campos. En el ámbito de la recolección de agua de lluvia, esta época vio la fusión de sensibilidades artísticas con la utilidad práctica. Las estructuras de los tejados se volvieron ornamentadas, con intrincadas tallas y diseños que transformaban los elementos funcionales en obras de arte.

El refinamiento de la recolección de agua de lluvia durante el Renacimiento fue una expresión cultural. Las propiedades de los ricos se convirtieron en escaparates tanto de destreza tecnológica como de ingenio artístico. La convergencia de la belleza y la utilidad en los sistemas de recolección de agua de lluvia reflejaba el espíritu renacentista más amplio. Era una época en la que se celebraban los logros humanos y todas sus facetas.

Resurgimiento en la Edad Moderna

Avanza rápidamente hasta el presente y te encontrarás lidiando con los desafíos de un clima que cambia rápidamente. La sabiduría ancestral, sin embargo, no ha sido olvidada. Hay un resurgimiento del interés en estas prácticas ancestrales a medida que las sociedades modernas buscan soluciones sostenibles a los problemas contemporáneos. Los ecos de los jardines de lluvia, las cuencas de los tejados y los acueductos de siglos pasados resuenan a medida que los humanos exploran formas de armonizar las necesidades con el medio ambiente.

En una era marcada por los avances tecnológicos y una creciente conciencia de las preocupaciones ambientales, los principios de la recolección de agua de lluvia están experimentando un renacimiento. La escasez de agua, el cambio climático y el aumento de la urbanización han provocado una revisión de prácticas ancestrales que resistieron la prueba del tiempo.

El resurgimiento del interés no es simplemente una mirada nostálgica hacia atrás. Es una respuesta estratégica a los problemas contemporáneos. La recolección de agua de lluvia, que alguna vez fue una necesidad nacida de la supervivencia, ahora es una opción. Es una decisión informada adoptar prácticas hídricas sostenibles. Las técnicas ancestrales que permitieron que las civilizaciones florecieran en diversos entornos se están convirtiendo en luces guía en la búsqueda de comunidades resilientes y conscientes del agua.

Reviviendo la sabiduría antigua

El contexto histórico de la recolección de agua de lluvia es un excelente ejemplo del ingenio humano y el cuidado del medio ambiente. Las lecciones de los nabateos, los griegos, la civilización del valle del Indo y los romanos no son reliquias de una época pasada, sino faros que te guían hacia un futuro más sostenible.

En tu búsqueda para abordar la escasez de agua y los desafíos ambientales, puedes inspirarte en la evolución de las técnicas de recolección de agua de lluvia. Los mismos principios que permitieron a las civilizaciones antiguas prosperar en diversos paisajes informan los esfuerzos contemporáneos para construir comunidades resilientes y conscientes del agua.

A medida que la humanidad se encuentra en la encrucijada de la historia y el progreso, el resurgimiento del interés en la recolección de agua de lluvia representa más que un guiño a la tradición. Es una elección consciente de abrazar la sabiduría del pasado para dar forma a un futuro sostenible y con seguridad hídrica. Las gotitas que cayeron sobre las civilizaciones antiguas continúan resonando a través del tiempo. Te invitan a aprovechar el oro líquido de los cielos para el bienestar de este planeta y de las generaciones venideras.

El ímpetu moderno

En la narrativa del siglo XXI, el mundo se encuentra al borde de una crisis hídrica. A medida que aumenta la población, los paisajes urbanos se expanden y los efectos caprichosos del cambio climático se manifiestan con las fuentes de agua tradicionales que se esfuerzan bajo presión. En esta era de incertidumbre, la recolección de agua de lluvia emerge como un faro de esperanza. Es una solución sostenible que ofrece una alternativa fiable a los suministros de agua convencionales.

Disminución de los recursos hídricos

La escasez de agua se cierne sobre el horizonte en una era marcada por la urbanización implacable y el crecimiento de la población mundial. Las fuentes de agua tradicionales, como los ríos y los acuíferos, se enfrentan a un estrés desconocido hasta ahora. La demanda de agua ha aumentado a niveles sin precedentes, impulsada por las necesidades de las industrias, la agricultura y los crecientes asentamientos urbanos. A medida que estas fuentes tradicionales se esfuerzan por satisfacer la demanda, la crisis hídrica requiere alternativas innovadoras y sostenibles.

La importancia de la recolección de agua de lluvia:

- **Sostenibilidad**: La captación de agua de lluvia ofrece una alternativa sostenible a los reservorios de agua tradicionales sobreexplotados.

- **Fuente reabastecible:** El agua de lluvia es una fuente reabastecible que alivia la carga del agotamiento de los recursos hídricos.

- **Conservación de las aguas subterráneas**: Al capturar el agua de lluvia, contribuye a conservar las valiosas reservas de aguas subterráneas y superficiales.

Responsabilidad Ambiental

El ímpetu moderno para la recolección de agua de lluvia se extiende más allá de una respuesta a la escasez de agua. Se alinea con la creciente ola de responsabilidad ambiental que se extiende a través de individuos y comunidades. A medida que se profundiza la conciencia sobre los problemas ecológicos, las personas buscan formas tangibles de reducir su huella ecológica. La recolección de agua de lluvia surge como una solución tangible e impactante, que presenta una oportunidad para conservar los recursos hídricos y minimizar el impacto ambiental asociado con los métodos tradicionales de extracción de agua.

El impacto ambiental de la recolección de agua de lluvia:

- **Reducción de la huella ecológica:** La recolección de agua de lluvia reduce la dependencia de las fuentes de agua tradicionales, minimizando el impacto ambiental de la extracción de agua.

- **Preservación de los ecosistemas naturales:** Cada gota recolectada preserva los ecosistemas naturales, manteniendo los ríos intactos, los acuíferos recargados naturalmente y los hábitats acuáticos en equilibrio.

- **Contribución consciente:** Elegir la recolección de agua de lluvia es una contribución consciente a la sostenibilidad más amplia del planeta.

Autosuficiencia

El deseo de autosuficiencia actúa como un poderoso motivador, lo que impulsa a muchos a explorar el ámbito de la recolección de agua de lluvia. Al captar el agua de lluvia en sus instalaciones, las personas obtienen un grado de independencia de los suministros de agua municipales. Esta nueva autonomía ofrece una fuente de agua fiable y contribuye a reducir la carga de los sistemas centralizados de distribución de agua.

Autosuficiencia a través de la captación de agua de lluvia:

- **Autonomía de los suministros municipales:** La recolección de agua de lluvia proporciona a las personas una fuente de agua confiable, lo que reduce la dependencia de los suministros municipales.

- **Independencia agrícola:** El agua de lluvia se convierte en un activo valioso en la agricultura, fomentando la autosuficiencia en el cuidado de los cultivos y el mantenimiento del ganado.

- **Resiliencia comunitaria:** El espíritu de autosuficiencia se extiende a comunidades enteras, reduciendo la dependencia de fuentes de agua externas y fomentando una forma de vida más sostenible y resiliente.

Un enfoque holístico de la seguridad hídrica

El ímpetu moderno para la recolección de agua de lluvia es multifacético, abordando las preocupaciones inmediatas de escasez de agua y adoptando la responsabilidad ambiental en la búsqueda de la autosuficiencia. A medida que navegas por las complejidades del siglo XXI, la recolección de agua de lluvia emerge como una solución tecnológica y un enfoque holístico para la seguridad hídrica. Este enfoque armoniza con el medio ambiente, preserva los ecosistemas naturales y empodera a las personas y comunidades para que se hagan cargo de su futuro hídrico.

La visión holística de la captación de agua de lluvia:

- **Armonizar con el medio ambiente:** La captación de agua de lluvia armoniza con el medio ambiente, preservando los ecosistemas naturales y contribuyendo a la sostenibilidad y preservación del planeta.

- **Empoderar a las personas y las comunidades:** Al elegir la recolección de agua de lluvia, las personas y las comunidades avanzan hacia un mundo más sostenible y con seguridad hídrica.

- **Un mañana próspero:** El agua de lluvia se convierte en una fuente de empoderamiento, fomentando una conexión entre la humanidad y la naturaleza, dando forma a un mañana próspero y respetuoso con el agua.

El agua de lluvia en el ciclo natural del agua

Para apreciar realmente el arte de la recolección de agua de lluvia, primero debes sumergirte en el proceso poético del ciclo natural del agua. Esta intrincada coreografía se desarrolla con el tierno abrazo del sol, persuadiendo a la humedad de los océanos, lagos y ríos hacia el cielo a través del encantador proceso de evaporación.

La danza de las gotas

El viaje del agua de lluvia comienza en las alturas, donde el calor del sol se convierte en un catalizador para la transformación. Los océanos, lagos y ríos entregan su esencia líquida al cielo, elevándose como vapor de agua invisible. A medida que el vapor de agua asciende, se funde con las nubes. Esta confusa colaboración es un testimonio del arte de la naturaleza, un preludio de la gran actuación que te espera.

Las nubes se juntan y se dispersan, llevando la promesa de una lluvia vivificante. El proceso continúa a medida que estas nubes tejen patrones intrincados influenciados por las corrientes atmosféricas y las variaciones de temperatura. Cuando las condiciones se alinean, las nubes liberan la humedad acumulada en una cascada de lluvia. ¿No es un espectáculo sublime el que sostiene la vida en la Tierra?

Colaboración en la nube

Esta colaboración alcanza su punto álgido cuando las nubes liberan su carga acuosa en forma de gotas. La lluvia es un acto fundamental en el sistema de reciclaje de la naturaleza. Las gotas de lluvia descienden a la tierra, refrescando la tierra, reabasteciendo los ríos y rellenando los acuíferos.

La tierra saturada de lluvia se convierte en un escenario para la renovación de la vida. Las semillas brotan, los ríos fluyen y los ecosistemas florecen en respuesta. El viaje de la lluvia, sin embargo, está lejos de terminar. Su impacto resuena en un ciclo continuo, sosteniendo la vida y manteniendo el delicado equilibrio de este planeta.

Las gotas de lluvia en las hojas y el suelo limpian la atmósfera y eliminan el polvo y los contaminantes. La fragancia terrosa que surge cuando la lluvia se encuentra con la tierra seca es un testimonio de esta danza purificadora. El mero hecho de que la lluvia caiga al suelo es la forma que tiene la naturaleza de rejuvenecer y purificar el medio ambiente.

La resiliencia del agua de lluvia

A diferencia del agua de fuentes tradicionales, el agua de lluvia tiene una simplicidad que la convierte en una alternativa atractiva para diversos fines. Su suavidad innata lo hace ideal para nutrir plantas, mientras que su falta de contenido mineral lo hace preferible para ciertos usos domésticos.

El viaje del cielo a la tierra impregna el agua de lluvia de un carácter único. A medida que desciende, actúa como purificador de la naturaleza, limpiándose de las impurezas adquiridas durante su viaje. Esta resistencia y pureza innatas hacen del agua de lluvia un recurso versátil. Es un lienzo líquido que espera el ingenio humano para pintar su propósito.

La propia composición del agua de lluvia, con su falta de contenido mineral y bajos niveles de sólidos disueltos, la distingue de otras fuentes de agua. Esta pureza la hace apta para riego y uso doméstico. Su pureza también la posiciona como una fuente ideal para ciertas aplicaciones industriales.

El agua de lluvia, al estar libre de las impurezas que se encuentran en las aguas subterráneas o superficiales, reduce la necesidad de complejos procesos de filtración. Esta simplicidad en la composición mejora su usabilidad, al tiempo que reduce la energía y los recursos necesarios para que sea utilizable para diversos fines.

El cociente de sostenibilidad

La recolección de agua de lluvia no se trata solo de la intervención humana. Es una integración armoniosa en esta sinfonía natural. La recolección de agua de lluvia le permite participar activamente en el ciclo sin alterar su delicado equilibrio. Es una opción sostenible que reconoce la interconexión de todos los elementos en el teatro ecológico de la Tierra.

El cociente de sostenibilidad de la captación de agua de lluvia radica en sus aplicaciones prácticas y en su alineación con los ritmos de la naturaleza. Es una elección que trasciende las necesidades individuales. Refleja la sabiduría antigua de las civilizaciones que entendieron las gotitas mucho antes de las aspiraciones modernas.

Armonía con la naturaleza

En la gran narrativa de este planeta, el agua de lluvia juega un papel crucial como intérprete y protagonista. Su viaje, desde el vapor hasta las nubes y las gotas de lluvia, es un testimonio de la resiliencia y la interconexión de los sistemas de la Tierra. Al adoptar la recolección de agua de lluvia, adoptas una relación armoniosa con la naturaleza. Esta relación va más allá de la mera utilización de los recursos y llega a una profunda comprensión y administración del intrincado ciclo del agua.

A medida que recoges agua de lluvia, te conviertes en el coreógrafo de un futuro sostenible. Cada gota de lluvia recolectada es un paso hacia la preservación del delicado equilibrio del medio ambiente. Con su simplicidad y resiliencia, el agua de lluvia te invita a unirte a la orquesta de la vida consciente, donde cada acción contribuye al bienestar del planeta que llamas hogar.

Integrar la recolección de agua de lluvia en tu vida diaria es una declaración de que no estás separado de la naturaleza, sino que eres parte integral de sus ritmos. Esta práctica se alinea con los principios de la permacultura. Su filosofía imita los ecosistemas naturales para crear hábitats sostenibles y regenerativos adecuados para el ser humano.

La simplicidad de los sistemas de recolección de agua de lluvia, que a menudo consisten en canaletas, bajantes y contenedores de almacenamiento, refleja la elegancia de los procesos de la naturaleza. Esta simplicidad, junto con su profundo impacto en los recursos hídricos locales, refuerza la idea de que la sostenibilidad no se trata de soluciones complejas, sino de trabajar con los dones inherentes del mundo natural.

En los siguientes capítulos, profundizarás en los aspectos prácticos de la recolección de agua de lluvia. Desde las herramientas necesarias hasta los procesos paso a paso, te convertirás en un participante activo en la antigua tradición de recolectar y utilizar el oro líquido de la naturaleza. A medida que descubras los secretos de la recolección de agua de lluvia, hallarás el poder de dar forma a un futuro más sostenible y autosuficiente, una gota de lluvia a la vez.

Capítulo 2: La ciencia detrás de la precipitación

Desde la suave llovizna que nutre el suelo hasta el aguacero torrencial que da forma a los paisajes, la ciencia detrás de la precipitación es un viaje fascinante a través del corazón del ciclo del agua. Este capítulo desentraña los principios meteorológicos fundamentales que rigen la formación y el otoño de la lluvia, explorando la intrincada danza de las moléculas de agua a medida que atraviesan la atmósfera.

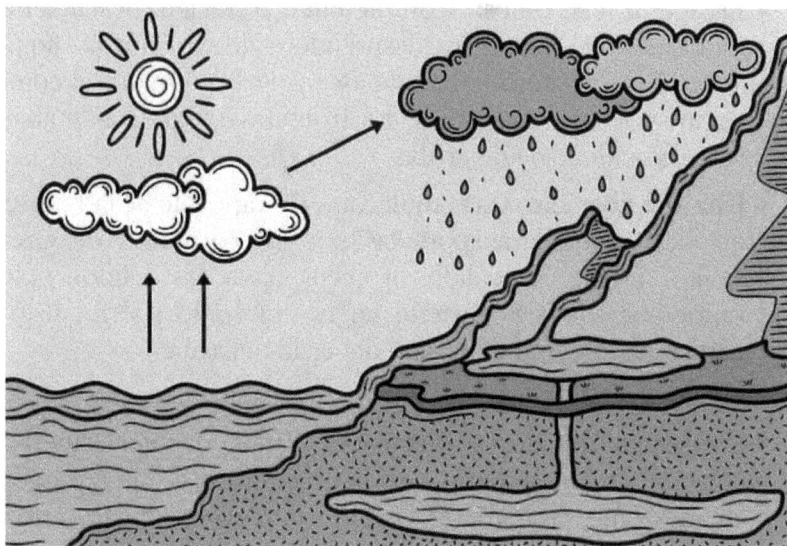

El ciclo del agua, un proceso fascinante orquestado por las fuerzas de la naturaleza, es una danza perpetua que sostiene la vida en este planeta[2]

El ciclo del agua desmitificado

El ciclo del agua, un proceso fascinante orquestado por las fuerzas de la naturaleza, es una danza perpetua que sostiene la vida en este planeta. En su núcleo hay tres actos cautivadores: evaporación, condensación y precipitación. Aquí hay una mirada más cercana a las complejidades de cada etapa para desmitificar el impresionante viaje de las moléculas de agua a medida que atraviesan la vasta extensión de la atmósfera.

Evaporación

En el corazón del ciclo del agua se encuentra el encantador proceso de evaporación. Este acto se desarrolla bajo la tierna caricia de los cálidos rayos del sol. El agua, en su forma líquida, experimenta una transformación mágica en vapor. Esta metamorfosis es más que un fenómeno científico. Es una fascinante danza de moléculas. Es una interacción poética entre la superficie líquida de los océanos, lagos y ríos y la llamada del sol.

La danza de las moléculas

- **Abrazo solar:** El sol extiende sus dedos dorados a través de la superficie de la Tierra, impartiendo energía cinética a las moléculas de agua. Este abrazo solar es donde las moléculas de agua obtienen la energía para liberarse de la forma líquida.

- **Escape a los cielos:** Con la energía recién descubierta, las moléculas de agua se desprenden de su forma líquida y ascienden a la atmósfera. Este ascenso etéreo marca el comienzo de un viaje que trasciende las fronteras geográficas y abarca la extensión ilimitada de arriba.

- **Una vez liberadas**, estas moléculas de vapor de agua emprenden un viaje global, transportadas por las corrientes de aire y el viento. Desde los cálidos trópicos hasta los gélidos polos, el vapor liberado se convierte en un intrépido viajero, listo para participar en el siguiente acto del ciclo del agua.

La odisea atmosférica

- **Corrientes de aire y viento:** El vapor de agua liberado se convierte en un pasajero de las corrientes de aire y el viento, creando un fenómeno aéreo dinámico. Estas corrientes atmosféricas transportan vapor de agua a través de grandes distancias, dando forma a la dinámica atmosférica que influye en los patrones climáticos.

- **Reservas de humedad:** El vapor, ahora suspendido en la atmósfera, forma reservas de humedad que tienen el potencial de precipitaciones futuras. Estas reservas, invisibles a simple vista, son contribuyentes esenciales para el delicado equilibrio que sustenta la vida en la Tierra.

- **Sistemas interconectados:** La odisea atmosférica del vapor de agua es parte de un sistema complejo e interconectado que influye en el clima, el tiempo y la distribución de los recursos hídricos en todo el mundo.

Condensación

A medida que las moléculas de vapor ascienden a la atmósfera, se encuentran con aire más frío a altitudes más altas. Este encuentro desencadena una transformación majestuosa, el acto de condensación. En él, el vapor abandona su forma efímera, condensándose en diminutas gotas o cristales de hielo. Las partículas de agua recién formadas se reúnen alrededor de partículas como el polvo o los aerosoles, combinándose para crear el lienzo sobre el que las nubes pintan su belleza etérea en el cielo.

La sinfonía de la condensación

- **Temperatura:** El cambio de temperatura a mayor altitud es el catalizador de esta etapa. El aire más frío hace que las moléculas de vapor se ralenticen y adopten su forma líquida una vez más.

- **A medida que la condensación** se afianza, estas minúsculas partículas de agua bailan alrededor de las partículas atmosféricas, formando nubes. Estas nubes, en sus innumerables formas y tamaños, se convierten en la poesía visual del cielo, reflejando la esencia de la atmósfera.

- **Arte aéreo:** Las nubes resultantes, ya sean cirros tenues o cúmulos densos, capturan y reflejan los estados de ánimo siempre cambiantes de la atmósfera. Este acto de condensación decora el cielo y prepara el escenario para el gran final de la precipitación.

Formaciones de nubes y jolgorio estético

- **Diversos tipos de nubes:** La condensación da lugar a una serie de tipos de nubes, cada una con sus características únicas. Las nubes cirros son altas y tenues, mientras que las nubes cumulonimbus son imponentes y majestuosas, lo que anuncia el potencial de precipitaciones intensas.

- **Indicadores meteorológicos**: Las formaciones de nubes sirven como indicadores invaluables de cambios climáticos inminentes. Comprender los matices de la estética de las nubes permite a los meteorólogos y entusiastas del clima descifrar las condiciones atmosféricas y predecir los próximos eventos de precipitación.

- **Esplendor artístico:** El jolgorio estético de las formaciones de nubes es un testimonio del arte creativo de la naturaleza. Desde radiantes puestas de sol reflejadas en nubes altocúmulos hasta la ominosa belleza de una tormenta que se acerca en nubes nimbostratus, la condensación transforma el cielo en un lienzo de obras maestras en constante cambio.

Precipitación

La gran culminación del viaje atmosférico del ciclo del agua es el acto de la precipitación. Ocurre cuando las gotas de agua condensada dentro de las nubes se vuelven lo suficientemente pesadas como para superar la resistencia de las corrientes de aire. Bajo la influencia de la gravedad, descienden hacia la tierra, transformándose en diversas formas de precipitación, como lluvia, nieve, aguanieve o granizo.

El dramático descenso

- **Haciéndose más pesadas**: Dentro de las nubes, las gotas de agua continúan creciendo en tamaño a medida que chocan y se fusionan. Este crecimiento los transforma en precipitación, listos para hacer su descenso.

- **Atracción de la gravedad:** Llega el momento en que estas gotas condensadas se vuelven demasiado pesadas para que el aire las soporte. La gravedad, la fuerza omnipotente, las empuja hacia abajo, iniciando el descenso que define la precipitación.

- **Elixir de la vida:** A medida que estas gotitas besan la Tierra, contribuyen al ciclo vital de la vida. Ya sea para nutrir el suelo, reponer lagos y ríos, o mantener los ecosistemas, la precipitación es el elixir que rejuvenece y sostiene este planeta.

El impacto holístico

- **Nutrición del suelo:** La precipitación se filtra en el suelo, proporcionando una hidratación esencial a las raíces de las plantas. Este alimento es fundamental para el crecimiento y la vitalidad de los ecosistemas terrestres.

- **Reposición acuática:** Los lagos, ríos y océanos reciben un abrazo de reposición de las precipitaciones. Esta afluencia de agua dulce sostiene los hábitats acuáticos, manteniendo el delicado equilibrio de los ecosistemas marinos.

- **Resiliencia de los ecosistemas:** El impacto holístico de las precipitaciones se extiende más allá de los componentes individuales del medio ambiente. Contribuye a la resiliencia de los ecosistemas, asegurando la vitalidad y diversidad continuas de la vida en la Tierra.

El ciclo armonioso

El viaje de la evaporación a la precipitación no es solo una progresión lineal. Es un ciclo armonioso que perpetúa la vida en la Tierra. Cada acto de esta danza atmosférica está interconectado, creando una coreografía perfecta que se repite sin cesar. Desde el abrazo líquido de la evaporación hasta las formaciones artísticas de la condensación y el dramático descenso de la precipitación, el ciclo del agua es un testimonio vivo de la interconexión de la naturaleza.

El final encantador

A medida que desmitificas el ciclo del agua, revelas la intrincada belleza que sustenta la vida en este planeta. Esta danza perpetua, llevada a cabo por el sol, la atmósfera y la Tierra, es un testimonio de la resiliencia y la interconexión de la naturaleza. Mientras contemplas las nubes, sientes la lluvia en tu rostro y eres testigo del ciclo que se desarrolla a tu alrededor, no eres un mero espectador, sino un participante activo en la gran sinfonía que es el ciclo del agua.

Factores que influyen en las precipitaciones

En el intrincado funcionamiento de la lluvia, la naturaleza dirige una sinfonía donde varios factores se armonizan para crear la delicada danza de la precipitación. Cada elemento juega un papel crucial, desde las fluctuaciones de temperatura y el escenario topográfico sobre el que se desarrolla la lluvia hasta las corrientes de aire matizadas y la humedad que marcan el ritmo. En esta sección, aprenderás sobre la compleja interacción de los factores que influyen en la dinámica de las precipitaciones, descifrando la poesía escrita en las gotas de lluvia.

Fluctuaciones de temperatura

La temperatura sostiene el testigo que dirige el ritmo de los patrones de precipitación. Su influencia es profunda, configurando las condiciones atmosféricas que dan lugar a las precipitaciones. El equilibrio entre las fluctuaciones de temperatura es clave para descifrar la dinámica de la lluvia.

La danza de lo cálido y lo fresco

- **Aire más cálido, mayor humedad:** En la atmósfera, el aire más cálido conduce a una mayor retención de humedad. A medida que aumentan las temperaturas, el aire adquiere la capacidad de retener más vapor de agua a través de la evaporación. Prepara el escenario para una mayor evaporación de los océanos, lagos y otros cuerpos de agua, fomentando el nacimiento de las nubes.

- **Temperaturas más frías, trabajo preliminar de condensación:** Por el contrario, las temperaturas más frías proporcionan el telón de fondo para que la condensación ocupe un lugar central. Cuando el aire caliente y cargado de humedad se encuentra con condiciones más frías, alcanza su punto de rocío (la temperatura a la que se produce la condensación). Esta transición de vapor a líquido sienta las bases para la formación de nubes y, eventualmente, la precipitación.

Comprender el equilibrio entre estas fluctuaciones de temperatura revela la intrincada danza de la dinámica de las precipitaciones. Desde la evaporación inicial hasta la eventual condensación y precipitación, la temperatura es la fuerza rectora que da forma a la sinfonía de la lluvia.

Topografía

La topografía de la Tierra es el gran escenario sobre el que se despliegan los patrones de precipitación, adornados con matices geográficos que añaden profundidad a la sinfonía de las precipitaciones. Las montañas, los valles y las llanuras interactúan con las masas de aire, influyendo en su ascenso o descenso y dando forma a la distribución espacial de las precipitaciones.

Terreno montañoso

- **Ascenso y condensación mejorada:** Las montañas juegan un papel fundamental en la narrativa de las precipitaciones. A medida que el aire húmedo asciende por una cadena montañosa, experimenta un enfriamiento adiabático. El proceso de enfriamiento mejora la condensación, transformando la masa de aire ascendente en nubes. Este fenómeno provoca un aumento de las precipitaciones en el lado de barlovento de la montaña.

- **Lado de Sotavento y el Efecto de Sombra de Lluvia**: En el lado de sotavento de la montaña, se desarrolla un escenario contrastante. A medida que el aire desciende, sufre un calentamiento adiabático, creando condiciones menos favorables para la condensación. Este lado de sotavento experimenta un efecto de sombra de lluvia, caracterizado por condiciones más secas y precipitaciones reducidas.

Valles y llanuras

- **Influencia en los movimientos de las masas de aire**: Los valles y las llanuras, aunque no son tan imponentes topográficamente como las montañas, también influyen en los patrones de lluvia. Guían el movimiento de las masas de aire, facilitando el ascenso o descenso que contribuye a la distribución espacial de las precipitaciones.

- **Interacción con la dinámica atmosférica**: La interacción entre la topografía y la dinámica atmosférica crea un escenario multifacético para la lluvia. Las características topográficas se convierten en componentes integrales de la atmósfera, influyendo en la intensidad y distribución de la precipitación.

Corrientes de aire

El movimiento de las corrientes de aire en todo el mundo da forma a los patrones de precipitación con delicadeza. Los vientos alisios, los vientos predominantes del Oeste y los vientos polares del Este dictan el movimiento de las masas de aire, lo que influye en el lugar donde se producen las precipitaciones. Las zonas de convergencia, donde chocan las masas de aire, se convierten en puntos focales de lluvias intensas.

Vientos alisios

- **Zona de convergencia ecuatorial**: Los vientos alisios convergen cerca del ecuador, creando la zona de convergencia ecuatorial. Eso se convierte en un caldo de cultivo para las lluvias intensas. El aire cálido y húmedo se eleva, se enfría y se condensa, dando origen a las exuberantes selvas tropicales que caracterizan a las regiones ecuatoriales.

- **Cinturones de lluvias tropicales:** Los vientos alisios, en su curso del este, también contribuyen a la formación de cinturones de lluvias tropicales. Estas bandas de lluvia concentrada rodean la Tierra, creando las condiciones climáticas que sustentan diversos ecosistemas.

Vientos del Oeste y vientos del Este polares predominantes

- **Dinámica de latitudes medias:** Los vientos predominantes del Oeste dominan las latitudes medias, y los vientos polares del Este influyen en las latitudes altas, contribuyendo a la dinámica de las precipitaciones en latitudes medias. Estas corrientes de aire guían los sistemas meteorológicos, influyendo en los patrones de precipitación en las regiones templadas.

- **Trayectorias de tormentas y límites frontales:** La convergencia de masas de aire a lo largo de los límites frontales, influenciada por los vientos predominantes del oeste, se convierte en un teatro para patrones climáticos dinámicos. Las trayectorias de las tormentas, moldeadas por estas corrientes de aire, se convierten en corredores de intensas lluvias.

La comprensión de estas corrientes atmosféricas revela la intrincada coreografía de la distribución de la lluvia a escala planetaria. Los movimientos de las masas de aire, impulsados por la rotación de la Tierra y el calentamiento solar, crean una interacción dinámica que orquesta las precipitaciones en diversas regiones del mundo.

Humedad

La humedad, una medida del contenido de humedad en el aire, es un factor crítico en la narrativa de la precipitación. Marca el ritmo de la danza de la humedad, contribuyendo tanto al nacimiento de las nubes por evaporación como a la eventual precipitación por condensación.

La alta humedad fomenta la evaporación

- **Atmósfera cargada de humedad:** Los altos niveles de humedad crean una atmósfera cargada de humedad propicia para la evaporación. Los cuerpos de agua, el suelo y la vegetación liberan humedad en el aire, saturándolo con vapor de agua.

- **Evaporación de los océanos:** En regiones con alta humedad, como las zonas costeras y los climas tropicales, los océanos juegan un papel importante. Las superficies cálidas del océano proporcionan abundante humedad para la evaporación, convirtiéndose en la fuente principal de las masas de aire ricas en humedad que alimentan la precipitación.

Condensación y precipitación

- **Saturación y condensación**: A medida que el aire saturado de humedad asciende o se encuentra con condiciones más frías, alcanza su punto de saturación. Eso desencadena el proceso de condensación, donde el vapor de agua se transforma en pequeñas gotas o cristales de hielo, formando nubes.

- **Nacimiento de las gotas de lluvia**: Las gotas condensadas, al crecer en tamaño, se convierten en gotas de lluvia. El delicado equilibrio entre la humedad y la temperatura determina cuándo prevalece la condensación, dando lugar al nacimiento de gotas de lluvia que descenderán en forma de precipitación.

Intensidad y duración de las precipitaciones

- **Humedad e intensidad de las precipitaciones**: La intensidad de las precipitaciones está estrechamente relacionada con los niveles de humedad. La alta humedad contribuye a una evaporación más significativa, creando las condiciones para eventos de lluvia intensos y prolongados.

- **Variaciones estacionales**: Los niveles de humedad también presentan variaciones estacionales, influyendo en el carácter de las precipitaciones en diferentes períodos. Comprender estas variaciones es crucial para descifrar los matices de la dinámica de la precipitación.

Descifrando la sinfonía

En la gran sinfonía de la lluvia, las fluctuaciones de temperatura, la topografía, las corrientes de aire y la humedad se entrelazan, creando una danza armoniosa que sostiene la vida en la Tierra. La interconexión de estos factores forma una red compleja, y descifrar su sinfonía proporciona información sobre los diversos patrones de lluvia observados en todo el mundo.

La interacción de estos factores

- **Relaciones dinámicas**: La relación entre la temperatura y la humedad, la influencia de la topografía en las masas de aire y la coreografía de las corrientes de aire contribuyen a la interacción dinámica que da forma a los patrones de lluvia.

- **Matices regionales:** Las diferentes regiones experimentan combinaciones únicas de estos factores, lo que da lugar a diversos climas y ecosistemas. Cada región cuenta una historia de precipitación distinta, desde los monzones en el sudeste asiático influenciados por las masas de aire oceánicas y continentales hasta los patrones de lluvia templados moldeados por los vientos predominantes del Oeste.

- **Impacto en los ecosistemas:** La influencia de estos factores se extiende más allá de la dinámica meteorológica a la salud de los ecosistemas. Los patrones de precipitación dictan la disponibilidad de recursos hídricos, influyendo en la flora y la fauna que prosperan en regiones específicas.

A medida que profundizas en los factores que influyen en las precipitaciones, eres testigo de la intrincada coreografía del ballet de la naturaleza. Desde la guía matizada de las fluctuaciones de temperatura hasta el dramático escenario topográfico, los movimientos orquestados de las corrientes de aire y la interacción rítmica de la humedad, cada factor contribuye a la sinfonía de la lluvia.

Comprender esta sinfonía no es una mera búsqueda académica. Es un viaje al corazón de la vitalidad de la Tierra, donde las gotas de lluvia se convierten en los versos que narran la historia de la vida misma. En la narrativa actual del ciclo del agua del planeta, estos factores continúan bailando, creando la melodía siempre cambiante de la lluvia que sostiene la belleza y la diversidad de este mundo.

Predicción de precipitaciones

En el tapiz siempre cambiante del clima de este planeta, la capacidad de predecir las precipitaciones es primordial. Guía su preparación para eventos climáticos, dicta prácticas agrícolas y ayuda a las personas a comprender el ciclo del agua de la Tierra. En esta sección, viajarás a través de la ciencia moderna y la sabiduría tradicional, para aprender sobre los métodos utilizados para predecir las precipitaciones y cerrar la brecha entre la tecnología de vanguardia y los conocimientos ancestrales.

Pronósticos meteorológicos

En la ciencia moderna, los pronósticos meteorológicos son la brújula que guía la anticipación de los patrones de precipitación. Utilizando tecnología de punta, los científicos meteorológicos aprovechan el poder de las herramientas avanzadas para analizar vastos conjuntos de datos, interpretar imágenes satelitales y ejecutar sofisticados modelos informáticos. Estas herramientas les permiten predecir las condiciones atmosféricas, ofreciendo información valiosa sobre cuándo y dónde se producirán las precipitaciones.

Tecnología avanzada en juego

- **Análisis de datos:** Los meteorólogos profundizan en una amplia gama de datos, que van desde los niveles de temperatura y humedad hasta la presión del aire y los patrones de viento. El análisis de estos datos les permite discernir la compleja interacción de los factores que contribuyen a la precipitación.

- **Imágenes de satélite:** Las imágenes de satélite de alta resolución proporcionan una vista panorámica de las condiciones atmosféricas. Permiten a los científicos rastrear las formaciones de nubes, identificar sistemas meteorológicos y monitorear el desarrollo de posibles eventos de precipitación.

- **Modelos informáticos:** A partir de los datos recopilados, los modelos informáticos avanzados simulan el comportamiento de la atmósfera. Estos modelos tienen en cuenta diversas variables, lo que permite a los meteorólogos predecir el momento, la intensidad y la duración de los eventos de precipitación.

De pronósticos a corto plazo a proyecciones extendidas

- **Predicciones horarias y diarias:** Los pronósticos a corto plazo, que van desde predicciones horarias hasta diarias, ofrecen información sobre los cambios climáticos inminentes. Estos pronósticos son cruciales para planificar las actividades diarias, los viajes y los eventos locales.

- **Proyecciones extendidas:** Los meteorólogos también proporcionan proyecciones extendidas que cubren períodos de tiempo más largos, como pronósticos semanales o mensuales. Si bien estas proyecciones son inciertas, ofrecen información valiosa para la planificación y preparación a mediano plazo.

Sabiduría tradicional

Más allá de la tecnología de vanguardia, la sabiduría tradicional cultivada durante generaciones ofrece una perspectiva única sobre la predicción de las precipitaciones. Las comunidades indígenas, profundamente conectadas con el mundo natural, han desarrollado una profunda comprensión de los cambios climáticos inminentes mediante la observación de indicadores naturales. Esta integración armoniosa de los conocimientos ancestrales con los métodos de predicción contemporáneos enriquece la capacidad de prever los eventos de precipitación.

Indicadores de la naturaleza

- **Comportamiento animal:** La observación del comportamiento de los animales ha sido reconocida durante mucho tiempo como un indicador confiable de los cambios climáticos inminentes. Los pájaros que vuelan más bajo, las vacas acostadas o las hormigas que construyen sus nidos más alto señalan cambios en las condiciones atmosféricas.

- **Formaciones de nubes:** El arte de leer las formaciones de nubes es una habilidad que se transmite de generación en generación. Los tipos, colores y patrones de nubes proporcionan pistas sobre el clima que se avecina. Por ejemplo, las imponentes nubes cumulonimbus a menudo anuncian tormentas eléctricas.

- **Fenómenos atmosféricos:** Fenómenos naturales como el halo alrededor de la luna o los tonos rojos durante el amanecer y el atardecer se han observado durante siglos como signos de cambio climático. Estos fenómenos atmosféricos están entretejidos en el tejido de la predicción tradicional.

Perspectivas ancestrales:

- **Conocimiento cultural:** Las culturas indígenas a menudo tienen conocimientos culturales específicos y rituales vinculados a las predicciones meteorológicas. Este conocimiento se comparte dentro de las comunidades y desempeña un papel vital en las prácticas agrícolas, la caza y otros aspectos de la vida cotidiana.

- **Interconexión con la naturaleza:** La predicción tradicional enfatiza la interconexión entre los seres humanos y la naturaleza. Reconoce que el entorno ofrece señales sutiles sobre los ritmos cambiantes del mundo natural.

Patrones de precipitación y zonas climáticas

Comprender el contexto más amplio de los patrones de precipitación en diferentes zonas climáticas contribuye a realizar predicciones más precisas. Las diferentes regiones exhiben distintas características de precipitación influenciadas por su proximidad al ecuador, la geografía local y la dinámica atmosférica. El reconocimiento de estos matices climáticos mejora la capacidad de predecir cuándo es más probable que se produzcan precipitaciones en regiones específicas.

Selvas tropicales

Las regiones tropicales cercanas al ecuador experimentan lluvias constantes y fuertes durante todo el año[8]

- **Proximidad al ecuador:** Las regiones tropicales cercanas al ecuador experimentan lluvias constantes y abundantes durante todo el año. Los rayos directos del sol en el ecuador crean aire caliente, lo que provoca el ascenso de masas de aire húmedo y precipitaciones frecuentes.

- **Ecosistemas diversos:** Las exuberantes selvas tropicales son un testimonio de la abundancia de lluvias. El suministro constante de agua sustenta diversos ecosistemas, lo que hace que las predicciones precisas sean cruciales para la gestión de estos entornos ricos y frágiles.

Regiones áridas y semiáridas

- **Precipitaciones esporádicas pero intensas:** Las regiones áridas y semiáridas, al igual que los desiertos, pueden experimentar eventos de precipitación esporádicos pero intensos. Comprender los factores que contribuyen a estos eventos de lluvia poco frecuentes pero impactantes es esencial para la gestión de los recursos hídricos.

- **Riesgos de inundaciones repentinas:** En las regiones áridas, el suelo puede tener baja permeabilidad, lo que conduce a una rápida escorrentía durante las lluvias intensas. Plantea el riesgo de inundaciones repentinas, lo que hace que las predicciones precisas sean vitales para mitigar los peligros potenciales.

Climas templados

- **Variaciones estacionales:** Los climas templados a menudo exhiben estaciones distintas con variaciones en las precipitaciones. Comprender los patrones estacionales permite obtener mejores predicciones sobre cuándo es más probable que llueva y su impacto potencial en la agricultura y los ecosistemas.

- **Influencia de los vientos predominantes:** Los vientos predominantes del Oeste en las regiones templadas juegan un papel en la configuración de los patrones de lluvia. Comprender la influencia de estos patrones de viento contribuye a realizar predicciones precisas.

Cerrando la brecha

La sinergia entre la ciencia moderna y la sabiduría tradicional ofrece un enfoque holístico para predecir las precipitaciones. Mientras que los pronósticos meteorológicos proporcionan predicciones precisas y basadas en datos, los sistemas de conocimiento tradicionales ofrecen una comprensión matizada de las señales sutiles de la naturaleza. La integración de estos sistemas de conocimiento mejora la capacidad de anticiparse y adaptarse a las condiciones meteorológicas cambiantes.

Colaboración intercultural

- **Intercambio de conocimientos:** Facilitar un intercambio intercultural de conocimientos meteorológicos enriquece la comprensión colectiva de los patrones meteorológicos. Los meteorólogos pueden beneficiarse de los conocimientos adquiridos a través de la sabiduría tradicional y viceversa.

- **Participación de la comunidad:** Involucrar a las comunidades locales en el monitoreo y la predicción del clima fomenta un sentido de propiedad y empoderamiento. Con su profunda conexión con la tierra, las comunidades indígenas contribuyen con valiosas observaciones que pueden complementar los datos científicos.

Resiliencia climática

- **Estrategias de adaptación:** La incorporación de la sabiduría tradicional en las estrategias de resiliencia climática mejora la adaptabilidad de las comunidades. Los métodos tradicionales de predicción, arraigados en siglos de observación, ofrecen alertas tempranas y guían las prácticas de adaptación.

- **Preservación de la biodiversidad**: Las predicciones precisas son cruciales para preservar la biodiversidad en varios ecosistemas. Los conocimientos indígenas, íntimamente ligados a los ritmos de la naturaleza, contribuyen a prácticas sostenibles que protegen la diversidad de flora y fauna.

La ciencia moderna y la sabiduría tradicional desempeñan un papel indispensable en la intrincada danza de la predicción de las precipitaciones. Los pronósticos meteorológicos, con su tecnología de vanguardia y su precisión basada en datos, le brindan información valiosa sobre la compleja dinámica de la atmósfera. Al mismo tiempo, los sistemas de conocimientos tradicionales, cultivados a lo largo de generaciones, ofrecen una profunda conexión con el mundo natural y sus sutiles indicadores.

En este capítulo, has navegado por los intrincados reinos del ciclo del agua, revelando la ciencia detrás de la precipitación. Desde el viaje efímero de las moléculas de agua a través de la evaporación hasta los intrincados factores que influyen en la lluvia, la danza de la precipitación es una sinfonía dirigida por la propia naturaleza. A medida que exploras los mecanismos que dan forma a los patrones de lluvia, el escenario está listo para una comprensión más profunda de la dinámica atmosférica de este planeta.

Capítulo 3: Elegir tu lugar

En la búsqueda de prácticas hídricas sostenibles, el arte de recolectar agua de lluvia se erige como una solución fundamental. Sin embargo, su éxito depende de la selección del lugar óptimo. Desde el tamaño y el material de su techo hasta la disposición del terreno y los matices del clima local, cada factor juega un papel en la determinación de la eficiencia de la captación de agua. En este capítulo se analiza la elección del lugar perfecto, lo que le proporciona información para equilibrar la funcionalidad, la estética y el impacto medioambiental.

Consideraciones sobre la azotea

En la recolección de agua de lluvia, la azotea ocupa un lugar central. Es donde comienza la transformación de la precipitación en un recurso valioso. Las dimensiones, los ángulos y los materiales de su techo juegan un papel clave en la determinación del volumen y la calidad del agua de lluvia que puede capturar.

En la recolección de agua de lluvia, la azotea ocupa un lugar central[4]

Área del techo y eficiencia de recolección

El tamaño de su techo dicta directamente el volumen potencial de agua de lluvia que recolectará. Esta área de captación, una métrica crítica en la recolección de agua de lluvia, se determina midiendo con precisión las dimensiones de su techo. La precisión garantiza que aproveche todo el potencial de la lluvia disponible.

Consideraciones de eficiencia

Si bien los techos más grandes ofrecen áreas de captación más sustanciales, el uso eficiente del espacio y la consideración del uso previsto del agua recolectada es primordial.

- **Más grande no siempre es mejor:** Los techos más grandes proporcionan áreas de captación más significativas, lo que aumenta el potencial de recolección de agua. Sin embargo, es crucial encontrar un equilibrio. Ten en cuenta el espacio disponible, sus necesidades de agua y el uso previsto del agua recolectada.

- **Adaptación a las necesidades:** Evalúa tus necesidades de agua y tu capacidad de almacenamiento. Esta comprensión te ayuda a optimizar tu área de captación para satisfacer tus necesidades específicas sin excesos innecesarios.

Consideraciones adicionales

Ampliando el cálculo del área de captación, es esencial tener en cuenta los factores que pueden afectar a la eficiencia:

- **Variación de la pendiente del techo**: En los casos en que el techo tiene pendientes variables, calcule el área de captación para cada segmento por separado. Este enfoque matizado garantiza estimaciones precisas.

- **Obstrucciones y ajustes**: Tenga en cuenta cualquier obstrucción en el techo, como chimeneas o tragaluces, que pueda afectar el flujo de agua. Los ajustes en las canaletas y bajantes optimizarán la eficiencia de la recolección.

Ángulos e inclinación del techo

Los ángulos y la inclinación de su techo agregan complejidad a la recolección de agua de lluvia. Influyen en la velocidad de escorrentía del agua y en la eficiencia de los sistemas de recogida.

Tono óptimo

La inclinación de su techo, su inclinación o inclinación, es un factor crítico en la recolección de agua de lluvia.

- **La moderación es clave:** Un paso moderado a menudo se considera óptimo para la recolección de agua de lluvia. Las pendientes pronunciadas conducen a una escorrentía más rápida, lo que reduce el tiempo que el agua pasa en el techo. Lograr un equilibrio es crucial para maximizar la eficiencia de la colección.

- **Prevención de problemas de escorrentía:** Una inclinación moderada permite que el agua permanezca en el techo durante un tiempo suficiente, lo que promueve una recolección efectiva. Evita los problemas asociados con la escorrentía rápida, lo que garantiza un flujo constante en su sistema de cosecha.

Ajuste de ángulos

Los diferentes diseños y ángulos de techo requieren enfoques personalizados para mejorar el flujo de agua y la eficiencia de la recolección.

- **Techos planos:** Los techos planos ofrecen áreas de captación más grandes, pero pueden requerir sistemas especializados para optimizar el flujo de agua. Los ajustes de diseño y la ubicación estratégica de las canaletas compensarán las variaciones en los ángulos del techo.

- **Techos a dos aguas:** Los techos a dos aguas, con sus pendientes a ambos lados, ofrecen una escorrentía de agua efectiva. Asegurarse de que las canaletas estén bien posicionadas para capturar el agua a lo largo de las laderas mejora la eficiencia.

Consideraciones adicionales

- **Carga de nieve y altura:** En las regiones que experimentan nevadas, considera el impacto de la inclinación en la acumulación de nieve. Una pendiente más pronunciada arrojará la nieve de manera más efectiva, evitando cantidades excesivas.

- **Influencia del material del techo:** Ciertos materiales para techos funcionan de manera óptima en pendientes específicas. Investiga las recomendaciones del fabricante para alinear la inclinación del techo con los materiales elegidos.

Materiales del techo y pureza del agua

El material que compone su techo no es simplemente una elección estética. Es un actor clave en la calidad del agua de lluvia recolectada. Diferentes materiales introducen contaminantes o contribuyen a que el agua sea más limpia.

Techos metálicos

Los metales resistentes a la corrosión como el zinc o el aluminio son opciones populares para la recolección de agua de lluvia. Minimizan la lixiviación y contribuyen a que el agua esté más limpia.

- **Durabilidad y pureza:** Los techos de metal son duraderos y resistentes a la corrosión, lo que garantiza la longevidad. También contribuyen a un agua más limpia al minimizar la introducción de contaminantes.

- **Aplicabilidad a los sistemas de recolección:** Los techos metálicos son compatibles con varios sistemas de recolección de agua de lluvia, ofreciendo versatilidad en el diseño y la implementación.

Tejas asfálticas

Si bien son comunes en los techos, las tejas de asfalto introducen pequeñas partículas y contaminantes en el agua recolectada. Mitigar estas preocupaciones requiere soluciones estratégicas.

- **Problemas de partículas:** Las tejas de asfalto desprenden pequeñas partículas, lo que afecta la pureza del agua recolectada. La instalación de un desviador de primera descarga ayuda a desviar la escorrentía inicial, reduciendo el contenido de partículas.

- **Mantenimiento regular:** La inspección periódica y el mantenimiento de los techos de asfalto son cruciales. La limpieza de canaletas y superficies de techo minimiza la acumulación de escombros y contaminantes.

Tejas de madera tratada o compuestas

Estos materiales introducen productos químicos en el agua recolectada, lo que requiere un análisis cuidadoso y medidas de filtración adicionales.

- **Problemas químicos:** La madera tratada o las tejas compuestas liberan sustancias químicas en el agua recolectada. La realización de una investigación exhaustiva sobre los materiales específicos utilizados conduce a la conciencia de los posibles contaminantes.

- **Soluciones de filtración:** La implementación de sistemas de filtración adicionales, como filtros de sedimentos o filtros de carbón activado, purificará aún más el agua recolectada de los techos con madera tratada o tejas compuestas.

Consideraciones adicionales:

- **Inspecciones periódicas del techo:** Las inspecciones periódicas del estado de tu techo son cruciales. Detectar y abordar problemas como el óxido en los techos de metal o el deterioro de las tejas en los techos de asfalto garantiza la longevidad del techo y la calidad del agua recolectada.

- **Longevidad de los materiales:** Considera la vida útil de los materiales para techos en relación con sus objetivos de recolección de agua de lluvia a largo plazo. Invertir en materiales duraderos se alinea con la sostenibilidad y reduce la frecuencia de los reemplazos.

Mientras viajas a través de la recolección de agua de lluvia, considera tu azotea como el director de una gran actuación. Las dimensiones, los ángulos y los materiales armonizan para crear una melodía de recolección eficiente de agua. La precisión en la medición, la consideración cuidadosa de la inclinación y la selección consciente de los materiales para techos contribuyen a la pureza y abundancia del agua de lluvia recolectada. A medida que afinas cada aspecto, optimizas tu sistema de recolección de agua de lluvia y contribuyes al movimiento más amplio hacia la conservación del agua y un futuro más verde y sostenible.

Terreno y topografía

Bajo tus pies se encuentra un tapiz de contornos y pendientes. El terreno y la topografía de tu propiedad facilitarán el flujo fluido del agua hacia el almacenamiento o presentarán desafíos que exijan soluciones estratégicas. Es hora de explorar cómo las características naturales bajo tus pies dan forma a la intrincada danza de la recolección de agua de lluvia.

Pendiente y caudal de agua

La pendiente de su propiedad es una fuerza dinámica que dicta el flujo natural del agua. El aprovechamiento eficiente de este flujo garantiza que el agua de lluvia viaje desde las superficies de captación hasta el almacenamiento con una resistencia mínima.

- **Aprovechar las pendientes naturales**: Considérate afortunado si tu propiedad cuenta con pendientes naturales. Aprovecha estos contornos para guiar el agua hacia los puntos de recolección designados. Reducirás significativamente la necesidad de sistemas de drenaje complejos, lo que te permitirá adoptar la simplicidad inherente a la naturaleza.

- **Creación de taludes artificiales**: En escenarios en los que los taludes naturales son insuficientes o inexistentes, considera la posibilidad de introducir taludes artificiales a través de ajustes estratégicos de paisajismo. Al esculpir el terreno, pueden redirigir el flujo de agua, mejorando la eficiencia general de la recolección.

Rutas de flujo de agua y puntos de recolección

Comprender cómo se mueve el agua a través de tu propiedad requiere que descifres el plano de la naturaleza. La identificación de los puntos óptimos de recolección implica un análisis cuidadoso de las trayectorias que sigue el agua durante los eventos de lluvia.

- **Sistemas de canaletas como navegadores**: Los sistemas de canaletas bien diseñados actúan como navegantes de este viaje natural. Guían el agua a lo largo de caminos predeterminados, evitando la escorrentía caótica. El mantenimiento regular es la clave para garantizar que las canaletas permanezcan limpias, evitando obstrucciones que podrían impedir el flujo fluido del agua.

- **Ubicación estratégica de los sistemas de almacenamiento**: Colocar los tanques o depósitos de almacenamiento de agua en los puntos donde la escorrentía converge naturalmente es un golpe maestro. Reduce la necesidad de extensos sistemas de tuberías, aprovechando la simplicidad de alinearse con los cursos de agua naturales.

- **Utilización de zanjas y bermas**: Las zanjas son depresiones diseñadas para redirigir el flujo de agua, y las bermas se pueden incorporar estratégicamente. Estas características naturales ayudan a dirigir el agua hacia los puntos de recolección deseados, mejorando la eficiencia de la recolección de agua de lluvia.

Vegetación y estructuras

La presencia de vegetación en su propiedad presenta tanto desafíos como beneficios a la narrativa de la recolección de agua de lluvia. Los árboles y las plantas actúan como filtros naturales, reduciendo los contaminantes en el agua recolectada. Sin embargo, también contribuyen a la formación de residuos, lo que requiere medidas de filtración adicionales.

- **Acto de equilibrio de la naturaleza:** Aceptar el doble papel de la vegetación. Si bien los árboles y las plantas contribuyen a la pureza del agua al actuar como filtros naturales, arrojan hojas y escombros, lo que puede afectar la limpieza del agua recolectada. Lograr un equilibrio implica un mantenimiento regular y medidas de filtración adicionales.

- **Plantación estratégica para la retención de agua:** La colocación cuidadosa de la vegetación mejorará la retención de agua en el suelo. Ayuda a prevenir la erosión del suelo y promueve una liberación más sostenida de agua en el sistema de recolección.

Estructuras como puntos de recogida

Las estructuras hechas por el hombre, desde cobertizos hasta dependencias, influyen significativamente en los patrones de flujo de agua en su propiedad. La consideración cuidadosa de estos elementos agilizará el proceso de recolección de agua de lluvia.

- **Techos de estructuras como áreas de captación:** Considera la posibilidad de integrar las estructuras existentes en su sistema de captación de agua de lluvia. Los techos de los cobertizos o dependencias sirven como áreas de captación complementarias, ampliando la capacidad general de recolección de agua.

- **Armonía de estética y funcionalidad:** Lograr un equilibrio entre el atractivo estético del paisajismo y los requisitos funcionales de la recolección de agua de lluvia es un arte. El diseño cuidadoso garantiza la armonía entre el entorno natural y la infraestructura diseñada para capturar y almacenar el precioso regalo de la lluvia.

- **Uso de pavimentos permeables:** Considere el uso de pavimentos permeables en áreas donde el paisajismo es inevitable. Estas superficies permiten que el agua penetre, reduciendo la escorrentía y facilitando su absorción en el suelo, contribuyendo a la salud general de su sistema de recolección de agua de lluvia.

Navegando por el paisaje de la recolección de agua de lluvia

A medida que navegas por el paisaje de la recolección de agua de lluvia, la ubicación estratégica de los sistemas de almacenamiento y la integración de elementos naturales y construidos crean una composición armoniosa. Una vez percibida como estática, la disposición de la tierra bajo tus pies ahora se convierte en un socio dinámico en la danza del agua desde el cielo hasta el almacenamiento.

Acepta los contornos y las pendientes, trabaja con el flujo natural y deja que su sistema de recolección de agua de lluvia se convierta en una extensión del paisaje, integrándose a la perfección en el intrincado diseño de su propiedad. La naturaleza y el diseño, cuando se coreografían con precisión, transforman la recolección de agua de lluvia de una necesidad práctica a una interacción poética con la tierra misma. Mientras navegas recuerda que cada pendiente, árbol y estructura que has construido contribuye a un sistema que celebra tanto la practicidad como la belleza de la vida sostenible.

Armonizar la naturaleza y la infraestructura

Al explorar el terreno y la topografía en la recolección de agua de lluvia, es crucial enfatizar la profunda conexión entre la dinámica de la naturaleza y la infraestructura hecha por el hombre diseñada para aprovecharla. El proceso de recolección de agua de lluvia se desarrolla más bellamente cuando estos elementos existen en armonía.

- **Adaptación a las condiciones locales**: Reconocer que cada propiedad es única y que las estrategias empleadas deben adaptarse a la topografía, el clima y la vegetación locales.

- **Observación y ajuste continuos:** A medida que cambian las estaciones y evolucionan los paisajes, la observación continua y los ajustes ocasionales en su configuración de recolección de agua de lluvia garantizan su eficacia continua.

- **Alcance educativo:** Comparte tus experiencias y conocimientos sobre el terreno y la topografía en la recolección de agua de lluvia con tu comunidad. El fomento de prácticas sostenibles contribuye a un movimiento más amplio hacia la conservación del agua.

En esta intrincada danza de la naturaleza y el diseño, tu propiedad se convierte en un lienzo donde el agua de lluvia se transforma de un visitante fugaz en un querido residente. Recuerda que el arte de la recolección de agua de lluvia no se trata solo de capturar agua. Se trata de crear una coexistencia sostenible y armoniosa entre la habitación humana y el mundo natural.

Factores regionales y climáticos

En la recolección de agua de lluvia, el acto final trasciende el microcosmos de las propiedades individuales y se adentra en el macrocosmos. Presta mucha atención a cómo los patrones climáticos locales y las características geográficas afectan a tus decisiones de cosecha y el rendimiento potencial. Comprender el contexto climático más amplio te permitirá adaptar sus sistemas a las complejidades regionales, creando una sinfonía que armonice con los ritmos de la naturaleza.

Proximidad a cuerpos de agua

La proximidad de su ubicación a cuerpos de agua introduce un matiz climático que influye profundamente en la disponibilidad de agua de lluvia.

Regiones costeras

Las regiones costeras abrazan el flujo y reflujo de los patrones climáticos oceánicos, experimentando una danza única con las precipitaciones.

- **Consistencia en la precipitación costera:** Las áreas costeras a menudo disfrutan de lluvias más consistentes, cortesía de la influencia de los patrones climáticos oceánicos. Esta previsibilidad mejora la confiabilidad de los sistemas de recolección de agua de lluvia, ofreciendo una fuente de agua constante.

- **Sistemas de adaptación para la confiabilidad costera:** Las personas en las regiones costeras pueden ajustar sus configuraciones de recolección de agua de lluvia con un grado de confianza en la regularidad de la precipitación. La atención se centra en la optimización del almacenamiento y la eficiencia de uso.

Zonas del interior

Por el contrario, las localidades del interior se enfrentan a una cadencia climática diferente. La variabilidad en los patrones de precipitación requiere consideraciones estratégicas para garantizar un suministro confiable de agua.

- **Navegar por las precipitaciones variables:** Las zonas del interior experimentan precipitaciones más variables, lo que exige un enfoque flexible para la captación de agua de lluvia. El almacenamiento de agua suplementario y los sistemas de recolección eficientes se vuelven cruciales para mantener un suministro de agua constante en medio de las fluctuaciones.

- **La adaptabilidad como virtud clave:** La adaptabilidad de los sistemas de captación de agua de lluvia en las zonas interiores se convierte en una virtud. Las soluciones que se adaptan a la imprevisibilidad de las precipitaciones permiten una estrategia hídrica más resiliente.

Patrones climáticos locales

Comprender los patrones climáticos únicos de su región es primordial. Los diferentes climas, incluidos el árido, el tropical y el templado, presentan distintos desafíos y oportunidades para la recolección de agua de lluvia.

Climas áridos

El agua recolectada se convierte en un recurso precioso en las regiones áridas, donde las lluvias son esporádicas pero potencialmente intensas.

- **Almacenamiento eficiente en reinos áridos:** La recolección de agua de lluvia en climas áridos exige prácticas eficientes de almacenamiento y utilización. Cada gota debe ser apreciada, lo que hace que la conservación del agua sea una parte inherente de la estrategia de recolección.

- **Patrones climáticos a microescala:** Incluso dentro de las regiones áridas, los patrones climáticos a microescala influyen en la efectividad de los sistemas de recolección de agua de lluvia. La comprensión de los matices locales permite un diseño más preciso del sistema, reconociendo las complejidades de los climas áridos.

Climas tropicales

Las regiones tropicales, bendecidas con lluvias intensas y frecuentes, plantean desafíos para manejar el exceso de agua durante tormentas intensas.

- **Manejo de la abundancia tropical:** Si bien la abundancia de lluvia en climas tropicales es ventajosa, el manejo del exceso de agua durante tormentas intensas se convierte en una consideración necesaria. Los sistemas de drenaje y las soluciones de almacenamiento eficientes son esenciales.

- **Navegar por los microclimas tropicales:** Las regiones tropicales a menudo albergan diversos microclimas. Las áreas urbanas dentro de las zonas tropicales experimentan diferentes patrones de lluvia en comparación con las áreas rurales o costeras, lo que requiere diseños de sistemas matizados.

Climas templados

Los climas templados presentan variaciones estacionales en las precipitaciones, lo que requiere adaptabilidad en los sistemas de captación de agua de lluvia.

- **Adaptabilidad durante todo el año:** La adaptación de los sistemas de recolección de agua de lluvia a las variaciones estacionales garantiza la disponibilidad de agua en climas templados durante todo el año. La flexibilidad se convierte en la clave para aprovechar los estados de ánimo cambiantes de la naturaleza.

- **Monitoreo de los cambios estacionales:** Reconocer los cambios en los patrones de temperatura y precipitación durante las diferentes estaciones permite realizar ajustes proactivos en los sistemas de recolección de agua de lluvia. El monitoreo continuo garantiza la efectividad durante todo el año.

Microclimas y patrones meteorológicos a microescala

Incluso dentro de un área geográfica relativamente pequeña, los microclimas y los patrones climáticos a microescala pueden variar, lo que agrega una capa de complejidad a la recolección de agua de lluvia.

Islas de calor urbanas

Las áreas urbanas crean islas de calor localizadas que influyen en los patrones climáticos, afectando las precipitaciones y la temperatura.

- **Microclimas en las selvas urbanas:** Las islas de calor urbanas introducen microclimas que divergen de patrones regionales más amplios. La comprensión de estos matices permite un diseño más preciso del sistema, reconociendo las complejidades de la vida en la ciudad.

- **Equilibrio entre el desarrollo urbano y la captación de agua de lluvia:** Los microclimas se intensifican en entornos urbanos donde dominan el hormigón y el asfalto. Equilibrar la impermeabilidad de las superficies urbanas con la recolección efectiva de agua de lluvia se vuelve crucial para la sostenibilidad.

Terreno montañoso:

Las regiones montañosas experimentan precipitaciones orográficas, lo que influye en las precipitaciones en los lados de barlovento y sotavento [5]

Las regiones montañosas experimentan precipitaciones orográficas, lo que influye en las precipitaciones en los lados de barlovento y sotavento.

- **Dinámica de la montaña:** En terrenos montañosos, las precipitaciones orográficas provocan un aumento de las precipitaciones en los lados de barlovento y sombras de lluvia en los lados de sotavento. La ubicación estratégica de los sistemas de cosecha considera estos fenómenos naturales.

- **Aprovechamiento de los microclimas de montaña:** Los microclimas dentro de las regiones montañosas varían según la elevación, la pendiente y la orientación. Comprender estas complejidades ayuda a diseñar sistemas de recolección de agua de lluvia que se alineen con el entorno dinámico de la montaña.

Consideraciones regulatorias

Antes de finalizar tu sistema de recolección de agua de lluvia, ten en cuenta las regulaciones y pautas locales. Las consideraciones regulatorias garantizan un enfoque legal y sostenible para la recolección de agua.

Permisos y regulaciones

Verifique si se requieren permisos para los sistemas de recolección de agua de lluvia. Algunas regiones tienen regulaciones que rigen el tamaño de los tanques de almacenamiento, la gestión de la escorrentía o los estándares de calidad del agua.

- **Navegando por las armonías legales:** Comprender y cumplir con los permisos y regulaciones locales garantiza la legalidad y sostenibilidad de sus esfuerzos de recolección de agua de lluvia. Busque las aprobaciones necesarias para alinear su sistema con los estándares legales.

- **Alcance educativo sobre el cumplimiento normativo:** Edúcate a ti mismo y a tu comunidad sobre la importancia de cumplir con las regulaciones. Fomentar la concientización y el cumplimiento para desarrollar una cultura de recolección legal y sostenible de agua de lluvia.

Directrices de la comunidad

En los espacios de vida comunal o en los vecindarios, el cumplimiento de las pautas de la comunidad es esencial. Colabora con los vecinos y las autoridades locales para garantizar que tus planes de recolección de agua de lluvia se alineen con los estándares de la comunidad.

- **Responsabilidad colectiva:** La recolección de agua de lluvia no es solo un esfuerzo individual, sino una responsabilidad colectiva. Comprométete con tu comunidad para fomentar la conciencia y el cumplimiento de las pautas compartidas para las prácticas sostenibles del agua.

- **Prácticas sostenibles del agua:** Trabaja en colaboración con tu comunidad para establecer pautas que promuevan la recolección sostenible de agua de lluvia. Los esfuerzos colectivos mejoran la eficacia y la aceptación de las prácticas de recolección de agua de lluvia dentro de la comunidad.

Orquestando la armonía en la recolección de agua de lluvia

Al concluir la exploración de los factores regionales y climáticos en la recolección de agua de lluvia, visualízala como una orquestación de una sinfonía armoniosa con la naturaleza. Adaptar tu sistema al clima único de tu región transforma la recolección de agua de lluvia de una tarea utilitaria a una interacción poética con el medio ambiente.

- **Adaptación estratégica:** La adaptación estratégica es el sello distintivo de un sistema de recolección de agua de lluvia bien diseñado. Ya sea en desiertos áridos, paraísos tropicales o paraísos templados, la capacidad de adaptación de su sistema garantiza la armonía con la naturaleza.

- **Alcance educativo:** Comparte tus experiencias y conocimientos sobre los factores regionales y climáticos en la recolección de agua de lluvia con tu comunidad. Fomentar la conciencia y la comprensión garantiza un movimiento más amplio hacia prácticas hídricas sostenibles.

- **Monitoreo continuo:** La naturaleza es dinámica, y también debe serlo su enfoque. El monitoreo continuo de los patrones climáticos, la eficiencia del sistema y las regulaciones locales garantiza que su sistema de recolección de agua de lluvia permanezca en sintonía con la naturaleza cambiante de su entorno.

Al final, la recolección de agua de lluvia se trata de armonizar con los ritmos de la naturaleza. A medida que diseñas e implementas tu sistema, deja que los factores regionales y climáticos se conviertan en las notas de una melodía que celebre la belleza y la sostenibilidad de la administración del agua.

Maximizar la eficiencia de la captura requiere una comprensión matizada de las características únicas de tu propiedad y la consideración del clima y las regulaciones locales. Encontrarás la clave para ejecutar un sistema de recolección de agua de lluvia armonioso y efectivo en este intrincado baile entre practicidad, estética y preferencias personales.

Acepta el desafío de seleccionar el lugar perfecto, ya que en esta elección, desbloqueas el potencial de transformar las gotas de lluvia en una fuente de vida sostenible para tu hogar y el medio ambiente.

Capítulo 4: Diseño del sistema de recolecta

El viaje de la recolecta de agua de lluvia da un giro fundamental en este capítulo, donde descubrirás el arte y la ciencia de diseñar un sistema de recolección. Transformar la danza transitoria de las gotas de lluvia en una fuente de agua sostenible requiere consideraciones cuidadosas.

Componentes básicos de un sistema de recolección

En la intrincada relación entre los cielos y la Tierra, el agua de lluvia emerge como un elixir precioso, un regalo otorgado a la humanidad por la naturaleza. Desde el patrón inicial de las gotas de lluvia en las superficies de captación hasta el abrazo de protección de los tanques de almacenamiento, cada componente desempeña un papel crucial en la armonización con el medio ambiente.

Superficies de captación

En el corazón de todo sistema de captación de agua de lluvia se encuentra la superficie de captación. Los techos se erigen como las principales superficies de captación, ya sean de tejas, metal o tejas. Cada material aporta características únicas que influyen en la pureza y el volumen del agua recolectada.

Materiales y pureza del techo

La elección de los materiales para techos juega un papel crucial en la determinación de la calidad del agua de lluvia recolectada. Los diferentes materiales aportan distintas ventajas y consideraciones a la mesa:

- **Techos metálicos:** Conocidos por su durabilidad, los techos metálicos, compuestos por materiales resistentes a la corrosión como el zinc o el aluminio, minimizan la introducción de contaminantes. Los convierte en una excelente opción para mantener la pureza del agua.

Conocidos por su durabilidad, los techos metálicos, compuestos por materiales resistentes a la corrosión como el zinc o el aluminio, minimizan la introducción de contaminantes [6]

- **Tejas asfálticas:** Comunes en estructuras residenciales, las tejas asfálticas son rentables, pero pueden introducir pequeñas partículas y contaminantes en el agua recolectada. La implementación de un desviador de primera descarga mitigará estas preocupaciones.

- **Techos de tejas u hormigón:** Estos materiales ofrecen durabilidad y atractivo estético. Sin embargo, sus superficies contribuyen a la dureza del agua o introducen minerales. Los sistemas de filtración serán necesarios para el control de calidad.

Expansión de la cuenca más allá de los tejados

Si bien los techos sirven como superficies de captación primarias, pensar más allá de las estructuras convencionales abre vías para la innovación en la recolección de agua de lluvia. Considera la posibilidad de explorar:

- **Toldos:** Amplíe el alcance de su sistema de captación colocando toldos estratégicamente. Complementan las captaciones de tejados y proporcionan superficies adicionales para la recogida de agua de lluvia.

- **Pavimentos permeables:** Las calzadas y pasarelas hechas de materiales permeables permiten que el agua de lluvia penetre en la superficie, contribuyendo a la captación. La incorporación de estas características mejorará la eficiencia general de su sistema.

- **Estructuras de captación especialmente diseñadas:** Los diseños innovadores, como las superficies de captación integradas en los elementos de paisajismo, agregarán funcionalidad y atractivo estético a su sistema de recolección de agua de lluvia.

Sistemas de transporte

Una vez que las gotas de lluvia adornan la superficie de captación, el siguiente acto consiste en guiarlas hacia el almacenamiento. Los sistemas de transporte, que comprenden canaletas y bajantes, conducen este oro líquido con eficiencia y precisión.

Sistemas de canaletas

Los sistemas de canaletas bien diseñados son los héroes anónimos de la recolección de agua de lluvia. Garantizan el flujo suave del agua desde la superficie de captación hasta el almacenamiento. El mantenimiento regular es esencial para evitar obstrucciones que comprometan la eficiencia de todo el sistema de transporte.

- **Consideraciones sobre los materiales:** Elige los materiales de las canaletas en función de la durabilidad y la compatibilidad con su superficie de captación. Las opciones incluyen vinilo, aluminio, acero y cobre, cada una con su conjunto único de ventajas.

- **Pendiente y alineación:** Asegúrate de que las canaletas estén instaladas con una ligera pendiente hacia los bajantes. La alineación adecuada evita el estancamiento del agua y facilita un drenaje eficiente.

Bajantes y sistemas de desvío

Los bajantes actúan como conductores, guiando el agua desde las canaletas hasta el almacenamiento, mientras que los sistemas de desvío mejoran la eficiencia al evitar que la escorrentía inicial, cargada de escombros y contaminantes, llegue directamente al almacenamiento.

- **Tipos de desviadores:** Los desviadores de primera descarga son componentes cruciales. Redirigen la escorrentía inicial, que contiene contaminantes lavados de la superficie de captación, asegurando que solo entre agua más limpia en el sistema de almacenamiento.

- **Mantenimiento regular:** Inspeccione y limpie los bajantes y los sistemas de desvío con regularidad para evitar obstrucciones. Esta práctica de mantenimiento preserva la integridad y la eficiencia de su transporte de agua de lluvia.

Filtros

Antes de que el agua de lluvia caiga en cascada al almacenamiento, se somete a un proceso de refinación a través de filtros que tamizan las impurezas.

Pantallas de malla

Las pantallas de malla básicas capturan eficazmente los residuos más grandes, como hojas y ramitas, evitando que entren en el sistema de almacenamiento. La limpieza regular es crucial para evitar obstrucciones y mantener una eficiencia de filtración óptima.

- **Rutina de mantenimiento:** Incluye revisiones periódicas y limpieza de mallas en tu rutina de mantenimiento de recolección de agua de lluvia. Este simple paso contribuye en gran medida a preservar la funcionalidad de tu sistema de filtración.

- **Filtros de cartucho:** Los filtros de cartucho se vuelven indispensables para una filtración más fina, especialmente en sistemas diseñados para agua potable. Estos filtros vienen en varias clasificaciones de micras, lo que le permite adaptar la filtración a los contaminantes específicos presentes en su región.

- **Clasificaciones de micras:** Elige filtros de cartucho con clasificaciones de micras apropiadas en función de la calidad del agua recolectada y los contaminantes que desea eliminar. Esta precisión garantiza la pureza del agua de lluvia recogida.

Tanques de almacenamiento

El destino final del agua de lluvia recolectada es el tanque de almacenamiento. Los tanques vienen en varios materiales, tamaños y formas, cada uno adaptado a necesidades específicas y limitaciones de espacio.

Materiales del tanque

La elección del material del tanque influye en la durabilidad, el costo y la calidad del agua. Considera las siguientes opciones en función de tus preferencias y requisitos específicos:

- **Tanques de polietileno:** Los tanques de polietileno livianos y rentables son adecuados para instalaciones sobre el suelo. Son resistentes a la corrosión y proporcionan una solución práctica para muchas aplicaciones.

- **Tanques de hormigón:** Duraderos y adecuados para instalaciones subterráneas, los tanques de hormigón ofrecen longevidad y estabilidad. Sin embargo, un sellado adecuado es esencial para evitar que los minerales se filtren en el agua almacenada.

- **Cisternas subterráneas:** Ocultos bajo tierra, estos tanques proporcionan soluciones que ahorran espacio. La elección de los materiales sigue siendo crucial para evitar la contaminación y garantizar la pureza del agua almacenada.

Consideraciones sobre el tamaño

El cálculo del tamaño ideal del tanque implica consideraciones como el área de captación, la precipitación media y el uso previsto. Los tanques de gran tamaño garantizan amplias reservas para los períodos más secos, lo que ofrece un amortiguador contra la escasez de agua.

- **Potencial de captación:** Evalúa el potencial de captación de tus superficies, incluidos los tejados y las estructuras de captación adicionales. Este cálculo constituye la base para determinar la capacidad de almacenamiento necesaria.

- **Precipitación media:** Considera la precipitación media anual de tu región. Estos datos ayudan a estimar el volumen potencial de agua recolectada, lo que ayuda a seleccionar un tanque de almacenamiento del tamaño adecuado.

- **Uso previsto:** Define el propósito de tu agua recolectada, ya sea para riego, uso doméstico o agua potable. Cada uso dicta el volumen requerido, lo que influye en el tamaño de su tanque de almacenamiento.

Sostenibilidad

Cada componente se ajusta mediante un diseño bien pensado, desde las superficies de captación hasta los tanques de almacenamiento.

- **Acto de equilibrio**: Lograr un equilibrio entre funcionalidad, estética y sostenibilidad es clave. Considera cómo cada componente contribuye no solo a la eficiencia de su sistema, sino también a su impacto general en el medio ambiente.

- **Responsabilidad de la administración:** Adopta el papel de un administrador responsable de los recursos hídricos. Las decisiones tomadas en el diseño e implementación de tu sistema de recolección de agua de lluvia se propagan a través del ecosistema más amplio, lo que refleja un compromiso con la sostenibilidad.

- **Cuidado continuo:** A medida que comiences a aprovechar la generosidad de la lluvia, recuerda que el cuidado continuo es esencial. El mantenimiento regular de los componentes garantiza la longevidad y la eficiencia de su sistema, lo que garantiza una continuación perfecta de la magia líquida.

En la siguiente sección, aprenderás sobre el intrincado proceso de diseño de un sistema de recolección de agua de lluvia adaptado a tus necesidades específicas y a las características únicas de tu entorno.

Consideraciones basadas en el uso previsto

La recolección de agua de lluvia transforma el arte de utilizar la lluvia en un recurso versátil y sostenible. Cada factor se ajusta cuidadosamente al uso previsto, ya sea nutrir la tierra a través del riego, elevar las tareas domésticas diarias o satisfacer la sed con agua potable. Es hora de profundizar en cada componente, explorando las complejidades y consideraciones que hacen que la recolección de agua de lluvia sea un esfuerzo personalizado y sostenible.

Sistemas de riego por goteo

El riego es una danza entre el agua y el suelo. Aquí, la precisión y la eficiencia ocupan un lugar central, con sistemas de riego por goteo que orquestan una sinfonía de gotas de agua para nutrir la tierra. Para aquellos que cultivan la tierra, el agua de lluvia recolectada se convierte en un salvavidas para los cultivos y la vegetación. El diseño de un sistema de riego requiere consideraciones que van más allá de la pureza, haciendo hincapié en el volumen y la eficiencia de la distribución. Es hora de explorar cómo se desarrolla este movimiento, asegurándose de que cada gota cumpla su propósito en la gran composición de la recolección de agua de lluvia.

- **Distribución eficiente del agua:** Los sistemas de riego por goteo minimizan el desperdicio gracias a su capacidad para suministrar agua con precisión a las zonas de las raíces de las plantas. Junto con los filtros adecuados, estos sistemas garantizan la distribución eficiente del agua, optimizando su uso para fines agrícolas.

- **Dimensionamiento para necesidades específicas:** El cálculo de la demanda de riego implica una comprensión matizada de los tipos de plantas, las características del suelo y el clima local. Un sistema bien diseñado alinea la disponibilidad de agua de lluvia con las necesidades específicas del espacio verde, promoviendo prácticas agrícolas sostenibles.

Sistemas de filtración para el hogar

En el contexto doméstico, el agua de lluvia eleva las tareas mundanas a prácticas sostenibles. Adaptar el sistema para uso doméstico implica abordar la calidad y distribución del agua para diversas necesidades domésticas.

- **Mejora de la calidad del agua:** Los sistemas de filtración domésticos desempeñan un papel fundamental para garantizar la calidad del agua para uso doméstico. El uso de filtros diseñados para eliminar contaminantes específicos, como filtros de sedimentos, carbón activado o purificación UV, mejora la pureza del agua de lluvia para las tareas diarias.

- **Integración perfecta:** Diseñar el sistema para que se integre a la perfección con la plomería doméstica es crucial. La incorporación de bombas de presión y redes de distribución garantiza un suministro fiable para las tareas diarias, transformando el agua de lluvia en un recurso sostenible para la vida diaria.

Agua potable

Para aquellos que se aventuran en el agua de lluvia potable, el diseño adquiere un mayor nivel de precisión. La filtración rigurosa, la desinfección y el cumplimiento de las normas sanitarias se vuelven primordiales.

- **Filtración multibarrera:** Emplea sistemas de filtración avanzados con un enfoque multibarrera. Esto puede incluir filtración de sedimentos, carbón activado, tratamiento UV y, en algunos casos, ósmosis inversa. Cada capa contribuye a la pureza general del agua de lluvia recolectada.

- **Monitoreo continuo:** Es esencial analizar regularmente el agua recolectada en busca de contaminantes. El cumplimiento de las normas sanitarias locales garantiza la potabilidad del agua cosechada, transformando la lluvia en una fuente segura y sostenible de agua potable.

Escalabilidad y adaptabilidad en el diseño

Un sistema eficaz de recolección de agua de lluvia no es solo una estructura estática. Es una entidad dinámica capaz de crecer. La escalabilidad garantiza que, a medida que evolucionan las necesidades, el sistema se expande para adaptarse al aumento de la demanda.

- **Componentes de gran tamaño:** Opte por superficies de captación y tanques de almacenamiento de gran tamaño. Esto proporciona un amortiguador para futuras expansiones sin necesidad de un rediseño sustancial, lo que permite que el sistema crezca en armonía con sus requisitos cambiantes.

- **Sistemas de transporte modulares:** Diseña canaletas y bajantes de forma modular. Esto permite adiciones o modificaciones sencillas a medida que se expanden las áreas de captación, lo que facilita una escalabilidad perfecta sin interrumpir la estructura existente.

Adaptabilidad

La naturaleza es dinámica, al igual que el entorno que rodea su sistema de recolección de agua de lluvia. Diseñar teniendo en cuenta la adaptabilidad garantiza la resiliencia frente a cambios y desafíos imprevistos.

- **Flexibilidad en la filtración:** Elige sistemas de filtrado con componentes modulares. Esto facilita los ajustes en función de los cambios en la calidad del agua o la introducción de nuevos contaminantes, lo que garantiza que el sistema pueda adaptarse a las condiciones cambiantes.

- **Controles sensibles a las inclemencias del tiempo:** Integre controles sensibles a las inclemencias del tiempo para los sistemas de riego. Esto asegura ajustes basados en pronósticos de lluvia, evitando el riego excesivo durante los períodos lluviosos. La adaptabilidad a los patrones climáticos cambiantes hace que el sistema sea receptivo y eficiente.

Al final, la recolección de agua de lluvia se trata de armonizar con los ritmos de la naturaleza. A medida que diseñas e implementas tu sistema, deja que el uso previsto guíe la composición, creando una obra maestra que transforma la lluvia en un recurso versátil y sostenible.

El proceso de diseño

La recolección de agua de lluvia no es solo un esfuerzo pragmático. Es una combinación de diseño bien pensado, planificación meticulosa e integración armoniosa con la naturaleza. A medida que profundizas en las complejidades del proceso de diseño, imagínalo como la composición de una pieza que resuena con la cadencia única de tu entorno. Estos son los pasos de este proceso creativo, donde cada decisión es una nota en la melodía de la sostenibilidad.

Paso 1: Evaluación del potencial de captación

Evaluar las características del techo

Evaluar el tipo, el tamaño y el material de su techo establece el tono arquitectónico de su sistema de recolección de agua de lluvia. Cada característica influye en el potencial de captación y en la calidad del agua.

- **Tipo:** Cada tipo presenta desafíos y oportunidades únicos, desde techos planos hasta diseños inclinados. Evalúa cómo los matices arquitectónicos afectan la escorrentía de agua y la eficiencia de la recolección.

- **Tamaño:** El tamaño de tu techo es un factor crucial para determinar el área de captación. Los techos más grandes ofrecen más potencial para la recolección de agua, pero también exigen consideraciones cuidadosas en el diseño del sistema.

- **Material:** El material de tu techo va más allá de la estética. Diferentes materiales pueden introducir contaminantes o mejorar la pureza del agua. Considera metales resistentes a la corrosión o materiales sintéticos duraderos para obtener resultados óptimos.

Explorar otras superficies de captación

Más allá del techo, las superficies de captación adicionales contribuyen a la riqueza de sus esfuerzos de recolección de agua. Una evaluación exhaustiva garantiza una utilización óptima de las superficies disponibles.

- **Paredes y toldos**: Las superficies verticales, como las paredes y los toldos, complementan el potencial de captación de su techo. Evalúa su contribución a la recolección general de agua y téngalos en cuenta en tu diseño.

- **Superficies permeables**: Evalúa las superficies permeables como entradas de vehículos o patios. Si bien es posible que estos no contribuyan directamente a la captación de agua, comprender su papel en el flujo de agua ayuda a diseñar un sistema eficiente.

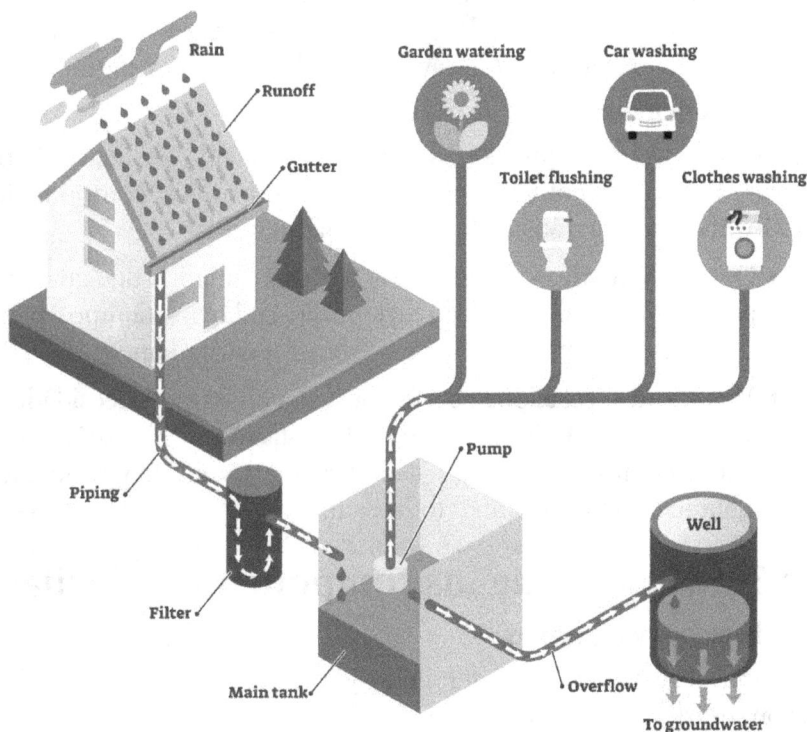

Más allá del techo, las superficies de captación adicionales contribuyen a la riqueza de sus esfuerzos de recolección de agua

Paso 2: Calcular la demanda de agua

Determinar el uso previsto

Definir claramente el propósito del agua recolectada hace que sus objetivos sean más claros y que sus esfuerzos se enfoquen. Cada uso dicta el volumen y la calidad requeridos para el riego, el uso doméstico o el agua potable.

- **Riego:** Si tu enfoque está en el riego, la demanda puede variar según los tipos de plantas y el tamaño del área ajardinada. Comprender las necesidades específicas de agua de tus plantas guía el proceso de diseño.

- **Uso doméstico:** Para uso doméstico, considere actividades diarias como cocinar, limpiar y bañarse. Describir claramente el uso previsto garantiza que su sistema se alinee con las necesidades prácticas de agua.

- **Agua potable:** Si tu objetivo es recolectar agua para beber, los más altos estándares de pureza son esenciales. El diseño debe incorporar componentes avanzados de filtración y purificación.

Calcular la demanda

En función del uso previsto, calcula la demanda de agua diaria y estacional. Esto sirve como base para dimensionar los componentes y diseñar los sistemas de transporte y almacenamiento.

- **Demanda diaria:** Considera los requisitos diarios de agua para el propósito elegido. Esto incluye comprender los tiempos pico de uso y diseñar el sistema para satisfacer estas demandas.

- **Variaciones estacionales:** Reconoce cómo las necesidades de agua pueden variar a lo largo de las estaciones. El diseño para las fluctuaciones estacionales garantiza un suministro confiable de agua recolectada durante todo el año.

Paso 3: Selección de los componentes adecuados

Diseño de techos y captaciones

La elección de los materiales del techo y el diseño de las superficies de captación es donde la estética, la durabilidad y la eficiencia se unen armoniosamente.

- **Estética:** El atractivo visual de su techo y superficies de captación es parte integral del diseño general. Considera materiales y diseños que complementen el estilo arquitectónico de su propiedad.

- **Durabilidad:** La longevidad es una consideración clave. Selecciona materiales que resistan la intemperie y los factores ambientales, asegurando la eficiencia sostenida de su sistema de recolección de agua de lluvia.

- **Eficiencia:** Lograr el equilibrio adecuado entre estética y durabilidad garantiza que el techo y las superficies de captación canalicen el agua de manera eficiente hacia el sistema de recolección.

Sistemas de transporte

La selección de sistemas de canaletas y bajantes afecta los canales a través de los cuales fluye el agua. Incorpore desviadores de primera descarga y establezca protocolos de mantenimiento regulares.

Sistemas de canaletas: Elige sistemas de canaletas adecuados para el área de captación. Ten en cuenta factores como el material, el tamaño y la forma para optimizar el flujo de agua. La limpieza y el mantenimiento regulares evitan obstrucciones.

- **Bajantes:** Las bajantes eficientes conducen el agua hacia abajo desde el techo hasta los tanques de almacenamiento. Colócalas estratégicamente para maximizar la captura de agua y minimizar la escorrentía.

- **Desviadores de primera descarga:** Integra desviadores de primera descarga para minimizar la escorrentía inicial que puede transportar contaminantes. Esto mejora la calidad general del agua cosechada.

Soluciones de filtración

Elige los componentes de filtración adecuados en función de los objetivos de calidad del agua. Las pantallas de malla, los filtros de cartucho o los sistemas avanzados de purificación garantizan la pureza deseada del agua.

- **Pantallas de malla:** Actúan como la primera línea de defensa, evitando que entren residuos más grandes en el sistema. La limpieza regular mantiene su eficacia.

- **Filtros de cartucho**: Componentes de filtración de nivel medio que capturan partículas más pequeñas. Elige cartuchos en función de sus objetivos de calidad del agua.

- **Purificación avanzada**: Considera sistemas de purificación avanzados como filtros UV u ósmosis inversa para fines de agua potable. Estos garantizan el más alto nivel de pureza del agua.

Tanques de almacenamiento

Considere los materiales y el tamaño del tanque en función del potencial de captación y la demanda de agua. Ten en cuenta la escalabilidad para futuras expansiones, lo que permite que su sistema crezca con las necesidades cambiantes.

- **Selección de materiales:** Elige materiales que sean duraderos, no tóxicos y resistentes a la corrosión. Los más comunes son el polietileno, la fibra de vidrio y el hormigón.

- **Consideraciones de tamaño:** El tamaño de su tanque de almacenamiento debe alinearse con el potencial de captación y la demanda de agua. Calcula la capacidad de almacenamiento necesaria para garantizar un suministro de agua fiable.

- **Escalabilidad**: Opta por tanques de almacenamiento de gran tamaño y considera diseños de tanques modulares. Esto se adapta a la expansión futura sin la necesidad de un rediseño significativo.

El tamaño de sus tanques de almacenamiento debe alinearse tanto con el potencial de captación como con la demanda de agua[7]

Paso 4: Integración del sistema y planificación de la distribución

Integración con estructuras existentes

Integra a la perfección el sistema de captación de agua de lluvia con las estructuras existentes. Esto incluye la plomería para uso doméstico, las redes de riego y los posibles puntos de expansión.

- **Integración de plomería:** Conecta el sistema de recolección de agua de lluvia a la plomería existente para uso doméstico. Asegúrate de que el agua recolectada se integre perfectamente con las fuentes de agua convencionales.

- **Redes de riego:** Si el sistema se utiliza para riego, planifica la integración del suministro de agua de lluvia con las redes de riego existentes o nuevas. Distribuye el agua de manera eficiente a las áreas ajardinadas.

Planificación de la distribución

Planifica la distribución eficiente del agua en función del uso previsto. Esto puede implicar bombas de presión, redes de riego por goteo o ajustes de plomería en el hogar.

- **Bombas de presión:** Si es necesario, incorpora bombas de presión para garantizar una presión de agua adecuada para uso doméstico o riego. La distribución adecuada depende de mantener una presión constante.

- **Redes de riego por goteo:** Para fines de riego, diseña redes de riego por goteo que entreguen agua directamente a la base de las plantas. Esto conserva el agua y asegura una hidratación específica.

- **Ajustes de plomería en el hogar:** Si se integra con el uso doméstico, planifica ajustes en la plomería para facilitar la incorporación sin problemas del agua recolectada en las actividades diarias.

Paso 5: Características de adaptabilidad y escalabilidad

Adiciones de transporte modular

Diseña canaletas y bajantes de forma modular. Esto permite adiciones o modificaciones fáciles a medida que se expanden las áreas de captación.

- **Diseño modular:** Crea un sistema de canaletas y bajantes que se pueda extender o modificar fácilmente. Esto garantiza la adaptabilidad a medida que amplía el alcance de la recolección de agua de lluvia.

- **Áreas de captación futuras:** Anticipa las posibles áreas de captación futuras y diseña el sistema para acomodar estas adiciones. Este enfoque orientado al futuro evita la necesidad de revisiones significativas.

Almacenamiento escalable

Opta por tanques de almacenamiento de gran tamaño y considera diseños de tanques modulares. Esto se adapta a la expansión futura sin la necesidad de un rediseño significativo.

- **Tanques de gran tamaño:** Selecciona tanques de almacenamiento con una capacidad que exceda su demanda actual. Este excedente de capacidad prepara su sistema para mayores necesidades de agua en el futuro.

- **Diseños de tanques modulares:** Elige diseños de tanques que permitan la fácil adición de nuevos módulos. Este enfoque escalable garantiza que su capacidad de almacenamiento pueda evolucionar con los requisitos cambiantes.

Sistemas de filtración adaptables

Elige sistemas de filtración con componentes modulares. Esto facilita los ajustes en función de los cambios en la calidad del agua o la introducción de nuevos contaminantes.

- **Filtración modular:** Seleccione sistemas de filtración con componentes intercambiables. Esto le permite actualizar o modificar el sistema para abordar los problemas cambiantes de calidad del agua.

- **Filtración específica de contaminantes**: Si la fuente de agua cambia, como un aumento de la sedimentación, elige componentes de filtración dirigidos específicamente a los contaminantes identificados. Esto garantiza la pureza continua del agua.

Paso 6: Controles sensibles a las inclemencias del tiempo (opcional)

Implementación de controles inteligentes

Para los sistemas de riego, considere controles que respondan a las inclemencias del tiempo. Estos sistemas ajustan los horarios de riego en función de los datos meteorológicos en tiempo real, evitando el riego excesivo durante los períodos lluviosos.

- **Controladores inteligentes:** Incorpora controladores sensibles a la intemperie en su sistema de riego. Estos controladores utilizan datos meteorológicos en tiempo real para ajustar los programas de riego, optimizando el uso del agua.

- **Sensores de lluvia:** Integra sensores de lluvia que suspenden automáticamente el riego durante las lluvias. Esto garantiza que el agua de lluvia recolectada no se desperdicie y promueve la conservación del agua.

Protocolos de monitoreo y ajuste

Establecer protocolos para monitorear el rendimiento del sistema. Las comprobaciones periódicas, especialmente después de fenómenos meteorológicos importantes, garantizan un funcionamiento óptimo y permiten realizar los ajustes necesarios.

- **Controles de rutina:** Programa controles de rutina de todo el sistema de recolección de agua de lluvia. Inspecciona canaletas, bajantes, sistemas de filtración y tanques de almacenamiento para identificar y abordar rápidamente cualquier problema.

- **Controles posteriores a eventos meteorológicos**: Después de eventos climáticos significativos, realiza inspecciones exhaustivas. Las fuertes lluvias o tormentas pueden afectar a los componentes del sistema, y las comprobaciones proactivas evitan posibles problemas.

- **Protocolos de ajuste:** Desarrolla protocolos claros para realizar ajustes en el sistema. Los ajustes sistemáticos mantienen la eficiencia del sistema, ya sea adaptándose a los cambios en la calidad del agua o ampliando el área de captación.

Un plan para el agua sostenible

Su sistema de recolección de agua de lluvia es una configuración funcional y un modelo para la administración sostenible del agua. Cada decisión, desde la selección de la cuenca hasta el tamaño de los tanques de almacenamiento, se convierte en un trazo en el lienzo de la responsabilidad ambiental.

- **Gestión holística del agua:** El diseño de un sistema de captación de agua de lluvia es un enfoque holístico de la gestión del agua. Es una elección consciente para nutrir el regalo de la naturaleza de manera responsable.

- **Adaptabilidad para el futuro:** A medida que te enfrentas a un mundo en constante cambio, tu sistema de recolección de agua de lluvia se convierte en un faro de adaptabilidad. La escalabilidad y la flexibilidad garantizan que cumpla con los desafíos y oportunidades del futuro.

- **Alcance educativo:** Comparte tus ideas de diseño con tu comunidad. Fomentar la conciencia y la comprensión de la recolección de agua de lluvia como una práctica sostenible. Anima a otros a embarcarse en el viaje de diseño de sus sistemas.

El intrincado proceso de diseño de la recolección de agua de lluvia es una composición que armoniza con los ritmos naturales de su entorno. Cada decisión, desde la selección de los materiales del techo hasta la integración de las redes de distribución, contribuye al flujo continuo de su melodía de recolección de agua. Deja que tu sistema de recolección de agua de lluvia sea un testimonio del arte de la vida sostenible, donde cada gota es una nota en la sinfonía de la administración del agua.

Capítulo 5: Sistemas de almacenamiento: barriles, canaletas y tanques

La recolección de agua de lluvia es una práctica sostenible que conserva el agua y proporciona una alternativa ecológica para diversos fines. Elegir la solución de almacenamiento adecuada es primordial para el éxito de su empresa de recolección de agua de lluvia. Desde la simplicidad de las canaletas y barriles hasta la presencia sustancial de tanques, comprender las diversas opciones de almacenamiento le permitirá tomar decisiones informadas que se alineen con sus necesidades, presupuesto y consideraciones ambientales.

Almacenamiento a corto plazo: canaletas y barriles

La recolección de agua de lluvia se encuentra a la vanguardia de las prácticas sostenibles, ofreciendo un enfoque consciente para la conservación del agua. Las canaletas y los barriles son dos componentes críticos de las etapas iniciales de la recolección de agua de lluvia. Estas soluciones de almacenamiento a corto plazo desempeñan un papel fundamental en la recolección eficiente del agua de lluvia, proporcionando una fuente inmediata y accesible para una multitud de propósitos. Desde los materiales y las capacidades hasta las ventajas y desventajas, es hora de navegar por las complejidades de estos componentes esenciales.

Canales

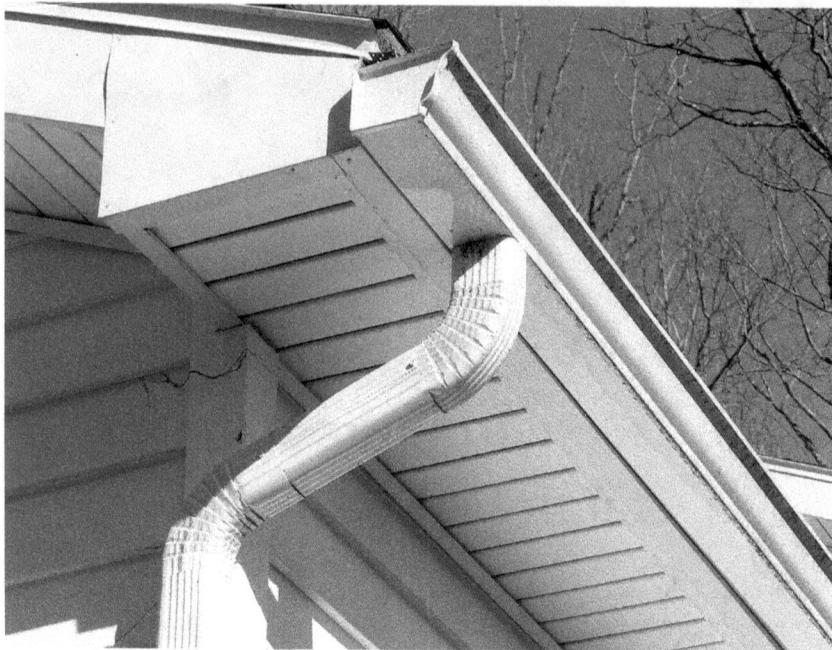

Las canaletas, los arquitectos silenciosos de la recolección de agua de lluvia, forman la fase inaugural de esta práctica sostenible[8]

Las canaletas, los arquitectos silenciosos de la recolección de agua de lluvia, forman la fase inaugural de esta práctica sostenible. Como primera línea de defensa, las canaletas están fabricadas con materiales como aluminio, acero o PVC. Estos canales sin pretensiones, elegantemente colocados a lo largo de la línea del techo, juegan un papel crucial en la conducción del agua de lluvia hacia las bajantes, iniciando el viaje del agua recolectada. Aquí hay una exploración de los diversos materiales, capacidades, ventajas e inconvenientes de las canaletas, desentrañando la simplicidad y efectividad que aportan al almacenamiento de agua de lluvia a corto plazo.

Materiales

A menudo fabricadas con materiales como aluminio, acero o PVC, las canaletas sirven como conductos esenciales que recogen el agua de lluvia a lo largo de la línea del techo, canalizándola hacia los bajantes. Cada material aporta su conjunto único de ventajas al ecosistema de recolección de agua de lluvia.

- **Aluminio:** Reconocidas por su naturaleza liviana y resistencia a la corrosión, las canaletas de aluminio son la opción preferida. Su durabilidad y facilidad de manejo los convierten en soluciones prácticas y eficientes para los propietarios de viviendas que buscan un sistema confiable de recolección de agua de lluvia.

- **Acero:** Reconocidos por su robustez, los canalones de acero son una opción duradera. Sin embargo, la susceptibilidad a la oxidación requiere un mantenimiento regular para evitar el deterioro con el tiempo, lo que los hace adecuados para aquellos que estén dispuestos a invertir tiempo en el mantenimiento.

- **PVC:** Como alternativa rentable, las canaletas de PVC son resistentes tanto a la corrosión como al óxido. La versatilidad de las canaletas de PVC es una característica destacada, ya que les permite adaptarse sin problemas a varios tipos y formas de techo.

Capacidades

La eficacia de las canaletas está estrechamente ligada a su tamaño y a los patrones regionales de precipitación. El mantenimiento regular, que incluye tareas como la limpieza de escombros, es imperativo para garantizar un flujo de agua óptimo y evitar el desbordamiento durante las fuertes lluvias.

- **Variación de tamaño:** Las canaletas vienen en varios tamaños, adaptándose a las diversas necesidades de las diferentes propiedades. Las canaletas más grandes manejan volúmenes de agua más significativos, lo que las hace adecuadas para regiones con mayores precipitaciones.

- **Consideraciones sobre la precipitación:** La capacidad de las canaletas está directamente influenciada por la cantidad de lluvia en un área específica. Comprender los patrones regionales de lluvia es crucial para determinar el tamaño adecuado de la canaleta para recolectar y manejar el agua de lluvia de manera efectiva.

- **Integración con bajantes:** La perfecta integración con bajantes también influye en la capacidad. Los sistemas correctamente diseñados garantizan que el agua viaje de manera eficiente desde las canaletas hasta los bajantes, evitando el desbordamiento y maximizando el almacenamiento.

- **Impacto en el mantenimiento:** El mantenimiento regular, como la limpieza de hojas y escombros, es primordial para garantizar un flujo de agua óptimo. Las canaletas bien mantenidas administran de manera efectiva mayores capacidades sin el riesgo de obstrucciones o desbordamientos.

Ventajas

Las canaletas cuentan con varias ventajas, lo que las convierte en una opción atractiva para el almacenamiento de agua de lluvia a corto plazo:

- **Rentable:** Las canaletas presentan una opción económica, democratizando la recolección de agua de lluvia al hacerla accesible a un amplio espectro de propietarios.

- **Facilidad de instalación:** La simplicidad de los sistemas de canaletas se traduce en una fácil instalación, lo que a menudo los convierte en una opción popular para aquellos que disfrutan participando en proyectos de bricolaje en sus hogares.

- **Versatilidad:** La adaptabilidad de las canaletas a diferentes tipos y formas de techo se suma a su atractivo. Esta versatilidad los hace adecuados para una variedad de diseños arquitectónicos.

Inconvenientes

- **Capacidad de almacenamiento limitada:** Las canaletas no están diseñadas para un almacenamiento extenso de agua, lo que las hace más adecuadas para el uso inmediato en lugar de las soluciones de almacenamiento a largo plazo.

- **Requisitos de mantenimiento:** Es necesaria una limpieza frecuente para evitar obstrucciones y desbordamientos, lo que exige la atención regular del propietario. Si bien el mantenimiento es sencillo, es un compromiso continuo.

Barriles

A medida que avanza en el viaje de recolección de agua de lluvia, los barriles suben al escenario, proporcionando una elegante mejora a las soluciones de almacenamiento a corto plazo. Colocados estratégicamente debajo de las bajantes, estos contenedores sin pretensiones elevan la recogida de agua de lluvia, ofreciendo funcionalidad y un toque estético al proceso. En esta sección, descubrirá los diversos materiales, capacidades, ventajas e inconvenientes de los barriles de lluvia, desentrañando su papel en la mejora del almacenamiento de agua de lluvia a corto plazo.

Materiales

Los barriles de lluvia colocados estratégicamente debajo de los bajantes complementan las canaletas en la recolección de agua de lluvia. Estos barriles vienen en varios materiales, cada uno con méritos únicos, lo que agrega una capa de personalización a la experiencia de recolección de agua de lluvia.

- **Plástico:** Ligeros y resistentes a la corrosión, los barriles de plástico son una opción popular y práctica. Su facilidad de manejo y su idoneidad para diversos climas los convierten en una opción para muchos propietarios.

- **Madera:** Para aquellos que buscan un toque de estética rústica, los barriles de madera encajan a la perfección. Si bien agregan un elemento atractivo al paisaje del jardín, requieren más mantenimiento para preservar su encanto.

- **Metal:** Conocidos por su durabilidad, los barriles de metal son resistentes y elegidos por su longevidad. La contrapartida es su susceptibilidad a la oxidación, lo que requiere que sopese los beneficios frente a las posibles necesidades de mantenimiento.

Capacidades

Los barriles de lluvia ofrecen una gama de capacidades, generalmente de 50 a 100 galones. Esta variabilidad le permite seleccionar un tamaño que se alinee con sus necesidades de agua y el espacio disponible en su propiedad.

- **Opciones de tamaño:** Los barriles de lluvia vienen en varios tamaños para satisfacer los diferentes requisitos de uso. Los barriles más pequeños son adecuados para áreas de espacio limitado, mientras que los más grandes se adaptan a mayores demandas de agua.

- **Modularidad:** Puedes instalar varias barricas de forma modular, creando un sistema de almacenamiento colectivo con mayor capacidad. Esta modularidad proporciona flexibilidad para adaptarse a los patrones cambiantes de consumo de agua.

- **Personalización:** Algunos barriles están diseñados con capacidades personalizables, lo que le permite elegir el tamaño que mejor se adapta a tus necesidades específicas. Esta personalización garantiza que el barril de lluvia se alinee perfectamente con los requisitos de la propiedad.

- **Características de prevención de desbordamiento:** Muchos barriles de lluvia incorporan características como válvulas de desbordamiento o salidas para administrar capacidades más altas de manera efectiva. Estos mecanismos aseguran que el exceso de agua se dirija lejos del barril, evitando el desbordamiento y el posible desperdicio de agua.

Ventajas

- **Asequibilidad:** Los barriles de lluvia son rentables, se alinean con las consideraciones presupuestarias y hacen que la recolección de agua de lluvia sea accesible para una amplia audiencia.

- **Fácil instalación:** Al igual que las canaletas, los barriles de lluvia son relativamente fáciles de instalar, lo que a menudo los hace populares para proyectos de bricolaje. Esta simplicidad se suma a su atractivo, especialmente para aquellos con un enfoque práctico para las mejoras en el hogar.

- **Acceso inmediato:** Los barriles de lluvia ofrecen acceso inmediato al agua de lluvia recolectada, lo que facilita actividades como regar plantas o lavar superficies exteriores sin demora.

Inconvenientes

- **Capacidad de almacenamiento limitada:** Al igual que las canaletas, los barriles de lluvia no están diseñados para un almacenamiento extenso. Son los más adecuados para el uso a corto plazo, haciendo hincapié en la accesibilidad inmediata sobre las necesidades de almacenamiento prolongadas.

- **Requisitos de mantenimiento:** La limpieza y el filtrado regulares son necesarios para garantizar la calidad del agua y evitar problemas como la reproducción de mosquitos. Si bien el mantenimiento es crucial, es un aspecto manejable para aquellos comprometidos con cosechar los beneficios de la recolección de agua de lluvia.

Comprender los materiales, las capacidades, las ventajas y los inconvenientes de las canaletas y los barriles es fundamental para tomar decisiones informadas. Los propietarios de viviendas que buscan embarcarse en un viaje de recolección de agua de lluvia pueden combinar la eficiencia de las canaletas con la accesibilidad de los barriles para crear un sistema completo y sostenible. Al adoptar estas soluciones a corto plazo, contribuye a sus esfuerzos de conservación del agua y al movimiento más amplio hacia una vida consciente del medio ambiente.

Tomar una decisión informada sobre las soluciones de recolección de agua de lluvia a corto plazo requiere una consideración cuidadosa de las necesidades individuales, las características de la propiedad y el compromiso con el mantenimiento. La sinergia de canaletas y barriles proporciona un enfoque equilibrado, ofreciendo eficiencia y accesibilidad a los propietarios que buscan integrar la sostenibilidad en su vida diaria.

Almacenamiento a largo plazo: tanques

En la búsqueda de una gestión sostenible del agua, las soluciones de recolección de agua de lluvia a largo plazo se vuelven primordiales, especialmente para aquellos que enfrentan lluvias poco frecuentes o escenarios de alta demanda de agua. Los tanques emergen como actores incondicionales en este campo, ofreciendo capacidades de almacenamiento sustanciales para satisfacer las necesidades de aplicaciones residenciales, comerciales y agrícolas.

Materiales

Los tanques, la piedra angular de la recolección de agua de lluvia a largo plazo, están fabricados con una variedad de materiales, cada uno de los cuales presenta un conjunto único de características.

- **Tanques de polietileno:** Ligeros y resistentes a la corrosión, los tanques de polietileno ofrecen una solución práctica para aquellos que buscan durabilidad sin la carga de un peso excesivo. Su versatilidad se extiende a las instalaciones sobre el suelo, lo que las hace accesibles para diversas aplicaciones.

- **Tanques de fibra de vidrio:** Reconocidos por su durabilidad, los tanques de fibra de vidrio son una opción robusta, particularmente adecuada para instalaciones subterráneas. Esta característica preserva la estética de la propiedad y optimiza el uso del espacio. Los tanques de fibra de vidrio son resistentes a la corrosión, lo que los convierte en una opción confiable a largo plazo.

- **Tanques de hormigón:** Los tanques de hormigón robustos y resistentes son conocidos por su durabilidad. Sin embargo, su peso es un factor limitante y, por lo general, se emplean en escenarios en los que es factible la instalación sobre el suelo. Los tanques de hormigón proporcionan una solución sólida y duradera para las necesidades de almacenamiento de agua de lluvia extensas.

- **Tanques de acero:** Robustos y capaces de soportar presiones externas, los tanques de acero son una opción común para instalaciones sobre el suelo. Sin embargo, son propensos a oxidarse, lo que requiere una cuidadosa consideración de las prácticas de mantenimiento para garantizar su longevidad.

Capacidades

El atractivo de los tanques radica en su capacidad para satisfacer un amplio espectro de necesidades de almacenamiento de agua, desde aplicaciones residenciales modestas hasta requisitos comerciales y agrícolas a gran escala.

- **Rango de capacidades:** Los tanques ofrecen una amplia gama de capacidades, adaptándose a las demandas específicas de varios usuarios. Desde unos pocos cientos de galones hasta varios miles, la flexibilidad en el tamaño garantiza que las personas y las empresas puedan adaptar sus sistemas de recolección de agua de lluvia a sus requisitos únicos.

- **Aplicaciones residenciales:** Las capacidades de tanque más pequeñas a menudo son adecuadas para aplicaciones residenciales, ya que brindan a los propietarios una fuente de agua confiable y sostenible para uso doméstico, paisajismo y otras necesidades domésticas.

- **Necesidades comerciales y agrícolas:** Las capacidades de tanques más grandes encuentran su nicho en entornos comerciales y agrícolas donde la demanda de agua es más sustancial. Los tanques son fundamentales para garantizar un suministro de agua constante y suficiente para los cultivos, el ganado y los procesos industriales.

Ventajas

Los tanques aportan muchas ventajas, lo que los hace indispensables para aquellos que buscan soluciones robustas y duraderas para la recolección de agua de lluvia.

- **Capacidad de almacenamiento sustancial:** La principal fortaleza de los tanques radica en su capacidad para almacenar volúmenes significativos de agua, lo que los hace ideales para regiones con lluvias poco frecuentes o áreas que enfrentan una alta demanda de agua. Esta característica le brinda un suministro de agua confiable y constante incluso durante períodos secos.

- **Personalización para instalación subterránea:** Los tanques se pueden personalizar para instalación subterránea. Son una opción particularmente valiosa para aquellos que buscan preservar el espacio sobre el suelo o mantener la estética de la propiedad. Esta configuración subterránea mejora la eficiencia del espacio y protege los tanques de los elementos externos.

- **Versatilidad en las aplicaciones:** Los tanques se adaptan a una amplia gama de aplicaciones, desde la conservación de agua residencial hasta las operaciones agrícolas y comerciales a gran escala. Su adaptabilidad los posiciona como soluciones versátiles para diversas necesidades de almacenamiento de agua.

Inconvenientes

Si bien los tanques ofrecen beneficios sustanciales, es esencial reconocer las consideraciones y los desafíos asociados con su implementación.

- **Costos iniciales más altos:** En comparación con las soluciones a corto plazo como canaletas y barriles, los tanques tienen costos iniciales más altos. La inversión requerida para comprar e instalar tanques es una consideración importante para aquellos que manejan restricciones presupuestarias.

- **Se requiere instalación profesional:** La instalación de tanques, especialmente en configuraciones personalizadas o subterráneas, a menudo requiere asistencia profesional. Se suma a los costes generales y subraya la importancia de garantizar que la instalación se lleve a cabo con precisión.

- **El mantenimiento regular es crucial:** El mantenimiento regular es imperativo para garantizar la longevidad del tanque y una funcionalidad óptima. Incluye la comprobación de la corrosión, la limpieza y la resolución de cualquier problema potencial con prontitud. Ignorar el mantenimiento conducirá al deterioro y reducirá la vida útil del sistema.

Implementación de tanques

A medida que navega por la recolección de agua de lluvia a largo plazo, la implementación de tanques surge como un paso fundamental hacia la construcción de resiliencia hídrica. Comprender los materiales, las capacidades, las ventajas y los inconvenientes de los tanques equipa a las personas y a las empresas para tomar decisiones informadas que se alineen con sus necesidades y circunstancias específicas.

- **Selección de materiales:** Elegir el material adecuado para un tanque implica un delicado equilibrio entre la durabilidad, las consideraciones de peso y la aplicación prevista. Los tanques de polietileno, con su naturaleza liviana y resistencia a la corrosión, son ideales para instalaciones residenciales sobre el suelo. Los tanques de fibra de vidrio, con su durabilidad e idoneidad para uso subterráneo, ofrecen una solución discreta que no compromete la estética de la propiedad. Los tanques de hormigón, aunque más pesados, proporcionan robustez para diversas aplicaciones, mientras que los tanques de acero, que también son resistentes, requieren un mantenimiento diligente para combatir el óxido.

- **Cálculo de las capacidades:** La determinación de la capacidad adecuada del tanque depende de la evaluación precisa de la demanda de agua. Los usuarios residenciales pueden encontrar capacidades más pequeñas suficientes para las necesidades diarias, mientras que aquellos que se dedican a la agricultura o a actividades comerciales requieren tanques más grandes para un suministro de agua constante y confiable. Comprender los patrones regionales de precipitación y la frecuencia de los períodos secos ayuda a afinar la capacidad para satisfacer las necesidades reales.

- **Ventajas para aplicaciones variadas:** La versatilidad de los tanques brilla en su capacidad para atender un espectro de aplicaciones. En un entorno residencial, los tanques son una fuente de agua sostenible para las actividades diarias, el riego de jardines y la preparación para emergencias. Para las empresas comerciales, los tanques proporcionan un suministro confiable para los procesos industriales, reduciendo la dependencia de fuentes de agua externas. En la agricultura, donde el agua es un salvavidas para los cultivos y el ganado, los tanques garantizan un suministro constante, contribuyendo a la sostenibilidad y la productividad.

- **Mitigación de inconvenientes:** Si bien los inconvenientes asociados con los tanques son notables, la planificación proactiva mitiga los posibles desafíos. Abordar los costos iniciales más altos implica considerar los beneficios a largo plazo y el retorno de la inversión que brindan los tanques. Buscar asistencia profesional durante la instalación garantiza que el sistema esté configurado correctamente, maximizando su eficiencia y vida útil. Por último, el mantenimiento regular debe considerarse como una inversión proactiva y no como una necesidad reactiva, salvaguardando la longevidad y la funcionalidad del sistema de captación de agua de lluvia.

El uso de tanques en un sistema de recolección de agua de lluvia no es solo una opción práctica. Es un compromiso con las prácticas sostenibles del agua. A medida que las personas, las comunidades y las empresas se esfuerzan por reducir su huella ambiental, el papel de los tanques en la conservación del agua se vuelve cada vez más fundamental. La inversión en tanques trasciende la mera adquisición de un sistema de almacenamiento. Simboliza una dedicación a la gestión responsable del agua y una postura proactiva para asegurar los recursos hídricos para el futuro.

A medida que integras tanques en tus esfuerzos de recolección de agua de lluvia, contribuyes a la seguridad hídrica personal y al movimiento más amplio que promueve la resiliencia hídrica. La adopción de soluciones a largo plazo, como los tanques, representa un paso colectivo hacia un futuro más sostenible y consciente del agua, en el que cada gota se valore, conserve y utilice con precisión.

Mantenimiento e integración

Un sistema de recolección de agua de lluvia bien mantenido no es solo un reservorio para la conciencia ambiental, sino una inversión en eficiencia y longevidad. Ya sea que la opción de almacenamiento elegida sean barriles, tanques o una combinación de ambos, el mantenimiento de rutina es la clave de su efectividad. Es hora de sumergirse en los detalles para asegurarse de que su sistema funcione como un instrumento finamente afinado.

Canales

1. **Limpieza regular:** La primera línea de defensa en la recolección de agua de lluvia son las canaletas. Estos conductos dirigen la lluvia desde el techo hacia el sistema de almacenamiento. La limpieza regular es primordial para evitar obstrucciones y garantizar un flujo

suave de agua. El flujo se restringe si está obstruido, al igual que el colesterol que bloquea los vasos sanguíneos. La limpieza regular mantiene el camino despejado y fluido.

2. **Inspección y reparación:** Echa un vistazo más de cerca a sus canaletas periódicamente. ¿Están caídas o dañadas? Repare cualquier problema con prontitud para mantener su integridad estructural. Las canaletas, al igual que un instrumento bien afinado, necesitan ajustes ocasionales. Aprieta los tornillos sueltos o reemplace las secciones dañadas para mantener todo en armonía.

3. **Comprobaciones de fugas:** Las conexiones entre las canaletas y los bajantes son posibles puntos de fuga. Inspecciona regularmente estas uniones y repara cualquier fuga con prontitud. Una pequeña fuga interrumpirá toda la actuación.

Barriles

1. **Limpieza interior:** El interior de sus barricas es un caldo de cultivo para posibles problemas, especialmente el crecimiento de algas. La limpieza regular evita estos huéspedes verdes no deseados.

2. **Inspección de grietas y fugas:** Los barriles, como cualquier recipiente, son susceptibles a grietas y fugas. Inspecciónelos periódicamente y repare rápidamente cualquier daño. Al igual que un músico revisa su instrumento en busca de grietas o deformaciones, usted debe inspeccionar sus barriles. Una pequeña grieta puede parecer insignificante, pero conduce a una pérdida del preciado líquido.

3. **Asegurar la tapa:** La tapa de su barril es su primera línea de defensa contra los escombros y la contaminación. Asegúrese de que esté bien colocada para mantener la pureza del agua de lluvia recolectada.

Tanques

1. **Inspecciones estructurales:** Al ser estructuras más grandes, los tanques requieren inspecciones periódicas para detectar fugas o daños estructurales. La detección temprana de estos problemas previene problemas más extensos. Un tanque con daños estructurales es un edificio con cimientos comprometidos. Las inspecciones periódicas garantizan que todo esté en buen estado.

2. **Limpieza interior:** La acumulación de sedimentos en los tanques reduce su eficiencia. Limpie regularmente el interior del tanque para evitar esto, asegurando un espacio despejado y sin obstrucciones para el almacenamiento de agua. La limpieza rutinaria mantiene todo en óptimas condiciones.

3. **Monitoreo del sistema de filtración:** Si tu tanque tiene un sistema de filtración, vigílalo regularmente para obtener un rendimiento óptimo. Limpia o reemplaza los filtros según sea necesario. Los filtros en un sistema de recolección de agua de lluvia son como las cuerdas de una guitarra. La afinación regular (limpieza o reemplazo) asegura que produzcan la melodía deseada.

Armonizar funcionalidad y estética

1. **Ubicación estratégica:** Considera la ubicación estratégica de tus sistemas de almacenamiento. Optimiza la recolección de agua mientras minimizas el impacto visual en tu propiedad. Colocar los tanques estratégicamente es como organizar los muebles en una habitación. Debe ser funcional (proporcionar asientos o almacenamiento) sin sobrecargar el espacio visual.

2. **Estética:** Elige opciones de almacenamiento que complementen la estética de tu propiedad. Ya sea que se trate de las líneas elegantes de un tanque o el encanto rústico de los barriles, asegúrate de que se alinee con el tema visual. Debe mejorar, no restar, la estética general de su propiedad.

3. **Paisajismo:** Integra sistemas de almacenamiento en tu diseño de paisajismo. Trátalos como elementos funcionales dentro de la estética general, armonizando la naturaleza y la función. Tu sistema de almacenamiento es parte de una orquesta de jardín. Cada elemento desempeña su papel, contribuyendo a un hermoso diseño.

4. **Accesibilidad:** Asegúrate de que sus sistemas de almacenamiento sean fácilmente accesibles para el mantenimiento. Sin embargo, considera los aspectos visuales para mantener el atractivo de la propiedad. Debe ser práctico para el mantenimiento, pero no debe distraer la atención de la estética de la propiedad.

La interacción armoniosa del mantenimiento y la integración es la clave para el éxito de un sistema de captación de agua de lluvia. El mantenimiento regular garantiza el funcionamiento eficiente de tu sistema, mientras que una integración cuidadosa mejora el atractivo visual de tu propiedad. Al igual que un hábil director de orquesta, tú diriges los elementos de su sistema de recolección de agua de lluvia para crear una sincronización entre la sostenibilidad y la belleza.

Al concluir esta exploración de los sistemas de almacenamiento en la recolección de agua de lluvia, es evidente que cada componente desempeña un papel distinto, contribuyendo a la armonía general de la gestión sostenible del agua. Ya sea por la simplicidad de las canaletas que guían el flujo inicial, el encanto de los barriles que almacenan gotas de lluvia como notas preciosas o la grandeza de los tanques que conducen una melodía monumental, la elección de los sistemas de almacenamiento define el ritmo de esta composición de recolección de agua.

Capítulo 6: Seguridad y filtración: garantizar agua limpia para cada uso

La captación de agua de lluvia exige la garantía de agua limpia y segura para el uso diario. Este capítulo se centra en el meticuloso proceso de salvaguardar el agua de lluvia recolectada, abordar los posibles contaminantes, explorar técnicas de filtración y profundizar en los tratamientos posteriores al almacenamiento para garantizar la seguridad del agua. Desde la comprensión de las fuentes de contaminación hasta la implementación de métodos de filtración efectivos y tratamientos posteriores a la filtración, este capítulo te guiará a través de las medidas integrales necesarias para mantener el agua limpia de manera constante.

La captación de agua de lluvia exige la garantía de agua limpia y segura para el uso diario[9]

Contaminantes potenciales en el agua de lluvia recolectada

En la búsqueda de prácticas hídricas sostenibles, el agua de lluvia recolectada a menudo emerge como una fuente prometedora. Sin embargo, la aparente pureza del agua de lluvia puede ser engañosa. Antes de pensar en la seguridad del agua, debes comprender los contaminantes potenciales que se infiltran en el agua de lluvia recolectada. Estos contaminantes, que se originan en diversas fuentes, abarcan un espectro que incluye contaminantes atmosféricos, desechos y agentes biológicos, formando un tapiz complejo que requiere una cuidadosa consideración.

Contaminantes atmosféricos: impurezas invisibles que descienden de los cielos

En su descenso, el agua de lluvia se encuentra con una miríada de contaminantes atmosféricos que comprometen su pureza. Estos contaminantes, aunque invisibles a simple vista, tienen un impacto significativo en la calidad del agua de lluvia recolectada.

1. **Material particulado en el aire**: El acto aparentemente inocente de la lluvia que cae del cielo trae consigo la acumulación de material particulado en el aire. El polvo, el polen y otras partículas microscópicas suspendidas en el aire se depositan en los tejados e inevitablemente se transportan al agua de lluvia recolectada. Los tejados, que antes eran prístinos, se convierten en zonas de captación de estas impurezas, introduciendo una capa de complejidad en el proceso de captación de agua.

   - **Impacto en la calidad del agua**: Si bien estas partículas pueden parecer intrascendentes individualmente, su presencia acumulativa afecta el sabor y la claridad visual del agua de lluvia recolectada. Además, contribuyen a la obstrucción de los sistemas de filtración si no se abordan.

   - **Problemas de obstrucción**: La acumulación de partículas en el aire conduce a la obstrucción de bajantes y canaletas, lo que afecta la eficiencia de la recolección de agua de lluvia.

   - **Claridad visual**: La presencia de material particulado da como resultado agua turbia o turbia, afectando la estética visual del agua de lluvia recolectada.

2. **Contaminantes químicos:** El paisaje industrial, que contribuye significativamente a la contaminación del aire, proyecta una sombra sutil pero impactante sobre el agua de lluvia recolectada. Las emisiones industriales liberan un cóctel de sustancias químicas a la atmósfera, algunas de las cuales llegan al agua de lluvia durante su descenso.

- **Compuestos de azufre:** Las fábricas e instalaciones industriales emiten compuestos de azufre que se disuelven en el agua de lluvia, lo que puede provocar la formación de lluvia ácida. La presencia de compuestos de azufre en el agua de lluvia recolectada altera su pH e introduce acidez.

- **Metales pesados:** La naturaleza insidiosa de los metales pesados, como el plomo, el mercurio y el cadmio, se ve exacerbada por su liberación en el aire a través de procesos industriales. Una vez transportados por el aire, estos metales se depositan en las superficies, incluidos los tejados, convirtiéndose en huéspedes no deseados en el agua de lluvia recolectada.

- **Impacto en la calidad del agua:** Los contaminantes químicos introducen una serie de características indeseables en el agua de lluvia, desde la alteración del sabor y el color hasta los posibles peligros para la salud asociados con la ingestión de metales pesados.

- **Consideraciones de salud:** El consumo de agua de lluvia contaminada con metales pesados presenta graves riesgos para la salud, enfatizando la importancia de una filtración efectiva.

3. **Microorganismos:** La atmósfera, aunque vasta y aparentemente pura, es el hogar de una miríada de microorganismos que se enganchan a las gotas de lluvia. Las bacterias, los virus y los hongos presentes en el aire llegan al agua de lluvia recolectada durante su viaje desde las nubes hasta las superficies de captación.

- **Impacto en la calidad del agua:** Si bien el agua de lluvia generalmente se considera libre de microorganismos nocivos, la posible introducción de estas entidades desde la atmósfera enfatiza la necesidad de procesos de filtración y desinfección exhaustivos.

- **Desafíos de filtración:** Abordar los microorganismos requiere métodos de filtración especializados para garantizar la eliminación de patógenos potenciales.

- **Consideraciones de desinfección**: La contaminación microbiana destaca la importancia de la desinfección posterior a la filtración para garantizar la seguridad del agua de lluvia recolectada para diversos usos.

Escombros y factores ambientales: desafíos a nivel del suelo

Más allá de los contaminantes atmosféricos, los factores troposféricos contribuyen significativamente a la contaminación potencial del agua de lluvia recolectada. Estos factores abarcan una serie de desafíos ambientales que merecen atención.

1. **Contaminación del material del techo**: El tipo de material utilizado para el techado juega un papel fundamental en la determinación de la calidad del agua de lluvia recolectada. Los materiales del techo filtran sustancias que comprometen la pureza del agua.

- **Contaminación por asbesto**: En los edificios más antiguos, los techos hechos de asbesto liberan fibras en el agua de lluvia, lo que representa un riesgo para la salud si se consume.

- **Madera tratada:** Los techos construidos con madera tratada introducen productos químicos en el agua de lluvia recolectada, lo que agrega otra capa de complejidad a las consideraciones de seguridad.

- **Impacto en la calidad del agua**: La contaminación del material del techo subraya la importancia de seleccionar cuidadosamente los materiales del techo, especialmente cuando se pretende recolectar agua de lluvia para uso potable.

- **Selección de materiales**: Elegir materiales para techos con propiedades mínimas de lixiviación es crucial para mantener la calidad del agua.

- **Concienciación sobre la salud**: Informarse sobre los riesgos potenciales asociados con materiales específicos para techos promueve la toma de decisiones informadas.

2. **Árboles colgantes:** El encanto de los árboles colgantes tiene una consecuencia no deseada para la recolección de agua de lluvia. Las hojas, los excrementos de pájaros y otras materias orgánicas de los árboles se convierten en contaminantes potenciales.

- **Hojas:** Las hojas que caen introducen materia orgánica que se descompone en el agua de lluvia recolectada, afectando su calidad.

- **Excrementos de aves:** Los excrementos de aves, aunque aparentemente inocuos, albergan bacterias y contribuyen a la contaminación microbiana.

- **Impacto en la calidad del agua:** La belleza natural de los árboles colgantes trae consigo la responsabilidad de gestionar los contaminantes potenciales, lo que requiere medidas proactivas para garantizar la pureza del agua.

- **Poda regular:** Recortar las ramas colgantes reduce la probabilidad de que las hojas y los escombros entren en el sistema de recolección de agua de lluvia.

- **Disuasión de aves:** La implementación de medidas para disuadir a las aves, como la instalación de púas o redes para aves, minimiza la introducción de contaminantes relacionados con las aves.

3. **Actividad animal:** Las aves, los insectos y los animales pequeños encuentran atractivos los tejados y las zonas de captación, lo que contribuye a la posible contaminación del agua de lluvia recolectada.

- **Aves:** Además de los excrementos, las aves traen plumas, materiales de anidación e incluso presas pequeñas, todo lo cual afecta la calidad del agua.

- **Insectos:** Los insectos, atraídos por la humedad de los tejados, se convierten inadvertidamente en parte del agua de lluvia recolectada.

- **Impacto en la calidad del agua:** La gestión de la presencia de animales en los tejados es fundamental para evitar su contribución a los contaminantes, haciendo hincapié en la necesidad de medidas de protección.

- **Barreras de malla:** La instalación de barreras de malla o pantallas sobre canaletas y bajantes evita que los insectos y los desechos más grandes ingresen al sistema.

- **A prueba de aves:** El empleo de medidas a prueba de aves, como la instalación de elementos disuasorios o redes, reduce la probabilidad de contaminación relacionada con las aves.

4. **Escorrentía de las superficies:** Las superficies adyacentes, como los caminos de entrada o las áreas con suelo contaminado, contribuyen a la escorrentía que llega al sistema de recolección de agua de lluvia.

- **Escorrentía química:** El suelo contaminado o las superficies cargadas de productos químicos introducen sustancias en el agua de lluvia recolectada.

- **Sedimentos y escombros:** La escorrentía transporta sedimentos y escombros, lo que se suma a los desafíos del mantenimiento de la calidad del agua.

- **Impacto en la calidad del agua:** La gestión de la escorrentía es un aspecto crítico de la recolección de agua de lluvia, que requiere una planificación cuidadosa y medidas para evitar la introducción de contaminantes externos.

- **Superficies permeables:** La implementación de superficies permeables en las inmediaciones reduce la escorrentía y minimiza la afluencia de contaminantes externos.

- **Jardines de lluvia:** El diseño de jardines de lluvia o zonas de amortiguamiento absorbe y filtra la escorrentía antes de que llegue al sistema de recolección de agua de lluvia.

A medida que se desentraña la intrincada red de contaminantes potenciales en el agua de lluvia recolectada, se hace evidente que garantizar la pureza del agua es un desafío multifacético. Desde los contaminantes atmosféricos que descienden de los cielos hasta los factores a nivel del suelo que contribuyen a la escorrentía, cada elemento requiere una cuidadosa consideración.

La recolección de agua de lluvia tiene un potencial increíble para las prácticas hídricas sostenibles, pero este potencial solo se puede aprovechar plenamente con una comprensión matizada de los desafíos que se presentan. Abordar los contaminantes potenciales implica una combinación de diseño de infraestructura cuidadoso, prácticas de mantenimiento regulares y un compromiso con el monitoreo continuo de la calidad del agua.

Técnicas de filtración y su eficacia

La seguridad en el agua implica navegar por el intrincado mundo de las técnicas de filtración. La filtración no es una solución única para todos. Es un proceso matizado y multifacético diseñado para abordar tipos específicos de contaminantes. Desde filtros de malla que actúan como primera línea de defensa hasta sofisticados sistemas de ósmosis inversa capaces de eliminar un amplio espectro de impurezas, cada método de filtración desempeña un papel único para garantizar la pureza del agua de lluvia recolectada.

Filtros de malla

1. **Mecanismo:** Los filtros de malla, generalmente fabricados con materiales como el acero inoxidable o el nailon, funcionan según un principio simple pero efectivo. Bloquean físicamente la entrada de partículas y residuos más grandes en el sistema de agua.

   - **Material de malla:** La elección de materiales, como el acero inoxidable o el nailon, garantiza la durabilidad y la resistencia frente a los factores ambientales.

   - **Tamaño de los poros de la malla**: Las variaciones en el tamaño de los poros de la malla permiten la personalización en función del tamaño de las partículas que se van a filtrar.

2. **Aplicaciones óptimas:** Estos filtros encuentran su punto óptimo en escenarios en los que la atención se centra en la eliminación de partículas más grandes. Sirven como prefiltros ideales, colocados estratégicamente para proteger las etapas de filtración posteriores de posibles obstrucciones.

   - **Prefiltración**: Comúnmente empleados como la primera capa de defensa, los filtros de malla evitan que las hojas, los insectos y las partículas más grandes avancen más en el sistema de filtración.

   - **Recolección** de agua de lluvia: Los filtros de malla son parte integral de los sistemas de recolección de agua de lluvia, lo que garantiza que solo ingrese agua limpia a los tanques de almacenamiento.

3. **Eficacia:** Si bien los filtros de malla exhiben una alta eficacia para atrapar partículas más grandes, su efectividad disminuye cuando se trata de lidiar con contaminantes o microorganismos disueltos.

- **Limitaciones:** Los filtros de malla no son la bala de plata para los contaminantes a nivel molecular o microbiano, por lo que requieren etapas de filtración adicionales.

- **Mantenimiento:** La limpieza regular es esencial para evitar obstrucciones y mantener un rendimiento óptimo.

- **Programa de reemplazo:** El reemplazo periódico de los filtros de malla garantiza una eficacia continua, especialmente en áreas con altos niveles de escombros.

Filtros de sedimentos: navegando por las partículas más finas

1. **Mecanismo:** Los filtros de sedimentos emplean materiales como arena o tela para atrapar las partículas más finas suspendidas en el agua, lo que ofrece un enfoque más matizado de la filtración.

   - **Variedad de materiales:** El uso de diferentes materiales proporciona flexibilidad para abordar tamaños de partícula específicos de manera efectiva.

   - **Filtración en profundidad:** Algunos filtros de sedimentos utilizan filtración en profundidad, lo que mejora su capacidad para capturar partículas en toda la profundidad del filtro.

2. **Aplicaciones óptimas:** Eficaces en la eliminación de partículas de sedimentos más pequeñas, limo y escombros finos, los filtros de sedimentos se hacen un hueco en escenarios donde la precisión en la eliminación de partículas es crucial.

   - **Eliminación de partículas finas:** Ideal para aplicaciones en las que la presencia de sedimentos finos supone un reto para la calidad del agua.

   - **Filtración previa a la ósmosis inversa:** Los filtros de sedimentos a menudo sirven como precursores de métodos de filtración más avanzados, como la ósmosis inversa.

3. **Eficacia:** Los filtros de sedimentos proporcionan una buena filtración de sedimentos, pero no son tan hábiles para manejar contaminantes disueltos o microorganismos.

   - **Consideraciones:** Debe tener en cuenta que los filtros de sedimentos pueden necesitar apoyo adicional para abordar los contaminantes más allá de las partículas.

   - **Mantenimiento:** Es necesario monitorear y reemplazar regularmente los filtros de sedimentos para evitar obstrucciones y mantener la eficiencia.

Filtros de carbón activado

1. **Mecanismo:** Los filtros de carbón activado funcionan adsorbiendo compuestos orgánicos, productos químicos y algunos gases del agua, lo que los convierte en herramientas versátiles en el arsenal de filtración.

   - **Poder de adsorción:** La estructura porosa del carbón activado mejora la capacidad para atraer y atrapar impurezas de manera efectiva.

   - **Estructura microporosa:** El carbón activado posee una estructura microporosa, lo que proporciona una gran superficie para la adsorción.

2. **Aplicaciones óptimas:** Los filtros de carbón activado brillan en aplicaciones en las que la atención se centra en la eliminación de contaminantes orgánicos, cloro y productos químicos específicos que afectan el sabor y el olor.

   - **Eliminación de contaminantes orgánicos:** Muy adecuado para escenarios en los que la fuente de agua es propensa a las impurezas orgánicas.

   - **Mejora del sabor y el olor:** El carbón activado mejora eficazmente el sabor y el olor del agua de lluvia recolectada.

3. **Eficacia:** Si bien los filtros de carbón activado cuentan con una alta eficacia para contaminantes específicos, requieren un reemplazo regular para mantener la efectividad.

   - **Programa de reemplazo:** Sigue las pautas del fabricante para los intervalos de reemplazo para un rendimiento constante.

   - **Consideraciones de costos:** El costo recurrente del reemplazo del filtro debe tenerse en cuenta en el presupuesto general de mantenimiento del sistema.

   - **Sensibilidad a la temperatura:** La eficacia de los filtros de carbón activado está influenciada por la temperatura del agua, y debe considerar este factor durante el diseño del sistema.

Esterilización UV

1. **Mecanismo:** La esterilización UV aprovecha la luz ultravioleta para alterar el ADN de los microorganismos, haciéndolos incapaces de reproducirse y garantizando un suministro de agua libre de

microbios.

- **Disrupción microbiana:** El uso específico de la luz ultravioleta neutraliza eficazmente las bacterias, los virus y otros microorganismos.

- **Longitud de onda UV-C:** La esterilización UV generalmente utiliza luz UV-C, que es particularmente efectiva en la inactivación microbiana.

2. **Aplicaciones óptimas:** La esterilización UV brilla en escenarios donde la desinfección microbiana es la principal preocupación, ofreciendo una solución impulsada por la tecnología para la seguridad del agua.

- **Mitigación de amenazas microbianas:** Ideal para aplicaciones en las que el riesgo de contaminación microbiana es alto.

- **Desinfección posterior a la filtración:** La esterilización UV a menudo se emplea como un paso posterior a la filtración para garantizar la seguridad microbiológica del agua de lluvia recolectada.

3. **Eficacia:** Altamente eficaz para la desinfección microbiana y la esterilización UV. Sin embargo, se queda corto cuando se trata de eliminar partículas o contaminantes químicos.

- **Filtración adicional:** La combinación de la esterilización UV con otros métodos de filtración aborda la eliminación integral de impurezas.

- **Consumo de energía:** Considera los requisitos de energía asociados con los sistemas de esterilización UV.

- **Consideraciones de instalación:** La instalación adecuada y el mantenimiento regular son cruciales para la eficacia sostenida de los sistemas de esterilización UV.

Ósmosis inversa

1. **Mecanismo:** La ósmosis inversa emplea una membrana semipermeable para eliminar iones, moléculas y partículas más grandes del agua, ofreciendo una solución integral a diversos contaminantes.

- **Tecnología de membranas:** La membrana semipermeable actúa como un tamiz molecular, permitiendo que solo pasen las moléculas de agua pura.

- **Diferencial de presión**: La ósmosis inversa se basa en un diferencial de presión para impulsar la separación del agua de las impurezas.

2. **Aplicaciones óptimas:** La ósmosis inversa brilla en aplicaciones en las que es necesario eliminar eficazmente una amplia gama de contaminantes, incluidos minerales, productos químicos y microorganismos.

   - **Eliminación de diversos contaminantes**: Adecuado para escenarios donde la pureza del agua es primordial, abordando el contenido mineral, los productos químicos y las amenazas microbianas.

   - **Uso residencial:** Comúnmente empleado en entornos residenciales para producir agua potable purificada.

3. **Eficacia:** Altamente eficientes en la eliminación de diversos contaminantes, los sistemas de ósmosis inversa tienen tasas de producción de agua más bajas e implican la generación de aguas residuales.

   - **Tasa de producción de agua:** Los usuarios deben tener en cuenta el impacto potencial en la disponibilidad de agua, especialmente en áreas con lluvias limitadas.

   - **Consideraciones sobre las aguas residuales**: Los sistemas de ósmosis inversa generan aguas residuales y deben existir estrategias adecuadas de eliminación o reutilización.

   - **Eliminación de minerales:** Si bien es eficaz para eliminar minerales, es posible que deba considerar métodos de remineralización para el agua producida.

La eficacia de las técnicas de filtración radica en su aplicación. Desde la robusta defensa de los filtros de malla contra partículas más grandes hasta la precisión de la ósmosis inversa para hacer frente a un espectro de impurezas, cada método contribuye a la seguridad del agua.

La recolección de agua de lluvia para consumo o para diversos fines domésticos exige un enfoque personalizado. Un sistema de filtración bien diseñado, que incorpora las fortalezas de diferentes técnicas, garantiza la eliminación de contaminantes específicos y la pureza y seguridad general del agua de lluvia recolectada.

Desinfección y mantenimiento regular

La filtración es la vanguardia en la recolección de agua de lluvia limpia, pero la búsqueda de la pureza no termina ahí. Los tratamientos posteriores al almacenamiento y el mantenimiento regular emergen como héroes anónimos, asegurando la calidad sostenida del agua de lluvia recolectada. En esta sección, descubrirás varios métodos de desinfección, como la cloración y la ozonización. Además, verás las complejidades de las prácticas de mantenimiento regular que forman la columna vertebral de un sistema de recolección de agua de lluvia resistente.

Cloración

1. **Mecanismo:** La cloración, un método probado en el tiempo, implica la introducción de cloro o compuestos a base de cloro en el agua. Este proceso de desinfección química está diseñado para aniquilar microorganismos y salvaguardar la calidad del agua.

   - **Tipos de cloro:** El cloro se aplica en varias formas, incluido el cloro gaseoso, el hipoclorito de sodio líquido o el hipoclorito de calcio sólido.

   - **Neutralización microbiana:** El cloro altera las estructuras celulares de bacterias y virus, dejándolos inactivos y previniendo enfermedades transmitidas por el agua.

2. **Aplicaciones óptimas:** La cloración encuentra su punto óptimo en escenarios donde la desinfección continua del agua almacenada es primordial.

   - **Desinfección de tanques:** Aplicada al agua almacenada en tanques, la cloración garantiza un nivel constante de control microbiano.

   - **Sistemas públicos de agua:** Ampliamente utilizada en el tratamiento de aguas municipales, la cloración es un elemento básico para garantizar el agua potable.

3. **Consideraciones:** Si bien la cloración es un método de desinfección potente, la dosificación cuidadosa es crucial para evitar la cloración excesiva.

   - **Control de dosificación:** El control preciso de la dosis de cloro es esencial para evitar los riesgos para la salud asociados con el exceso de cloro en el agua potable.

- **Limitaciones de contaminantes químicos:** Es posible que la cloración no elimine eficazmente ciertos contaminantes químicos, lo que requiere medidas de filtración adicionales.

- **Manejo de cloro residual:** El manejo de los niveles de cloro residual es crucial para garantizar la seguridad del agua y evitar sabores u olores indeseables.

Ozonización

1. **Mecanismo:** La ozonización introduce ozono, un poderoso agente oxidante, en el agua. La destreza oxidativa del ozono desinfecta el agua neutralizando contaminantes y microorganismos.

   - **Generación de ozono:** El ozono se genera *in situ* utilizando generadores de ozono especializados, lo que garantiza la frescura y la eficacia.

   - **Inactivación de patógenos:** El ozono inactiva eficazmente bacterias, virus y algunos contaminantes orgánicos, lo que contribuye a la seguridad integral del agua.

2. **Aplicaciones óptimas:** La ozonización brilla en aplicaciones en las que se debe abordar un espectro más amplio de contaminantes, incluidas bacterias y virus.

   - **Desinfección microbiana:** El ozono sirve como una defensa robusta contra los microorganismos patógenos, lo que garantiza la prevención de enfermedades transmitidas por el agua.

   - **Eliminación de contaminantes orgánicos:** La capacidad del ozono para descomponer los contaminantes orgánicos aumenta su eficacia para mejorar la calidad del agua.

3. **Consideraciones:** La implementación de sistemas de ozono requiere una calibración cuidadosa y atención a consideraciones específicas para garantizar un rendimiento óptimo.

   - **Precisión de calibración:** Los sistemas de ozono exigen una calibración precisa para lograr la eficacia de desinfección deseada sin comprometer la seguridad del agua.

   - **Manejo de ozono residual:** El manejo de los niveles de ozono residual es crucial, ya que el exceso de ozono en el agua es dañino y afecta el sabor del agua.

- **Complejidad de la instalación:** Los sistemas de ozonización, si bien son efectivos, son complejos de instalar y pueden requerir asistencia profesional.

Prácticas de mantenimiento regular

Garantizar la seguridad a largo plazo del agua de lluvia recolectada implica la integración diligente de prácticas de mantenimiento regulares. Estas prácticas forman un escudo proactivo contra las posibles amenazas a la calidad del agua, garantizando un suministro constante de agua de lluvia limpia y segura.

Inspección de tanques

- **Regularidad:** Los tanques deben inspeccionarse rutinariamente en busca de signos de desgaste, corrosión o daños que puedan comprometer la calidad del agua.
- **Integridad del sello:** Asegúrate de que los sellos y las juntas del tanque estén intactos, evitando la infiltración de contaminantes externos.
- **Integridad del recubrimiento:** Verifica la integridad de cualquier recubrimiento en el interior del tanque, abordando cualquier degradación con prontitud.

Limpieza de canaletas y mallas

- **Frecuencia:** Limpia regularmente las canaletas y los filtros de malla para evitar la acumulación de escombros que comprometan la calidad del agua.
- **Integridad de la malla:** Supervisa de cerca la integridad de la malla de los filtros, reparando o reemplazando las secciones dañadas con prontitud.
- **Flujo de agua eficiente:** Las canaletas y mallas sin obstrucciones mantienen un flujo de agua eficiente, lo que reduce el riesgo de contaminación.

Reemplazo de filtro

- **Cumplimiento del cronograma:** Reemplaza los filtros según lo recomendado por el fabricante para mantener su eficacia.
- **Consideración del tipo de filtro:** Considera el tipo específico de filtro y su vida útil, ajustando el programa de reemplazo en

consecuencia.

- **Documentación:** Mantén un registro de los reemplazos de filtros para facilitar un enfoque de mantenimiento proactivo y organizado.

Vaciado del sistema

- **Periodicidad:** Enjuaga periódicamente el sistema para eliminar el agua estancada y los posibles contaminantes.

- **Eficiencia del sistema:** El lavado mejora la eficiencia del sistema al evitar la acumulación de sedimentos y el crecimiento microbiano.

- **Garantía de la calidad del agua:** El lavado regular contribuye a una calidad constante del agua, especialmente en sistemas con un uso poco frecuente.

La esencia de la pureza del agua radica en la diligencia y el cuidado proactivo. La cloración y la ozonización son guardianes incondicionales, neutralizando las amenazas a nivel químico y microbiano. Las prácticas de mantenimiento regular garantizan la integridad a largo plazo del sistema de recolección de agua de lluvia.

La sinergia de estos enfoques se hace eco de los principios de sostenibilidad y gestión ambiental. El viaje no termina con la recogida del agua de lluvia. Se extiende al tratamiento y mantenimiento, garantizando que cada gota cosechada siga siendo un testimonio del compromiso con las prácticas de agua limpia y sostenible.

Al abordar estos aspectos, aprovechará todo el potencial de la recolección de agua de lluvia, no solo como una fuente de agua sostenible, sino también como una fuente de pureza del agua. El compromiso con la seguridad del agua no es solo un esfuerzo técnico. Es un enfoque holístico que tiene en cuenta los factores ambientales, la tecnología y el mantenimiento proactivo.

Capítulo 7: Más allá de lo básico - Sistemas y técnicas avanzadas

La recolección de agua ha evolucionado mucho más allá de las prácticas rudimentarias del pasado. En este capítulo, aprenderá sobre tecnologías de vanguardia, materiales innovadores y sistemas integrados que definen la vanguardia de la recolección de agua de lluvia. Estos métodos avanzados optimizan la recolección y el almacenamiento de agua, integrándose a la perfección con otras prácticas sostenibles y ofreciendo un enfoque holístico para la gestión del agua en diversos climas y terrenos.

Materiales y diseños innovadores

La recolección de agua de lluvia, que alguna vez fue una práctica simple que dependía de materiales básicos para techos, ha entrado en una nueva era de innovación. Los avances recientes en materiales y diseños están remodelando la forma en que las personas recolectan y utilizan el agua de lluvia. En esta sección, explorarás tres innovaciones revolucionarias que están transformando la recolección de agua de lluvia.

Aerogeles

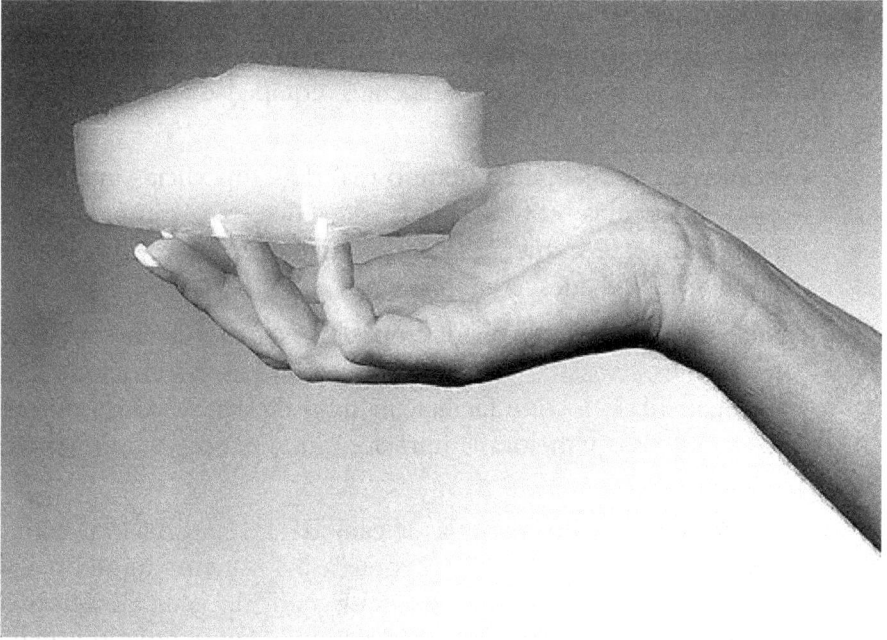

Tradicionalmente, la eficacia de la captación de agua de lluvia dependía del diseño de la superficie de recogida. Entra en juego los aerogeles, un material revolucionario con una estructura porosa y ligera que mejora la eficiencia de la recogida de agua a nuevas alturas.

- **Mayor área de superficie para una recolección mejorada**: Los aerogeles, con su intrincada estructura, proporcionan un área de superficie expandida, capturando más gotas de agua del aire que los materiales convencionales.

- **Versatilidad para el reacondicionamiento**: La naturaleza liviana de los aerogeles los convierte en una opción ideal para la integración en materiales de techos existentes, lo que permite un fácil reacondicionamiento de estructuras.

- **Condensación rápida para un rendimiento máximo**: La estructura porosa de los aerogeles facilita la condensación rápida, lo que garantiza que incluso las gotas más pequeñas se recojan de manera eficiente, lo que resulta en un aumento sustancial en el rendimiento general del agua.

Superficies inteligentes

Imagine superficies que responden de forma inteligente a las condiciones ambientales, optimizando todo el proceso de captación de agua de lluvia. Las superficies inteligentes equipadas con sensores y actuadores hacen realidad esta visión.

- **Monitoreo ambiental en tiempo real**: Las superficies inteligentes están integradas con sensores que detectan cambios en la temperatura, la humedad y la precipitación en tiempo real, lo que permite respuestas adaptativas.

- **Flujo de agua y filtración óptimos:** los actuadores en superficies inteligentes ajustan propiedades como la inclinación y la permeabilidad, lo que facilita un flujo de agua óptimo durante lluvias intensas y mejora la filtración durante precipitaciones más ligeras.

- **Monitoreo remoto para la eficiencia:** La integración con el Internet de las cosas (IoT) permite a los usuarios monitorear la eficiencia de sus sistemas de recolección de agua de lluvia de forma remota, lo que garantiza un mantenimiento proactivo y una calidad óptima del agua.

La unión de los aerogeles y las superficies inteligentes representa un salto adelante en la tecnología de recolección de agua de lluvia. Combina la eficiencia de los materiales avanzados y la adaptabilidad del diseño inteligente, prometiendo mayores rendimientos y sostenibilidad.

Recubrimientos hidrófilos

Uno de los desafíos en la recolección de agua de lluvia, especialmente en regiones áridas, es la baja humedad que limita la recolección de agua. Los recubrimientos hidrofílicos presentan una solución revolucionaria al dar a las superficies la capacidad de atraer y retener moléculas de agua del aire.

- **Versatilidad para varios materiales:** Los recubrimientos hidrófilos se pueden aplicar a una variedad de materiales, incluidos los materiales tradicionales para techos, lo que ofrece una solución escalable para mejorar la eficiencia.

- **Promover la adhesión al agua:** Los recubrimientos crean un entorno que fomenta la adhesión de las moléculas de agua, lo que aumenta significativamente la captura de agua incluso en condiciones de baja humedad.

- **Rentable y escalable:** La adaptabilidad de los recubrimientos hidrófilos los convierte en una solución rentable y escalable para mejorar la eficiencia de los sistemas de recolección de agua de lluvia existentes.

Además de aumentar la captación de agua, los recubrimientos hidrófilos contribuyen a la prevención de la escorrentía de agua. Al promover la adhesión al agua, estos recubrimientos minimizan el desperdicio y maximizan el potencial de recolección.

Maravillas arquitectónicas

En el mundo de la recolección de agua de lluvia, la forma ahora se encuentra con la función a través de diseños arquitectónicos de vanguardia. La integración de los sistemas de recogida de aguas pluviales en los edificios ha dado lugar a estructuras prácticas y estéticamente agradables.

- **Techos y fachadas autodrenantes:** Los diseños innovadores incorporan techos autodrenantes que canalizan de manera eficiente el agua de lluvia hacia los puntos de recolección, eliminando el agua estancada y las posibles fugas.

- **Armonía visual con la vegetación:** Los tejados adornados con exuberante vegetación contribuyen a un entorno visualmente armonioso y ecológico en el que las plantas ayudan a absorber y purificar el agua.

- **Elementos de construcción interactivos:** Algunas maravillas arquitectónicas van más allá de la recolección pasiva de agua de lluvia, incorporando elementos interactivos que involucran a los habitantes en el proceso de recolección de agua.

Ahora que tienes una idea de las maravillas tecnológicas del mundo moderno, aquí tienes un vistazo más de cerca a cada una de ellas.

1. **Techos y fachadas autodrenantes:** Imagina un edificio con un techo que protege de los elementos y contribuye activamente a la recolección de agua. Los techos autodrenantes están diseñados para canalizar el agua de lluvia de manera eficiente hacia los puntos de recolección, eliminando el agua estancada y las posibles fugas.

- **Canalización eficiente del agua:** Estas cubiertas están equipadas con un sistema de pendiente y drenaje que garantiza que el agua de lluvia se dirija hacia los puntos de recogida, evitando que el agua se acumule y cause daños.

- **Eliminación de agua estancada:** Al drenar eficientemente el agua de lluvia, los techos autodrenantes eliminan el riesgo de agua estancada, reduciendo el potencial de fugas y daños estructurales.

- **Durabilidad mejorada:** El diseño mejora la recolección de agua y contribuye a la longevidad del sistema de techado, ya que la acumulación de agua es una causa común de deterioro.

2. **Armonía visual con el medio ambiente**: Los diseños arquitectónicos incorporan elementos de recolección de agua de lluvia a la perfección en el atractivo visual de la estructura. Los tejados adornados con exuberante vegetación, donde las plantas ayudan a absorber y purificar el agua, contribuyen a un entorno visualmente armonioso y respetuoso con el medio ambiente.

- **Integración estética:** Los elementos de recolección de agua de lluvia se integran perfectamente en el diseño general del edificio, mejorando su atractivo estético y contribuyendo a un entorno visualmente agradable.

- **Tejados verdes para la biodiversidad:** Los jardines en las azoteas ayudan a la absorción del agua de lluvia y crean hábitats para la biodiversidad, promoviendo el equilibrio ecológico en entornos urbanos.

- **Doble funcionalidad:** La integración de la estética con la recogida de aguas pluviales proporciona una doble funcionalidad, lo que hace que el edificio sea visualmente atractivo y respetuoso con el medio ambiente.

3. **Elementos de construcción interactivos:** Algunas maravillas arquitectónicas van más allá de la recolección pasiva de agua de lluvia. Incorporan elementos interactivos, como secciones transparentes que muestran el flujo de agua de lluvia o características cinéticas que responden al volumen de agua recolectada. Estos diseños tienen un propósito práctico e involucran a los habitantes en el proceso de recolección de agua.

- **Transparencia para la educación:** Las secciones transparentes en los elementos de la edificación permiten a los habitantes observar el flujo del agua de lluvia, promoviendo la concientización y educación sobre la importancia de la conservación del agua.

- **Características cinéticas para la participación:** Los elementos cinéticos, como las características de agua activadas por el agua de lluvia recolectada, brindan una experiencia atractiva e interactiva para los habitantes, fomentando un sentido de conexión con el proceso de recolección de agua.

- **Valor educativo y recreativo:** Los elementos interactivos del edificio contribuyen a la eficiencia de la recolección de agua de lluvia y agregan valor educativo y recreativo al edificio, mejorando su importancia general en la comunidad.

Los materiales y diseños avanzados están marcando el comienzo de una nueva era para la recolección de agua de lluvia. Los aerogeles y las superficies inteligentes ofrecen una eficiencia y adaptabilidad sin precedentes. Los recubrimientos hidrófilos abordan el desafío de los ambientes de baja humedad. Las maravillas arquitectónicas redefinen la forma en que percibe la integración de la recolección de agua en su entorno construido. A medida que adopta estas innovaciones, avanza hacia un futuro más sostenible y con seguridad hídrica.

Automatización en la captación de agua de lluvia

En el panorama en constante evolución de la gestión del agua, la automatización se ha convertido en un faro de eficiencia, transformando la recolección de agua de lluvia en una práctica inteligente y sostenible. En esta sección, explorarás los tres pilares de la automatización en la recolección de agua de lluvia. Estos avances agilizan el proceso de recolección y almacenamiento, al tiempo que allanan el camino para un enfoque más consciente y eficiente en el uso de los recursos para la utilización del agua.

Sensores IoT

La integración del IoT en la recolección de agua de lluvia marca un cambio de paradigma en la forma en que las personas abordan la gestión de los recursos hídricos. Los sensores del IoT, colocados estratégicamente en los tejados y dentro de los sistemas de almacenamiento, sirven como los ojos y oídos de todo el sistema. Recopilan continuamente datos en tiempo real sobre parámetros cruciales como las precipitaciones, los niveles de agua y el estado general del sistema.

- **Datos en tiempo real para una toma de decisiones informada:** Estos sensores permiten a los usuarios disponer de una gran cantidad de información al alcance de la mano. Accederá a datos en vivo sobre la intensidad actual de las lluvias o el volumen preciso de agua almacenada en su sistema de recolección desde la comodidad de su teléfono inteligente o computadora. Esta información en tiempo real permite una toma de decisiones informada, lo que le permite optimizar sus sistemas de cosecha en función de las condiciones actuales.

- **Mantenimiento proactivo para la longevidad del sistema:** Una de las ventajas significativas de los sensores IoT es su capacidad para facilitar el mantenimiento proactivo. Al supervisar el estado del sistema en tiempo real, se identifican los posibles problemas antes de que se intensifiquen. Ya sea que se trate de un filtro obstruido, una bomba que funciona mal o un problema estructural, la detección temprana permite una intervención oportuna, preservando la eficiencia y la longevidad de la infraestructura de recolección de agua de lluvia.

- **Accesibilidad y monitoreo remoto:** La accesibilidad de los datos en tiempo real no está limitada por restricciones geográficas. Puede monitorear de forma remota sus sistemas de recolección de agua de lluvia, lo que lo hace especialmente beneficioso para instalaciones en lugares remotos o de difícil acceso. Esta capacidad mejora la eficiencia general de la gestión del sistema al permitir respuestas rápidas a las condiciones cambiantes, independientemente de la proximidad física.

Sistemas de filtración automatizados

El agua de lluvia, aunque es un recurso valioso, no es inmune a las impurezas. Los sistemas de filtración automatizados equipados con tecnologías avanzadas están revolucionando la forma de garantizar la pureza del agua recolectada.

- **Mecanismos de autolimpieza para un rendimiento ininterrumpido:** Los sistemas de filtración tradicionales a menudo requieren intervención manual para la limpieza y el mantenimiento. Los sistemas de filtración automatizados, por otro lado, cuentan con mecanismos de autolimpieza que mantienen los filtros libres de contaminantes. Garantiza un suministro continuo de agua limpia y minimiza la necesidad de un mantenimiento frecuente y laborioso.

- **Adaptación a las diferentes calidades del agua:** La calidad del agua varía en función de factores como el clima, los cambios estacionales y las influencias ambientales. Los sistemas de filtración automatizados están diseñados para adaptarse dinámicamente a estas variaciones. Ya sea que la fuente de agua experimente una afluencia repentina de escombros durante fuertes lluvias o un cambio en la composición durante los períodos secos, estos sistemas ajustan sus procesos de filtración para mantener un rendimiento óptimo.

- **Integración con sensores de calidad del agua:** La automatización de los sistemas de filtración se puede mejorar aún más mediante la integración con sensores de calidad del agua. Estos sensores detectan impurezas o contaminantes específicos en el agua recolectada. A continuación, el sistema de filtración ajusta sus procesos en respuesta a los datos en tiempo real, lo que garantiza que el agua cumpla con los estándares de calidad deseados. Este nivel de precisión en la purificación del agua mejora la fiabilidad y seguridad general del agua cosechada.

Redes de distribución inteligentes

La automatización no termina con la recopilación y el almacenamiento. Extiende su toque transformador a la fase de distribución. Las redes de distribución inteligentes aprovechan la automatización para regular el flujo de agua en función de la demanda y la disponibilidad.

- **Regulación del caudal con bombas y válvulas inteligentes:** En las configuraciones tradicionales de recolección de agua de lluvia, la distribución de agua a menudo se basa en ajustes manuales u horarios fijos. Las bombas y válvulas inteligentes, impulsadas por la automatización, aportan un nuevo nivel de precisión a este proceso. Estos componentes inteligentes regulan el flujo de agua en función de la demanda en tiempo real, asegurando un suministro constante y fiable.

- **Minimizar el consumo de energía para la sostenibilidad:** La eficiencia energética es una piedra angular de la gestión sostenible del agua. Las redes de distribución inteligentes destacan en este aspecto al minimizar el consumo de energía. Las bombas y válvulas funcionan con precisión cuando es necesario, evitando un gasto energético innecesario. Contribuye a la sostenibilidad medioambiental y se traduce en un ahorro de costes para usted.

- **Análisis predictivo para una asignación óptima de recursos:** La integración del análisis predictivo en las redes de distribución inteligentes añade otra capa de sofisticación. Al analizar los patrones de uso históricos y tener en cuenta los factores ambientales, estos sistemas predicen la demanda futura con una precisión notable. Esta capacidad predictiva permite realizar ajustes proactivos en la distribución del agua, optimizando la asignación de recursos y asegurando un suministro constante incluso durante períodos de alta demanda.

La unión de los sensores IoT, los sistemas de filtración automatizados y las redes de distribución inteligentes forma una trinidad que impulsa la recolección de agua de lluvia hacia un ámbito de sostenibilidad holística. Esta sinergia optimiza la eficiencia de la recolección de agua y garantiza la pureza del agua recolectada y su distribución juiciosa.

A medida que adopta la era de la automatización en la recolección de agua de lluvia, allana el camino para un futuro en el que el agua se gestiona con precisión, sostenibilidad y una profunda comprensión de su papel vital en su vida. El camino hacia la resiliencia hídrica nunca ha sido más prometedor.

Sistemas Integrados Sostenibles

En el panorama en constante evolución de la gestión sostenible del agua, la integración de varios sistemas produce resultados poderosos y sinérgicos. Esta sección arrojará luz sobre tres enfoques interconectados que ejemplifican la simbiosis entre la recolección de agua de lluvia y otras prácticas sostenibles.

Reciclaje de aguas grises

La recolección de agua de lluvia, cuando se combina con el reciclaje de aguas grises, establece un sistema holístico de gestión del agua que maximiza cada gota preciosa. Las aguas grises, que se originan en actividades domésticas como bañarse y lavar la ropa, son un recurso valioso que a menudo se infrautiliza. La integración de las aguas grises con la captación de agua de lluvia crea una relación armoniosa en la que ambas fuentes de agua se complementan.

- **Aprovechar el potencial de las aguas grises:** Si bien las aguas grises no son aptas para beber, su potencial para usos no potables es inmenso. Tratadas adecuadamente, las aguas grises se pueden combinar perfectamente con el agua de lluvia recolectada para aplicaciones como el riego. Este enfoque dual reduce significativamente la dependencia de fuentes de agua externas para fines no potables, un paso fundamental hacia la utilización sostenible del agua.

- **Estrategias de tratamiento y purificación:** El tratamiento de aguas grises implica la eliminación de impurezas y contaminantes para cumplir con los estándares de calidad requeridos para su uso previsto. Se emplean tecnologías como la filtración y los sistemas de tratamiento biológico para purificar las aguas grises. Cuando se combina con agua de lluvia recolectada, esta mezcla tratada se convierte en una fuente de agua versátil y ecológica para mantener jardines, céspedes y otras necesidades de agua no potable.

- **Reducción del impacto ambiental:** Más allá de sus beneficios inmediatos, la integración del reciclaje de aguas grises con la recolección de agua de lluvia puede reducir potencialmente el impacto ambiental asociado con el consumo de agua. Al minimizar la dependencia de las fuentes de agua convencionales, este sistema combinado contribuye a la conservación de los ecosistemas de agua dulce y mitiga la presión sobre los suministros de agua municipales.

- **Accesibilidad y monitoreo remoto:** La accesibilidad a los datos en tiempo real no está limitada por restricciones geográficas. Puede monitorear de forma remota sus sistemas de recolección de agua de lluvia. Esta capacidad mejora la eficiencia general de la gestión del sistema al permitir respuestas rápidas a las condiciones cambiantes, independientemente de la proximidad física.

Diseños de permacultura

La permacultura, profundamente arraigada en los principios de sostenibilidad y convivencia armoniosa con el medio ambiente, ofrece un compañero natural a la recolección de agua de lluvia. La integración de estas prácticas permite la creación de ecosistemas autosostenibles que promueven la salud del suelo, la biodiversidad y el bienestar ambiental general.

- **El papel del agua de lluvia en la permacultura:** El agua de lluvia, como componente fundamental de los diseños de permacultura, se aprovecha para nutrir el paisaje. Se emplean diversas técnicas, como zanjas y diques de contorno, para captar y dirigir el agua de lluvia hacia donde más se necesita. Garantiza la utilización eficiente del agua y previene la erosión del suelo, al tiempo que ayuda al cultivo de diversas especies de plantas.

- **Prácticas de agricultura regenerativa:** La integración de la recolección de agua de lluvia y la permacultura se extiende a las prácticas de agricultura regenerativa. Fomentarás condiciones de suelo más saludables mediante la captura de agua de lluvia y la implementación de técnicas de permacultura. Esto, a su vez, mejora la resiliencia de los cultivos, reduce la necesidad de fertilizantes sintéticos y contribuye a la restauración de tierras degradadas.

- **Promoción de la biodiversidad:** La permacultura enfatiza la importancia de la biodiversidad en los sistemas agrícolas y naturales. Se puede crear un ecosistema más resiliente y diverso incorporando la recolección de agua de lluvia en los diseños de permacultura. El agua de lluvia almacenada proporciona un salvavidas durante los períodos de sequía, fomentando la supervivencia de diversas especies de plantas y animales.

- **Participación y educación de la comunidad:** La integración de la permacultura y la recolección de agua de lluvia no solo se trata de cultivar ecosistemas sostenibles, sino también de la participación y la educación de la comunidad. Al compartir conocimientos y prácticas, las comunidades pueden trabajar colectivamente hacia una forma de vida más sostenible y regenerativa.

Acuaponía y agua de lluvia

La unión de la acuaponía y la recolección de agua de lluvia presenta un enfoque innovador para la agricultura sostenible. En la acuaponía, los peces y las plantas forman una relación simbiótica en la que los desechos de los peces proporcionan nutrientes esenciales para las plantas. Las plantas, a su vez, purifican el agua para los peces. Cuando se integra a la perfección con la recolección de agua de lluvia, este sistema se convierte en una central eléctrica de circuito cerrado y eficiente en el uso de los recursos.

- **El agua de lluvia como elemento vital de la acuaponía:** El agua de lluvia, recolectada y almacenada, sirve como elemento vital rico en nutrientes de los sistemas acuapónicos. Reducirá su dependencia de fuentes de agua externas utilizando agua de lluvia en acuaponía.

- **Eficiencia de los recursos y sistemas de circuito cerrado:** La integración de la acuaponía y la recolección de agua de lluvia encarna la esencia de la eficiencia de los recursos. Los desechos de los peces, un subproducto natural de la acuaponía, se convierten en un fertilizante para las plantas. A medida que las plantas absorben estos nutrientes, contribuyen a la purificación del agua, creando un sistema de circuito cerrado que minimiza el desperdicio y maximiza la eficiencia.

- **Un plan para la agricultura urbana:** La naturaleza compacta de la acuaponía la hace particularmente adecuada para la agricultura urbana. Al incorporar la recolección de agua de lluvia, se crean sistemas de cultivo sostenibles y autosuficientes. Este enfoque reduce la huella ambiental asociada con la agricultura convencional y proporciona un modelo para cultivar productos frescos en espacios urbanos limitados.

- **Oportunidades educativas y seguridad alimentaria:** La integración de la acuaponía y la recolección de agua de lluvia también ofrece oportunidades educativas y contribuye a la seguridad alimentaria. Al promover este método de agricultura sostenible, se aprende sobre la interdependencia de los ecosistemas y se adquieren valiosas habilidades en la agricultura urbana, fomentando un sentido de autonomía alimentaria.

Paisajismo inteligente

Entre las muchas facetas de los sistemas sostenibles integrados, el paisajismo inteligente emerge como un actor fundamental, ya que combina a la perfección la estética con el propósito. Al incorporar la recolección de agua de lluvia en los diseños de paisajismo, crea espacios al aire libre que cautivan la vista y contribuyen a la sostenibilidad ambiental.

- **Jardines de lluvia y paisajes sostenibles:** Los jardines de lluvia, diseñados estratégicamente para capturar y gestionar la escorrentía de aguas pluviales, ejemplifican la unión del

---

paisajismo y la recolección de agua de lluvia. Estos jardines están diseñados para absorber el agua de lluvia, evitando la erosión del suelo y minimizando el flujo de contaminantes en los cuerpos de agua. Al integrar los jardines de lluvia en los planes de paisajismo, transformará sus espacios exteriores en elementos dinámicos de un sistema sostenible de gestión del agua.

- **Paisajes comestibles y agricultura urbana:** El concepto de paisajes comestibles lleva el paisajismo un paso más allá, integrando plantas ornamentales con comestibles. Al combinar la recolección de agua de lluvia con el paisajismo comestible, cultivarás frutas, verduras y hierbas utilizando el agua de lluvia recolectada. Este enfoque proporciona una fuente sostenible de productos frescos y reduce la huella de carbono asociada con el transporte de alimentos desde lugares distantes.

- **Selección de plantas biodiversas y eficientes en el uso del agua:** El paisajismo inteligente se extiende a la selección cuidadosa de plantas que prosperan en climas específicos con requisitos mínimos de agua. Al elegir plantas nativas y resistentes a la sequía, contribuirás a la eficiencia hídrica y a la biodiversidad. Esta selección intencional se alinea con los principios de la permacultura, promoviendo una relación armoniosa entre los espacios gestionados por el hombre y el entorno natural.

A medida que exploras la integración de la recolección de agua de lluvia con el reciclaje de aguas grises, los diseños de permacultura, la acuaponía y el paisajismo inteligente, surge un hilo común. Es la búsqueda de la armonía con el medio ambiente. Estos sistemas integrados y sostenibles optimizan la utilización del agua y fomentan prácticas regenerativas que contribuyen al bienestar del planeta.

Hacia un futuro sostenible

El camino hacia un futuro sostenible implica adoptar diversas prácticas que trabajen en conjunto para conservar los recursos y nutrir los ecosistemas. La integración de la recolección de agua de lluvia con el reciclaje de aguas grises, los diseños de permacultura y la acuaponía ejemplifica este enfoque armonioso. Al adoptar estos sistemas integrados, las personas, las comunidades y los profesionales de la agricultura pueden convertirse en administradores de un mundo más sostenible y resiliente.

El futuro de la gestión del agua está en la sinergia. Los materiales y diseños innovadores mejoran la eficiencia de las estructuras de colección.

La automatización agiliza todo el proceso, y la integración con otras prácticas sostenibles crea soluciones holísticas. La adaptabilidad de estos avances los hace aplicables en diversos climas y terrenos, lo que le permite aprovechar el poder del agua de lluvia de la manera más eficiente y sostenible.

Capítulo 8: La generosidad de la naturaleza: usos para su cosecha

La recolección de agua de lluvia abre la puerta a una gran cantidad de posibilidades, convirtiendo cada gota en un recurso valioso. En este capítulo, explorarás las innumerables aplicaciones del agua de lluvia recolectada, subrayando su versatilidad y el potencial para redefinir la forma en que satisface tus necesidades de agua. Desde los usos domésticos cotidianos hasta los beneficios agrícolas y las posibilidades del agua potable, descubrirás el vasto potencial que tiene la generosidad de la naturaleza.

Distinción entre usos potables y no potables

Antes de explorar las diversas aplicaciones del agua de lluvia recolectada, es crucial distinguir entre usos potables y no potables. El agua potable es apta para beber, mientras que el agua no potable se utiliza para otros fines, como el riego o la limpieza. La calidad del agua requerida para estas aplicaciones varía, y el agua potable exige los más altos estándares para garantizar la salud humana.

Para transformar el agua de lluvia recolectada en una fuente segura de agua potable, se deben cumplir estrictos parámetros de calidad. Implica una filtración, desinfección y monitoreo exhaustivos para eliminar contaminantes y patógenos. El cumplimiento de las normas reglamentarias garantiza que el agua sea potable y cumpla con los más altos requisitos de seguridad.

Aplicaciones domésticas

En la vida sostenible, el agua de lluvia recolectada emerge como un recurso versátil e invaluable, revolucionando las aplicaciones domésticas cotidianas. Desde la lavandería hasta la limpieza y la jardinería, la composición suave y libre de químicos del agua de lluvia transforma las tareas mundanas en prácticas ecológicas y económicamente sostenibles. Así es como el agua de lluvia puede mejorar el tejido de su vida diaria.

Lavandería

El día de lavado adquiere una dimensión completamente nueva con la introducción del agua de lluvia recolectada[11]

El día de lavado adquiere una dimensión completamente nueva con la introducción del agua de lluvia recolectada. A diferencia del agua dura de fuentes convencionales, el agua de lluvia es naturalmente blanda, desprovista de minerales agresivos que comprometen la eficacia de los detergentes y afectan a los tejidos. Esta suavidad inherente crea un ambiente suave y nutritivo para la ropa, asegurando un tacto más suave y prolongando la vida útil de cada prenda.

- **Mejora de la eficiencia del detergente:** La naturaleza suave del agua de lluvia mejora la eficiencia de los detergentes, lo que les permite hacer espuma de manera más efectiva y penetrar en las fibras de la tela con facilidad. Incluso en áreas con agua dura del grifo, donde los detergentes luchan por alcanzar su máximo potencial, el agua de lluvia proporciona una solución que maximiza el poder de limpieza y minimiza el uso de aditivos químicos.

- **Prolongación de la longevidad de la ropa:** El agua dura, cargada de minerales como el calcio y el magnesio, contribuye al desgaste de la ropa con el tiempo. Los efectos abrasivos de estos minerales en las fibras de la tela conducen a la decoloración, la reducción de la suavidad y una vida útil más corta de las prendas. Al optar por el agua de lluvia en la lavandería, invertirás en la longevidad de tu ropa, reduciendo la frecuencia de los reemplazos y contribuyendo a un guardarropa más sostenible.

- **Reducción del impacto ambiental:** Más allá de los beneficios para los tejidos, el uso de agua de lluvia para lavar la ropa contribuye a la sostenibilidad ambiental. Las fuentes de agua tradicionales a menudo requieren extensos procesos de tratamiento y transporte, consumiendo energía y contribuyendo a las emisiones de carbono. Por el contrario, la recolección de agua de lluvia para lavar la ropa reduce significativamente el impacto ambiental asociado con el uso del agua, alineándose con las prácticas de vida ecológicas.

Limpieza

La limpieza del hogar adquiere una nueva dimensión cuando el purificador de la naturaleza, el agua de lluvia, se convierte en el agente de limpieza preferido. Su composición suave y libre de químicos lo hace ideal para una variedad de propósitos de limpieza, desde superficies y ventanas hasta artículos delicados que requieren un toque tierno.

- **Ideal para superficies y ventanas**: La suavidad del agua de lluvia la hace especialmente eficaz para la limpieza de superficies y ventanas. Sin los minerales presentes en el agua dura que dejan rayas y residuos, el agua de lluvia conduce a un acabado cristalino. Ya sea limpiando encimeras, mesas de vidrio o espejos, el agua de lluvia deja las superficies impecables, todo mientras es suave con los materiales que se limpian.

- **Conservación de artículos delicados:** Ciertos artículos delicados, como la cristalería intrincada, las decoraciones frágiles o las piezas de reliquia, se benefician del suave toque del agua de lluvia. La ausencia de productos químicos agresivos garantiza que las superficies delicadas permanezcan intactas durante el proceso de limpieza. Preserva la integridad de estos artículos y refleja un compromiso con las prácticas de limpieza sostenibles.

- **Reducción de la dependencia del agua del grifo**: El aprovechamiento del agua de lluvia para las necesidades de limpieza reduce la dependencia del agua del grifo, lo que contribuye a la sostenibilidad ambiental y económica. Los procesos que consumen mucha energía involucrados en el tratamiento y distribución del agua del grifo se minimizan, lo que resulta en una reducción de la huella de carbono. Este cambio hacia el agua de lluvia para la limpieza se alinea con el movimiento más amplio hacia el uso responsable del agua.

Jardinería

Quizás una de las aplicaciones más gratificantes del agua de lluvia recolectada es en el jardín. El agua de lluvia, libre de cloro y otros aditivos que se encuentran comúnmente en el agua del grifo, nutre las plantas con la esencia pura de la hidratación. Los niveles de pH controlados en el agua de lluvia la convierten en una combinación perfecta para varias especies de plantas, promoviendo un crecimiento saludable y floraciones vibrantes.

- **Hidratación sin cloro**: Muchos suministros de agua municipales se tratan con cloro para eliminar bacterias y patógenos. Si bien esto es esencial para el consumo humano, las plantas no comparten la misma afinidad por el cloro. El agua de lluvia, al estar libre de este aditivo químico, proporciona a las plantas una fuente de hidratación libre de cloro, favoreciendo un crecimiento y desarrollo óptimos.

- **Niveles de pH controlados para la salud de las plantas**: El agua de lluvia suele tener un pH ligeramente ácido, lo que es beneficioso para ciertas plantas que prosperan en condiciones de suelo ácido. Este nivel de pH controlado garantiza que el agua de lluvia complemente las necesidades específicas de una variedad de especies de plantas, fomentando un entorno en el que prosperen. Esta compatibilidad natural hace que el agua de lluvia sea ideal para regar jardines y plantas en macetas.

- **Promoción de la eficiencia hídrica en la jardinería**: La eficiencia hídrica en la jardinería es una consideración clave para las prácticas sostenibles. La recolección de agua de lluvia aborda directamente esta preocupación al proporcionar una fuente de agua local y en el sitio para las plantas. Al utilizar el agua de lluvia para la jardinería, reducirás la demanda de suministros de agua municipales, contribuyendo a los esfuerzos de conservación del agua y promoviendo un paisaje más resistente y ecológico.

A medida que navega por las aguas de la vida sostenible, la incorporación de agua de lluvia recolectada en aplicaciones domésticas revela un toque suave pero transformador. Desde el abrazo más suave que ofrece a las telas hasta su papel como purificador de la naturaleza en la limpieza y el crecimiento que lleva a cabo en el jardín, el agua de lluvia emerge como un recurso precioso que va más allá de la mera funcionalidad.

Beneficios agrícolas y paisajísticos

En el vasto tapiz de la gestión sostenible del agua, los sectores agrícola y paisajístico se erigen como lienzo y jardín por igual, a la espera del toque transformador del agua de lluvia recolectada. Este preciado recurso, cosechado y almacenado en momentos de abundancia, es un salvavidas para los cultivos y un elixir nutritivo para los paisajes. Esta sección recorre el ámbito agrícola, donde el agua de lluvia se convierte en una alternativa sostenible para la agricultura, y explora cómo el paisajismo se transforma en obras maestras naturales bajo su suave cuidado.

Agricultura

En la extensión agrícola, el agua es el sustento que sostiene los cultivos, asegurando su crecimiento, salud y productividad. Sin embargo, las fuentes tradicionales a menudo vienen con desafíos de disponibilidad fluctuante de agua, dependencia de embalses distantes y la necesidad de sistemas de riego que consumen mucha energía. Aquí es donde interviene la captación de agua de lluvia como alternativa sostenible, ofreciendo una solución de origen local y respetuosa con el medio ambiente.

- **Proteger los cultivos del estrés por sequía:** La naturaleza impredecible de los patrones climáticos, incluidos los períodos de sequía, representa una amenaza significativa para la productividad agrícola. La recolección de agua de lluvia proporciona un amortiguador contra estos desafíos al permitir a los agricultores almacenar y utilizar el agua de lluvia durante los períodos secos. Esta abundancia almacenada se convierte en un salvavidas para los cultivos, ya que ofrece un suministro de agua constante que los protege del estrés de la escasez de agua.

- **Mejorar la salud del suelo con agua de lluvia pura**: Más allá de proporcionar hidratación, el agua de lluvia contribuye a la salud general de las tierras agrícolas. A diferencia de las fuentes de agua tradicionales tratadas con cloro y otros aditivos, el agua de lluvia es pura y está libre de intervenciones químicas. Esta pureza se extiende al suelo, mejorando su salud y fertilidad. La ausencia de residuos químicos garantiza que el suelo se convierta en un ecosistema próspero donde florecen microorganismos beneficiosos que apoyan la vitalidad de los cultivos.

- **Promoción de prácticas agrícolas sostenibles:** La recolección de agua de lluvia se alinea perfectamente con los principios de la agricultura sostenible. Al depender de un suministro de agua de origen local y reabastecido de forma natural, reducirá su dependencia de fuentes de agua externas. Minimiza el impacto ambiental asociado con el transporte acuático de larga distancia y promueve un sistema agrícola más autosuficiente y resiliente.

Paisajismo

El paisajismo, ya sea en jardines residenciales o en amplios espacios públicos, se transforma en un lienzo de obras maestras naturales cuando se nutre del agua de lluvia recolectada. La pureza y suavidad del agua de lluvia ofrecen un tacto suave que promueve la salud y la vitalidad de las plantas. Libre de los minerales y aditivos agresivos que se encuentran en las fuentes de agua convencionales, el agua de lluvia se convierte en un elixir nutritivo para los elementos verdes de su entorno.

- **Reducir la necesidad de intervenciones químicas:** Las fuentes de agua convencionales a menudo contienen minerales que, con el tiempo, se acumulan en el suelo y afectan la salud de las plantas. Los elementos agresivos como el calcio y el magnesio presentes en el agua dura requieren intervenciones químicas para contrarrestar su impacto. El agua de lluvia, con su composición blanda y libre de minerales, elimina la necesidad de tales intervenciones, lo que permite que las plantas prosperen de forma natural.

- **Riego eficiente para paisajes prósperos:** La distribución controlada del agua de lluvia a través de sistemas de riego eficientes es un elemento clave en la elaboración de obras maestras naturales en paisajismo. Los sistemas de recolección de agua de lluvia, equipados con mecanismos de riego inteligentes, garantizan que los jardines reciban la cantidad justa de agua. Esta precisión promueve la eficiencia del agua, evitando el riego excesivo y minimizando la escorrentía. Contribuye a un enfoque paisajístico ecológico y sostenible.

- **Mejora de la biodiversidad y el equilibrio ecológico:** El suave tacto del agua de lluvia se extiende más allá de las plantas individuales al ecosistema más amplio dentro de los paisajes. Al reducir la dependencia de las fuentes de agua convencionales, que se tratan con productos químicos para su purificación, el agua de lluvia contribuye a la preservación de la biodiversidad. Los insectos beneficiosos, los microorganismos y otros componentes del equilibrio ecológico dentro del paisaje prosperan en un entorno libre de los efectos adversos del agua cargada de productos químicos.

La sinergia entre la recolección de agua de lluvia en la agricultura y el paisajismo crea soluciones integradas que mejoran la eficiencia del agua en múltiples frentes. La misma agua de lluvia recolectada que nutre los cultivos se dirige a los elementos paisajísticos, fomentando un enfoque armonioso del uso del agua. Esta integración se alinea con los principios de la permacultura, donde diversos elementos coexisten y contribuyen a un ecosistema autosustentable.

La adopción de la captación de agua de lluvia en estos sectores no es simplemente una opción práctica, sino un compromiso con un futuro en el que se valore el agua. Es donde florecen los ecosistemas y los paisajes se convierten en expresiones vibrantes de armonía ecológica. Al adoptar el agua de lluvia como piedra angular de las prácticas agrícolas y paisajísticas, cultivará un legado sostenible que respeta el delicado equilibrio de la naturaleza y garantiza un futuro resiliente para las generaciones venideras.

Posibilidades de agua potable

La delicada alquimia de transformar el agua de lluvia recolectada en elixir potable es un viaje guiado por estrictas medidas de garantía de calidad. Los sistemas de filtración, los tratamientos ultravioleta y el cumplimiento inquebrantable de las normas reglamentarias se convierten en los centinelas. Estos aseguran que la esencia pura del agua de lluvia emerja como un calmante de la sed y como un dechado de seguridad.

Aseguramiento de la calidad del agua potable

La metamorfosis del agua de lluvia en agua potable exige precisión y dedicación a la calidad. Desde el sereno descenso de las gotas de lluvia hasta el momento en que cae en cascada en un vaso, cada paso está lleno de responsabilidad. El compromiso con el aseguramiento de la calidad transforma el abrazo de la lluvia en una fuente de vida que no solo hidrata, sino que nutre sin concesiones.

- **Sistemas de filtración:** El agua de lluvia recolectada, aunque prístina en su origen, transporta microorganismos y productos químicos que representan riesgos potenciales para la salud humana. Los sistemas de filtración robustos son la primera línea de defensa, ya que sirven como guardianes contra los contaminantes. Los filtros de malla, expertos en atrapar partículas más grandes, y los filtros de carbón, capaces de eliminar impurezas y olores, forman una alianza formidable. Estos filtros trabajan en armonía para garantizar que el agua se someta a una limpieza transformadora, emergiendo libre de intrusos visibles e invisibles.

- **Tratamientos ultravioleta:** Más allá de los aspectos físicos de la filtración se encuentra el toque iluminador de los tratamientos ultravioleta (UV). La desinfección UV se convierte en un paso crucial en el proceso de purificación. Se dirige a los microorganismos que persisten a pesar de la filtración inicial. El poder de la luz ultravioleta altera el ADN de bacterias, virus y otros patógenos, haciéndolos incapaces de causar daño. Una vez tocada por los rayos del sol, esta purificación final asegura que el agua emerja como un líquido microbiológicamente seguro.

- **Normas reglamentarias:** En la vasta extensión de posibilidades de agua potable, el cumplimiento de las normas reglamentarias se convierte en la estrella polar, guiando todo el proceso. Las regulaciones sanitarias locales describen los puntos de referencia para la calidad del agua. Preparan el escenario para un proceso en el que la seguridad no es negociable. Comprender e incorporar estos estándares en el proceso de purificación garantiza que el producto final sacie la sed sin comprometer la salud.

Medidas de seguridad microbiana y química

La pureza que hace que el agua de lluvia sea una fuente de maravillas también presenta desafíos. El agua de lluvia recolectada transporta microorganismos y productos químicos que, si no se controlan, comprometen su seguridad para el consumo humano. Reconocer y abordar estos desafíos se vuelve imperativo para crear posibilidades potables a partir del abrazo de la lluvia.

- **Sistemas de filtración robustos:** El viaje hacia la potabilidad comienza con sistemas de filtración robustos que sirven como primera línea de defensa. Los filtros de malla, con su intrincado tejido, capturan las partículas más grandes y los desechos, evitando que contaminen el agua. Los filtros de carbón, con su estructura porosa, adsorben impurezas, olores y algunos productos químicos, mejorando aún más la claridad y pureza del agua. Juntos, estos sistemas de filtración forman una barrera formidable contra los contaminantes.

- **Desinfección UV:** Las medidas de seguridad microbiana alcanzan su punto máximo con la desinfección UV, un proceso que aprovecha el poder de la luz para neutralizar los microorganismos. La luz UV-C de longitud de onda corta daña el ADN de bacterias, virus y otros patógenos, haciéndolos incapaces de reproducirse o causar infecciones. Esta capa de protección garantiza que el producto final no solo sea visualmente claro, sino también microbiológicamente seguro.

- **Pruebas periódicas:** El viaje desde la gota de lluvia hasta el vaso es un compromiso continuo con la seguridad. Las pruebas periódicas de parámetros microbianos y químicos se convierten en una garantía continua de la calidad del agua. Los rigurosos protocolos de prueba, que incluyen controles de bacterias, virus y composiciones químicas, garantizan que las posibilidades de agua potable del agua de lluvia recolectada permanezcan firmes en su compromiso con la salud y la seguridad.

Mientras saboreas las posibilidades potables del agua de lluvia recolectada, deja que sea un recordatorio del delicado equilibrio entre la generosidad de la naturaleza y su responsabilidad de salvaguardar la salud. En cada sorbo, saboreas no solo la frescura de la lluvia, sino la culminación de un viaje. Desde los cielos nublados hasta los sistemas de filtración vigilantes, desde la danza de la luz ultravioleta hasta el compromiso con las normas reglamentarias, es un viaje en el que las posibilidades del agua de lluvia se extienden más allá de la nutrición. Este oro líquido se convierte en una celebración de la pureza, un testimonio del ingenio humano y una danza armoniosa con la esencia de la vida misma.

Beneficios ambientales y económicos

En el delicado equilibrio entre la generosidad de la naturaleza y las necesidades humanas, la recolección de agua de lluvia emerge como una práctica transformadora, marcando el comienzo de una ola de beneficios ambientales y económicos. En el corazón de esta práctica se encuentra el profundo impacto de reducir la presión sobre los suministros de agua municipales, mitigar la escorrentía de aguas pluviales y revelar un enfoque de ahorro de agua que extienda los ahorros financieros a la billetera de ahorro de agua.

- **Conservación del agua tratada para usos esenciales:** Uno de los principales beneficios del agua de lluvia recolectada radica en su potencial para aliviar la presión sobre los suministros de agua municipales. Al satisfacer las necesidades no potables con agua de origen natural, contribuirá significativamente a la conservación del agua tratada para usos esenciales. Este enfoque prudente de conservación garantiza que el recurso limitado y precioso del agua tratada se reserve para fines que exigen la más alta calidad.

- **Aliviar la carga de las instalaciones de tratamiento de agua:** A medida que el agua de lluvia se convierte en una fuente fácilmente disponible para actividades como la jardinería, la limpieza y el riego, la carga de las instalaciones de tratamiento de agua disminuye. Estas instalaciones están diseñadas para purificar el agua para cumplir con rigurosos estándares de consumo potable. Al desviar las demandas no potables al agua de lluvia recolectada, desempeña un papel proactivo en la preservación de la integridad del agua tratada. Optimiza la eficiencia de los procesos de tratamiento y prolonga la vida útil de las infraestructuras hídricas.

- **Reducción de la demanda de energía para el transporte de agua:** El viaje del agua desde las instalaciones de tratamiento hasta los hogares implica un consumo significativo de energía, especialmente cuando se transporta a largas distancias. El agua de lluvia recolectada, obtenida localmente, interrumpe este ciclo intensivo de energía. Utilizar el agua donde cae reduce la necesidad de un transporte extenso, lo que contribuye a un sistema de suministro de agua más sostenible y energéticamente eficiente.

Gestión proactiva del exceso de agua

Más allá de su papel en la reducción de la presión sobre los suministros de agua municipales, la recolección de agua de lluvia juega un papel crucial en la mitigación de la escorrentía de aguas pluviales. La escorrentía de aguas pluviales, a menudo culpable de las inundaciones urbanas, es el resultado de lluvias que exceden la capacidad de absorción del suelo y las superficies. La recolección de agua de lluvia en su origen transforma a los propietarios de viviendas y comunidades en administradores proactivos del exceso de agua. Evitará la erosión del suelo y minimizará el flujo de contaminantes en ríos y arroyos.

- **Preservar la salud del suelo y la pureza del agua:** A medida que el agua de lluvia se captura y se dirige para diversos usos, penetra en el suelo, reponiendo los acuíferos y preservando la salud del suelo. Mitiga el riesgo de erosión del suelo y evita el flujo rápido de agua de lluvia sobre superficies impermeables, reduciendo las posibilidades de contaminación del agua. Al convertirte en un administrador del descenso de la lluvia, adoptarás un enfoque holístico para la gestión del agua que protege tanto el medio ambiente como a sus habitantes.

- **Reducción de las facturas de agua a través de decisiones inteligentes:** Los beneficios económicos de la recolección de agua de lluvia se extienden más allá del ámbito ambiental, ofreciendo ahorros tangibles a los hogares. A medida que disminuye la dependencia del agua municipal para necesidades no potables, también lo hacen las facturas de agua. La inversión inicial en un sistema de recolección de agua de lluvia se convierte en una opción económica sabia y duradera, creando un suministro de agua sostenible y rentable.

- **Ganancia económica a largo plazo:** Si bien hay una inversión inicial en la instalación de sistemas de recolección de agua de lluvia, la ganancia económica a largo plazo es sustancial. La reducción de las facturas de agua, junto con la posibilidad de incentivos o reembolsos por parte de los gobiernos locales para prácticas sostenibles, transforma la recolección de agua de lluvia en una opción financieramente inteligente. A medida que observa cómo crece su billetera de ahorro de agua, la viabilidad económica de la recolección de agua de lluvia se hace cada vez más evidente.

Rendimiento máximo

Cuando se entra en la gestión sostenible del agua, la recolección del máximo rendimiento del agua de lluvia se presenta como una práctica transformadora y empoderadora. En esencia, este viaje abarca la implementación de sistemas eficientes de recolección de agua de lluvia, la optimización de las capacidades de almacenamiento y la adopción de prácticas de uso racional del agua. La unión de la conciencia ambiental con la aplicación práctica fomenta el empoderamiento individual y cultiva una comunidad de administradores dedicados a aprovechar al máximo cada preciosa gota.

- **Diseño para la máxima captura:** En el corazón de la cosecha de máximo rendimiento se encuentra el diseño cuidadoso y la implementación de sistemas eficientes de recolección de agua de lluvia. El viaje comienza con la captación del agua de lluvia en su origen, ya sea en tejados, superficies o zonas de captación. Los sistemas cuidadosamente diseñados, equipados con tecnologías y materiales avanzados, garantizan que cada gota de lluvia se aproveche con precisión.

- **Soluciones estratégicas de almacenamiento:** La optimización del rendimiento cosechado implica soluciones estratégicas de almacenamiento que se alinean con los ritmos naturales de las lluvias. Las capacidades de almacenamiento robustas, ya sea en tanques sobre el suelo, cisternas o depósitos subterráneos, se convierten en los depósitos de la abundancia. Al maximizar el almacenamiento, almacena el excedente de agua de lluvia para períodos de escasez, lo que garantiza un suministro de agua constante y confiable durante todo el año.

- **Redes de distribución inteligentes:** Igualmente importante es el establecimiento de redes de distribución inteligentes dentro del sistema de almacenamiento. Las bombas, válvulas y mecanismos de distribución inteligentes garantizan que el agua de lluvia almacenada se distribuya de manera eficiente, abordando las necesidades específicas de diferentes áreas, ya sea para riego, jardinería o usos domésticos no potables. Esta distribución estratégica optimiza la utilidad del agua de lluvia recolectada, maximizando su impacto en varias facetas de la vida diaria.

- **Diseño paisajístico y eficiencia de riego:** La cosecha de máximo rendimiento se extiende más allá de los tecnicismos de los sistemas y el almacenamiento. Adopta prácticas de uso racional del agua que cultivan el consumo consciente. El diseño cuidadoso del paisaje, que incorpora plantas nativas y resistentes a la sequía, minimiza las demandas de agua. Los sistemas de riego eficientes, como el riego por goteo o las técnicas de jardín de lluvia, hacen que cada gota se utilice correctamente, promoviendo un equilibrio armonioso entre la naturaleza y las necesidades humanas.

- **Medidas de conservación en interiores:** Las prácticas de uso racional del agua también encuentran su lugar en interiores, donde el consumo consciente se convierte en un compromiso diario. La instalación de accesorios de bajo flujo, la reparación de fugas con prontitud y la adopción de electrodomésticos de bajo consumo de agua contribuyen al objetivo general de maximizar la utilidad del agua de lluvia recolectada. Estas medidas amplifican el impacto de la captación de agua de lluvia en la reducción de la dependencia de las fuentes de agua convencionales.

- **Talleres y Seminarios:** Obtener el máximo rendimiento no es una tarea solitaria. Se nutre de iniciativas educativas y de la participación de la comunidad. Los talleres y seminarios se convierten en plataformas para compartir ideas sobre los beneficios y aplicaciones del agua de lluvia recolectada. Estos le proporcionan el conocimiento y las herramientas necesarias para convertirse en un participante activo en el camino hacia la sostenibilidad.

- **Programas de alcance comunitario:** El efecto dominó del cambio se amplifica a través de programas de alcance comunitario. Estas iniciativas fomentan un sentido de responsabilidad comunitaria, alentando a las personas a convertirse en catalizadores de un cambio positivo dentro de sus vecindarios. Al adoptar colectivamente los principios de la recolección de agua de lluvia, las comunidades se transforman en administradores de sus recursos hídricos, fomentando un compromiso compartido con la sostenibilidad ambiental.

Las prácticas de uso racional del agua en el paisajismo al aire libre y el consumo en interiores se convierten en los hilos que tejen la vida consciente. Sin embargo, el viaje está incompleto sin el espíritu comunitario fomentado por las iniciativas educativas y el compromiso comunitario. A medida que los talleres y los programas de alcance comunitario empoderan a las personas con el conocimiento para convertirse en administradores de sus recursos hídricos, el impacto colectivo se convierte en una fuerza para el cambio positivo.

Al concluir esta exploración de la generosidad de la naturaleza y los usos de su cosecha, el tema general es el de la armonía y la sostenibilidad. Desde las aplicaciones domésticas cotidianas hasta los beneficios agrícolas y las posibilidades de agua potable, el agua de lluvia recolectada es un recurso versátil y valioso. A medida que nutre el regalo de la naturaleza gota a gota, da un paso más hacia un futuro más sostenible, resiliente y respetuoso con el agua.

Capítulo 9: Agua de lluvia potable: Hacer que su cosecha sea potable

En la búsqueda de la autosuficiencia y la vida sostenible, la transformación del agua de lluvia recolectada en agua potable segura se erige como un pináculo de logro. Este capítulo explora los intrincados procesos y las precauciones necesarias para que su cosecha de agua de lluvia sea utilizable y potable. Desde la comprensión de la calidad del agua local hasta el empleo de métodos avanzados de filtración y técnicas de desinfección, el viaje hacia el agua de lluvia potable es una exploración tanto de la ciencia como de la practicidad.

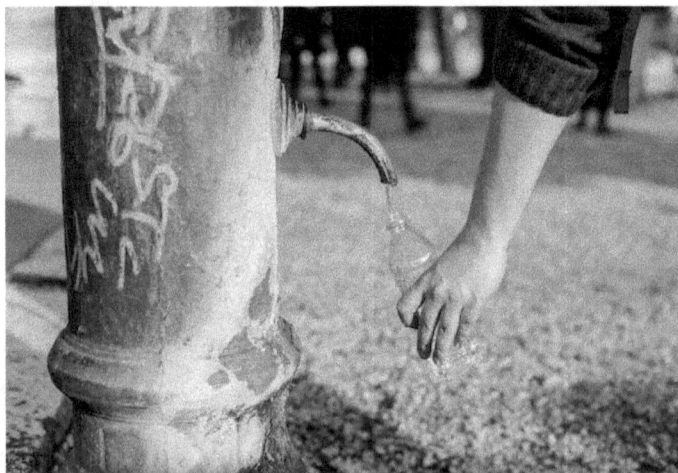

En la búsqueda de la autosuficiencia y la vida sostenible, la transformación del agua de lluvia recolectada en agua potable segura se erige como un pináculo de logro[12]

Comprender la calidad del agua local

Cada región, con su combinación única de influencias ambientales, actividades industriales y asentamientos humanos, tiene distintos desafíos y características que dan forma a la calidad de su agua. Esta sección explora la importancia crucial de comprender estas dinámicas, haciendo hincapié en la conciencia de los contaminantes potenciales, tanto naturales como antropogénicos, como el paso fundamental para garantizar la seguridad del producto final para beber.

Dinámica local de la calidad del agua

La influencia de la naturaleza, las actividades industriales y los asentamientos humanos dan forma colectivamente al tapiz dinámico de la calidad del agua local. Comprender estas intrincadas dinámicas sienta las bases para anticipar posibles contaminantes y adaptar las estrategias de purificación a las características únicas de cada región.

- **Influencias ambientales**: La naturaleza, en toda su diversidad, desempeña un papel fundamental en la configuración de la calidad de las fuentes de agua locales. Los factores ambientales, como la composición del suelo, la topografía y la vegetación, contribuyen al contenido mineral y a las características generales del agua de lluvia. Por ejemplo, el agua que fluye a través de terrenos rocosos puede transportar concentraciones de minerales más altas, lo que afecta el sabor y la seguridad. Comprender estas influencias naturales proporciona una línea de base para anticipar posibles desafíos en el proceso de purificación.

- **Actividades industriales**: Las actividades humanas, especialmente los procesos industriales, introducen un espectro de sustancias en el suministro local de agua. La escorrentía de las zonas industriales transporta contaminantes como metales pesados, productos químicos y toxinas. El conocimiento de las actividades industriales cercanas es crucial para identificar posibles contaminantes que podrían filtrarse en el agua de lluvia. Esta información dirige la selección de métodos de filtración y purificación apropiados para abordar contaminantes industriales específicos.

- **Asentamientos humanos**: Los asentamientos urbanos y rurales dejan su huella en la calidad del agua local. Las áreas urbanas introducen contaminantes como pesticidas, herbicidas y contaminantes de las emisiones de los vehículos. Por el contrario, en las zonas rurales se produce una escorrentía agrícola que transporta fertilizantes y plaguicidas a las fuentes de agua. Comprender la huella de los asentamientos humanos permite un enfoque personalizado para la purificación del agua, abordando los desafíos únicos que plantea cada entorno.

Protocolos y frecuencia de las pruebas

Las pruebas son el guardián de la promesa del agua potable segura. En esta sección se exploran los parámetros esenciales, desde el contenido microbiano hasta la composición química, y se hace hincapié en la importancia de un régimen de pruebas vigilante. El cumplimiento de las regulaciones locales, la adaptación a las variaciones estacionales y el monitoreo de los cambios en el entorno circundante son componentes integrales de este compromiso continuo. Un régimen de pruebas exhaustivo debe abarcar un espectro de parámetros críticos para la calidad del agua:

- **Contenido microbiano:** Las pruebas de bacterias, virus y otros microorganismos evalúan la seguridad microbiana del agua. Las bacterias coliformes, por ejemplo, sirven como indicadores de contaminación fecal y posibles riesgos patógenos.

- **Composición química:** El análisis de la composición química detecta sustancias como metales pesados, pesticidas y contaminantes industriales. Este paso es vital para hacer frente a los contaminantes naturales y antropogénicos.

- **Calidad general del agua:** Parámetros como el pH, la turbidez y el oxígeno disuelto contribuyen a la calidad general y la facilidad de uso del agua. Mantenerlos dentro de rangos aceptables garantiza una experiencia de consumo segura y agradable.

Frecuencia de las pruebas

La frecuencia de las pruebas es un aspecto dinámico que se adapta a las condiciones y regulaciones locales:

- **Regulaciones locales:** El cumplimiento de las regulaciones locales es primordial. Algunas regiones tienen pautas específicas que dictan la frecuencia de las pruebas para diferentes parámetros. Comprender y cumplir con estas regulaciones establece un marco legal para garantizar la seguridad del agua.

- **Variaciones estacionales:** Los cambios estacionales también influyen en la calidad del agua. El aumento de las actividades agrícolas durante las temporadas de siembra o los procesos industriales en determinadas condiciones climáticas elevan los riesgos de contaminación. Ajustar la frecuencia de las pruebas para alinearse con estas variaciones garantiza un enfoque proactivo ante los posibles desafíos.

- **Cambios en el medio ambiente circundante:** Los cambios ambientales, como la construcción cercana, los cambios en el uso de la tierra o los nuevos desarrollos industriales, afectan la calidad del agua. Las pruebas periódicas, especialmente durante los períodos de cambio ambiental, son un sistema de alerta temprana que permite realizar ajustes rápidos en los métodos de purificación.

Un régimen de pruebas vigilante es un guardián que defiende la promesa del agua potable segura. No se trata de un asunto de una sola vez, sino de un compromiso continuo para monitorear y adaptarse a la naturaleza dinámica de la calidad del agua local. Las pruebas periódicas sirven como una medida proactiva, lo que permite realizar ajustes oportunos en los métodos de purificación y garantizar la potabilidad sostenida del agua de lluvia recolectada.

Métodos de filtración avanzados

La filtración eficiente es el eje en el ambicioso viaje para transformar el agua de lluvia en un recurso potable. A medida que profundiza en las complejidades de los métodos de filtración avanzados, se encontrará con un mundo en el que la comprensión del tamaño de las micras se vuelve primordial. Es hora de explorar la ciencia detrás de las micras y su papel en la eliminación de bacterias. También descubrirá las contribuciones fundamentales de los filtros de carbón activado y los sistemas de ósmosis inversa para garantizar una experiencia de bebida completa y purificada.

Tamaños de micras y eliminación de bacterias

Comprender el tamaño de las micras es fundamental para diseñar sistemas de filtración que actúen como la primera línea de defensa contra las bacterias. Los sistemas de microfiltración y ultrafiltración, con sus distintos tamaños de poro, sientan las bases para la eliminación completa de bacterias, asegurando que el viaje hacia el agua de lluvia potable comience con precisión.

- **El mundo microscópico:** En el corazón de la filtración avanzada se encuentra el reino microscópico de los microorganismos, en particular las bacterias. Estos diminutos seres vivos, con tamaños que oscilan entre 0,2 y 5 micras, suponen un importante reto en la búsqueda de agua potable de lluvia. Para eliminar eficazmente estas amenazas, los sistemas de filtración deben diseñarse estratégicamente para capturar partículas dentro de este rango de tamaño.

- **Microfiltración:** Los sistemas de microfiltración, caracterizados por sus tamaños de poro relativamente más grandes en comparación con otros métodos avanzados, sirven como defensa inicial contra los microorganismos. Estos filtros suelen tener poros que van de 0,1 a 10 micras, lo que los hace expertos en atrapar partículas más grandes como las bacterias. Sin embargo, su eficacia varía, y a menudo se necesitan métodos de filtración adicionales para garantizar una eliminación completa.

- **Ultrafiltración:** Llevando la precisión de filtración al siguiente nivel, los sistemas de ultrafiltración cuentan con tamaños de poro más pequeños, que suelen oscilar entre 0,002 y 0,1 micras. Eso les permite capturar incluso las bacterias más pequeñas, proporcionando una solución más completa para la eliminación microbiana. La ultrafiltración, con su capacidad para atacar partículas a nivel submicrónico, sienta las bases para lograr los estrictos estándares requeridos para el agua potable segura.

Filtros de carbón activado

Más allá de los desafíos microbianos, el agua de lluvia transporta una variedad de contaminantes químicos. Los filtros de carbón activado se convierten en el centro de atención con su destreza porosa, sobresaliendo en la absorción de productos químicos como cloro, pesticidas y compuestos orgánicos. Esta sección explora la magia de la adsorción, la versatilidad del carbón activado para abordar diversos contaminantes y cómo esta purificación de doble acción eleva la calidad del agua de lluvia recolectada.

- **La potencia porosa:** Los filtros de carbón activado emergen como los héroes anónimos en la batalla contra las impurezas químicas. Su estructura porosa, creada a través de un proceso que activa el carbono con vapor o productos químicos, proporciona una amplia superficie para la adsorción.

- **Magia de adsorción:** La capacidad de adsorción del carbón activado cambia las reglas del juego en el proceso de purificación. A medida que el agua pasa a través del filtro, los contaminantes químicos se adhieren a la superficie del carbón, eliminándolos efectivamente del agua. Esta purificación de doble acción, que aborda las impurezas microbianas y químicas, eleva la calidad del agua de lluvia recolectada para cumplir con los altos estándares requeridos para un consumo seguro.

- **Versatilidad en la aplicación:** Los filtros de carbón activado demuestran ser versátiles para tratar un amplio espectro de contaminantes químicos, que incluyen:

  a. **Cloro:** Se usa comúnmente en el tratamiento del agua, pero no es deseable en el agua potable debido al sabor y a los posibles problemas de salud.

  b. **Pesticidas y herbicidas:** La escorrentía agrícola puede introducir estos productos químicos en el agua de lluvia, lo que representa riesgos para la salud humana.

  c. **Compuestos orgánicos:** Varios contaminantes de las actividades industriales llegan al agua de lluvia, por lo que es necesario eliminarlos eficazmente por seguridad.

Sistemas de ósmosis inversa

En la búsqueda de un enfoque integral de purificación, los sistemas de ósmosis inversa emergen como actores clave. Operando a nivel molecular, la ósmosis inversa utiliza una membrana semipermeable para filtrar las impurezas, desde bacterias hasta sales y minerales disueltos. Así es como funciona la ósmosis inversa:

1. **Membrana semipermeable:** El corazón del sistema de ósmosis inversa, la membrana semipermeable, permite el paso de las moléculas de agua mientras bloquea los contaminantes más grandes.

2. **Aplicación a presión:** La aplicación de presión al agua la fuerza a través de la membrana, separando las impurezas y los contaminantes.

3. **Eliminación de agua de rechazo:** Los contaminantes concentrados se eliminan como agua rechazada, dejando agua purificada lista para el consumo.

Comprender el tamaño de las micras es la brújula que lo guía a través del mundo microscópico de la eliminación de bacterias, mientras que los filtros de carbón activado muestran su destreza en la adsorción de contaminantes químicos, lo que garantiza una purificación de doble acción. Los sistemas de ósmosis inversa proporcionan un enfoque de purificación integral que trasciende las amenazas bacterianas para abordar las impurezas a nivel molecular. Los esfuerzos combinados de estos métodos avanzados de filtración elevan el agua de lluvia recolectada a un estándar de pureza potable, lo que marca un triunfo en la búsqueda de agua potable sostenible y segura.

Técnicas de desinfección

En la búsqueda incesante de transformar el agua de lluvia recolectada en agua potable, el foco de atención se desplaza a las técnicas de desinfección. Es una fase crítica en la que la seguridad microbiana ocupa un lugar central. Desde aprovechar el poder de la luz hasta adoptar prácticas ancestrales, estas técnicas se erigen como guardianes, asegurando que el viaje desde la gota de lluvia hasta el vaso esté libre de amenazas microbianas.

Purificación UV

En el ámbito radiante de la desinfección moderna, la purificación UV es un método poderoso y efectivo. A medida que descubras la ciencia detrás del aprovechamiento del poder de la luz, específicamente la UV-C, serás testigo de un proceso que daña el ADN de los microorganismos, evitando que se reproduzcan y causando infecciones. Integrados en la red de distribución de agua, los sistemas UV proporcionan una desinfección continua sin alterar el sabor del agua ni introducir productos químicos adicionales.

- **La solución radiante**: La purificación UV es un testimonio del poder de la luz para neutralizar las amenazas microbianas. En concreto, la luz UV-C, con su longitud de onda entre 200 y 280 nanómetros, se convierte en el arma preferida. A medida que el agua de lluvia fluye a través de sistemas UV integrados en la red de distribución de agua, se desarrolla un proceso silencioso pero potente.

- **Daño en el ADN**: La luz UV-C, cuando se dirige a los microorganismos, causa estragos a nivel molecular. Daña el ADN de bacterias, virus y otros patógenos, haciéndolos incapaces de reproducirse. Esta interrupción en el ciclo de vida garantiza que, incluso si los microorganismos sobreviven a la exposición a la luz ultravioleta, no pueden proliferar ni causar infecciones. El resultado es un suministro de agua que se desinfecta continuamente sin alterar su sabor ni introducir productos químicos adicionales.

- **Integración en la distribución de agua:** La perfecta integración de los sistemas UV en la red de distribución de agua es un sello distintivo de su eficacia. A medida que el agua de lluvia se abre paso a través de tuberías y conductos, las luces UV-C hacen guardia, proporcionando un proceso de desinfección continuo y automatizado. Esta integración garantiza la seguridad microbiana del agua en el punto de consumo y minimiza la necesidad de intervención manual, lo que hace que la purificación UV sea una protección fiable y eficiente.

Cloración

Al viajar a los anales de la historia del tratamiento del agua, se encontrará con el legado perdurable de la cloración. Un método que ha resistido la prueba del tiempo, la cloración implica la adición de cloro al agua para su desinfección. El monitoreo del cloro residual es un enfoque clave, destacando la eficacia probada de la cloración.

- **El legado duradero del cloro:** La cloración es un enfoque probado en el tiempo con un legado que abarca más de un siglo. El principio es simple pero efectivo. El cloro, en diversas formas, como cloro gaseoso, hipoclorito de sodio o hipoclorito de calcio, es un potente agente contra un amplio espectro de microorganismos.

- **Desinfección de amplio espectro:** La eficacia del cloro radica en su capacidad para eliminar no solo bacterias, sino también virus, algas y otros patógenos. Interrumpe el ciclo de vida al atacar las estructuras celulares y las enzimas, dejándolas incapaces de funcionar. El resultado es una desinfección integral que protege contra una amplia gama de amenazas potenciales en el agua de lluvia recolectada.

- **Control de dosis:** Si bien la cloración es un poderoso método de desinfección, la clave radica en la dosificación precisa. Agregar demasiado compromete el sabor y la seguridad del agua, mientras que agregar muy poco no logra una desinfección efectiva. Lograr este equilibrio requiere un cuidadoso monitoreo y control de los niveles de cloro en toda la red de distribución de agua.

- **Monitoreo de cloro** residual: Mantener los niveles de cloro residual se convierte en un aspecto clave del proceso de cloración. El cloro residual, la cantidad de cloro que permanece en el agua después de la desinfección, es un indicador de la protección microbiana continua. El monitoreo regular garantiza que el agua continúe cumpliendo con los estándares de seguridad sin comprometer el sabor. Es un delicado equilibrio que subraya la importancia de la eficacia probada de la cloración.

Ebullición

A medida que adoptas la tradición en los tiempos modernos, hervir ocupa un lugar central como un método simple pero altamente efectivo para esterilizar el agua. Ya sea por el sencillo mecanismo de erradicación de patógenos a través del calor o por las consideraciones de altitud que dan forma a las prácticas de ebullición, la simplicidad de la ebullición es el epítome de la eficacia.

- **Abrazar la tradición en los tiempos modernos:** En situaciones en las que las tecnologías avanzadas no están fácilmente disponibles, hervir es la mejor práctica. Hervir, una práctica milenaria arraigada en la tradición, sigue siendo un método simple pero muy eficaz para esterilizar el agua. A medida que el agua de lluvia alcanza su punto de ebullición de 100 grados Celsius (212 grados Fahrenheit), la mayoría de los patógenos son erradicados.

- **Erradicación de patógenos a través del calor:** El mecanismo es sencillo. La aplicación de calor a través de la ebullición altera la integridad estructural de los microorganismos. Si bien la ebullición no elimina los contaminantes químicos, proporciona un medio práctico y accesible para garantizar la seguridad microbiana. Esta simplicidad se vuelve especialmente valiosa en situaciones en las que el acceso a una infraestructura sofisticada de tratamiento de agua es limitado.

- **Consideraciones de altitud:** En regiones con altitudes más altas, donde el agua hierve a temperaturas más bajas debido a la reducción de la presión atmosférica, el tiempo de ebullición recomendado se extiende para garantizar la erradicación completa de patógenos. Hervir durante al menos un minuto (o tres minutos en altitudes más altas) se convierte en la regla de oro, reafirmando la simplicidad y eficacia de esta práctica milenaria.

Desde la radiante elegancia de la purificación UV hasta el legado probado de la cloración y la simplicidad de la ebullición, cada técnica se erige como un centinela, garantizando que el agua de lluvia recolectada llegue a su destino final libre de amenazas microbianas. En este proceso de desinfección, la tradición se encuentra con la innovación, y la simplicidad se entrelaza con la sofisticación, creando un viaje armonioso desde los cielos hasta la sed humana.

Importancia de las pruebas y el mantenimiento regulares

En el viaje de la gota de lluvia al vaso para beber, donde los métodos avanzados de filtración y desinfección son los guardianes, las pruebas y el mantenimiento regulares son primordiales. Las pruebas posteriores al tratamiento y el mantenimiento del sistema garantizan la seguridad y la calidad sostenidas del agua de lluvia recolectada. Desde el delicado equilibrio de los niveles de cloro residual hasta los controles vigilantes del contenido microbiano, este proceso iterativo es el salvavidas que salvaguarda la calidad del agua a lo largo del tiempo.

Pruebas posteriores al tratamiento

Después de que el agua de lluvia se somete a una filtración y desinfección avanzadas, las pruebas posteriores al tratamiento arrojan luz sobre las amenazas invisibles que persisten a pesar de las formidables defensas de la purificación y cloración UV. Desde el delicado equilibrio de los niveles de cloro residual hasta los controles vigilantes del contenido microbiano y la calidad general del agua, las pruebas posteriores al tratamiento garantizan la seguridad y la calidad continuas del agua de lluvia recolectada.

- **Niveles de cloro residual:** Cuando se utiliza el método de cloración, es fundamental lograr el equilibrio de los niveles de cloro residual. El cloro residual es su señal contra el resurgimiento microbiano. Muy poco, y el agua se vuelve vulnerable a la contaminación. Por otro lado, con demasiado cloro, el sabor y la seguridad del agua se ven comprometidos.

- **Contenido microbiano:** Las pruebas de contenido microbiano profundizan en el universo microscópico, donde persisten patógenos invisibles. Incluso los métodos de filtración más avanzados dejan rastros de microorganismos. Las pruebas posteriores al tratamiento garantizan que estas amenazas invisibles queden expuestas y neutralizadas, lo que refuerza la seguridad microbiana del agua de lluvia.

- **Calidad general del agua:** Más allá de los componentes individuales, las pruebas generales de calidad del agua proporcionan una evaluación integral. Parámetros como el pH, la turbidez y el oxígeno disuelto contribuyen a la comprensión holística de la calidad del agua. Las evaluaciones periódicas garantizan que el agua siga siendo agradable al gusto y libre de características indeseables.

- **Refinamiento iterativo:** La naturaleza iterativa de las pruebas posteriores al tratamiento es la clave para mantener la calidad del agua a lo largo del tiempo. No se trata de una validación única, sino de un proceso de refinamiento continuo. A medida que cambian las condiciones ambientales, se producen variaciones estacionales y la red de distribución de agua evoluciona, las pruebas periódicas se adaptan a esta dinámica, asegurando que los estándares de seguridad establecidos para el agua de lluvia se cumplan de manera consistente.

Mantenimiento del sistema

Los filtros, las lámparas UV y todo el sistema de tratamiento de agua de lluvia requieren una atención atenta para mantener su efectividad. Esta sección explora cómo el mantenimiento regular garantiza que los guardianes de la pureza continúen manteniendo su papel en la eliminación de impurezas y microorganismos. También arroja luz sobre la importancia de las revisiones periódicas y los reemplazos de las lámparas UV, aquellas que protegen contra las amenazas microbianas.

- **Filtros:** Los filtros, los guardianes de la pureza en el proceso de tratamiento del agua de lluvia, requieren una atención vigilante. Con el tiempo, acumulan partículas y contaminantes, disminuyendo su efectividad. La limpieza o sustitución periódica garantiza que el sistema de filtración siga manteniendo su función de eliminación de impurezas y microorganismos.

- **Lámparas UV**: En la purificación UV, la eficacia de las lámparas UV es fundamental. Estas lámparas emiten una potente luz UV-C que daña el ADN de los microorganismos. Las comprobaciones periódicas y, si es necesario, las sustituciones garantizan que el sistema de purificación UV siga siendo una barrera formidable contra las amenazas microbianas.

- **Vigilancia del sistema**: Descuidar el mantenimiento del sistema significa que está dejando las puertas sin vigilancia. A medida que los filtros se obstruyen y las lámparas UV se atenúan, todo el sistema de recolección y tratamiento de agua de lluvia se vuelve susceptible a una disminución en la efectividad. Un sistema comprometido pone en peligro la calidad del agua y plantea riesgos para la salud humana.

- **El enfoque proactivo**: El mantenimiento del sistema no es una respuesta reactiva a los problemas. Es un enfoque proactivo para mantener la integridad de toda la infraestructura de tratamiento de aguas pluviales. Las revisiones periódicas, los reemplazos programados y la vigilancia del estado general del sistema se convierten en las medidas proactivas que evitan posibles problemas antes de que comprometan la seguridad del agua potable.

Las pruebas posteriores al tratamiento y el mantenimiento del sistema encarnan un compromiso continuo con la pureza. Es una promesa para salvaguardar el viaje, desde las gotas de lluvia hasta el vaso para beber, contra amenazas invisibles y el desgaste del sistema. En este compromiso, la tradición se encuentra con la innovación, y la simplicidad se entrelaza con la sofisticación. Crea un equilibrio armonioso que garantiza la seguridad y la calidad sostenidas del agua de lluvia recolectada para las generaciones venideras.

Comprender la calidad del agua local sienta las bases para un enfoque específico, mientras que los métodos de filtración avanzados adaptan el proceso de purificación a la potabilidad. Las técnicas de desinfección, ya sea a través de la purificación UV, la cloración o la ebullición, conducen a la seguridad. Las pruebas y el mantenimiento regulares deben ser la piedra angular para mantener la promesa de agua potable segura.

Capítulo 10: Un futuro sostenible – Técnicas de conservación moderna

Frente a los crecientes desafíos globales, como la escasez de agua y el cambio climático, la recolección de agua de lluvia representa la esperanza de un futuro sostenible. Este último capítulo explora la importancia contemporánea de la recolección de agua de lluvia y las últimas innovaciones en el uso sostenible del agua. Descubrirás cómo se integra en esfuerzos de conservación más amplios. A medida que navegas por el intrincado panorama de la conservación moderna, este capítulo tiene como objetivo inspirarte a ver sus esfuerzos de recolección de agua de lluvia como contribuciones integrales a un movimiento global hacia la administración ambiental.

Comprender los desafíos globales

La escasez de agua, que antes era una preocupación limitada a regiones específicas, ahora se ha convertido en un problema mundial crítico. El aumento de la urbanización, junto con el crecimiento de la población y las prácticas ineficientes de gestión del agua, ha ejercido una presión sin precedentes sobre los recursos hídricos de este planeta. Frente a esta creciente crisis, la recolección de agua de lluvia ofrece un enfoque descentralizado y sostenible para aumentar el suministro de agua.

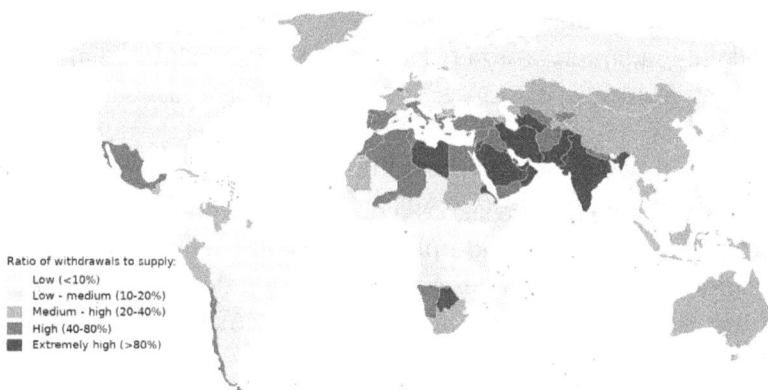

La escasez de agua, que antes era una preocupación limitada a regiones específicas, ahora se ha convertido en un problema mundial crítico[13]

El catalizador de este imperativo global no es otro que el cambio climático. Este fenómeno ha provocado alteraciones significativas en los patrones de precipitación, un aumento en la frecuencia de eventos climáticos extremos y una exacerbación de la escasez de agua en varias regiones. Para hacer frente a estos desafíos, la recolección de agua de lluvia se erige como una estrategia de mitigación y una respuesta resiliente a los cambios impredecibles en los patrones climáticos.

La creciente crisis de escasez de agua

Los factores entrelazados de la rápida urbanización y el crecimiento de la población han aumentado drásticamente la demanda de agua. En muchas regiones, las fuentes tradicionales de agua son incapaces de satisfacer esta creciente demanda, lo que lleva a una escasez de agua que se extiende más allá de los límites geográficos. La urgencia de la situación se ve magnificada por las prácticas ineficientes de gestión del agua que agotan aún más los recursos hídricos disponibles.

A diferencia de los sistemas centralizados de suministro de agua, que a menudo tienen dificultades para hacer frente a la creciente demanda, la recolección de agua de lluvia proporciona una solución descentralizada. Al capturar y utilizar el agua de lluvia a nivel local, las comunidades pueden reducir su dependencia de la sobrecargada infraestructura hídrica y aprovechar una fuente sostenible que se repone con cada lluvia.

Cambio climático

Los impactos del cambio climático en los recursos hídricos son profundos y multifacéticos. La alteración de los patrones de precipitación conduce a una disponibilidad irregular de agua, por lo que es esencial que las comunidades adapten sus estrategias de gestión del agua. Los fenómenos meteorológicos extremos, como las sequías y las inundaciones, intensifican aún más los problemas de la escasez de agua, lo que pone de relieve la necesidad de adoptar medidas inmediatas y proactivas.

Al capturar el agua de lluvia, las comunidades pueden desarrollar resiliencia frente a las incertidumbres asociadas con los patrones climáticos cambiantes. La naturaleza descentralizada de la recolección de agua de lluvia se alinea perfectamente con el llamado a medidas de adaptación frente al cambio climático.

Innovaciones en el uso sostenible del agua

A medida que el mundo se enfrenta al apremiante desafío de la escasez de agua, están surgiendo soluciones innovadoras para revolucionar la forma en que las personas usan y gestionan el agua. Una de esas vías de progreso se encuentra en la construcción sostenible y las prácticas agrícolas. Los diseños de edificios ecológicos y los métodos avanzados de riego están remodelando el enfoque global de la conservación del agua.

Diseños de edificios ecológicos

En la búsqueda de un uso sostenible del agua, los esfuerzos de conservación se están extendiendo más allá de lo convencional. Los arquitectos modernos están adoptando un cambio de paradigma al integrar a la perfección la naturaleza en los diseños de los edificios. Los diseños de edificios ecológicos van más allá de la estética al transformar las estructuras en ecosistemas sostenibles. Los jardines en las azoteas, las superficies permeables y las estructuras autodrenantes son elementos de un enfoque holístico para la conservación del agua.

Los jardines en las azoteas, por ejemplo, tienen un doble propósito. Mejoran la captación de agua de lluvia al proporcionar una superficie natural para la acumulación de agua y contribuyen a la biodiversidad urbana. Estos oasis verdes crean hábitats para plantas e insectos, fomentando un ecosistema urbano más saludable. Además, las superficies permeables permiten que el agua de lluvia se infiltre en el suelo, reponiendo los acuíferos y reduciendo la escorrentía superficial que puede provocar inundaciones.

La integración de estructuras autodrenantes es otra innovación en el diseño de edificios ecológicos. Estas estructuras están diseñadas para gestionar eficientemente el agua de lluvia, alejándola de los edificios y dirigiéndola hacia los sistemas de recolección. Al hacerlo, mitigan el efecto isla de calor urbano, contribuyendo a un entorno urbano más fresco y sostenible.

Métodos de riego avanzados

La agricultura, un sector que consume una parte importante del suministro mundial de agua, está experimentando una revolución transformadora en los métodos de riego. La agricultura de precisión, impulsada por la tecnología, está a la vanguardia de este cambio. El objetivo clave es suministrar agua exactamente donde y cuando se necesita, optimizando el uso y minimizando el desperdicio.

La integración del agua de lluvia en sistemas de riego avanzados mejora aún más su eficiencia. Al capturar y utilizar el agua de lluvia, los agricultores están reduciendo su dependencia de las fuentes de agua tradicionales, mitigando el impacto en los ecosistemas locales. Este enfoque fomenta un modelo más sostenible de producción de alimentos.

La agricultura de precisión utiliza sensores, análisis de datos y sistemas automatizados para monitorear y administrar las condiciones de los cultivos. Este enfoque basado en datos permite a los agricultores tomar decisiones informadas sobre el riego, optimizando el uso del agua para obtener el máximo rendimiento de los cultivos. Al adoptar la agricultura de precisión e incorporar el agua de lluvia en estos sistemas, la humanidad avanza hacia un futuro más sostenible y eficiente en el uso del agua para la agricultura mundial.

Beneficios ambientales sinérgicos a través de la integración

El verdadero potencial de la recolección de agua de lluvia radica en su capacidad para crear sinergia con otras prácticas de conservación. Esta sección explora el impacto transformador de la integración de la recolección de agua de lluvia con técnicas como el reciclaje de aguas grises, los diseños de permacultura y el paisajismo sostenible. Es hora de que comprendas cómo la creación de un ecosistema holístico se extiende más allá de las preocupaciones inmediatas sobre el suministro de agua.

Reciclaje de aguas grises

La recolección de agua de lluvia, cuando se integra a la perfección con el reciclaje de aguas grises, forma un poderoso dúo en la gestión sostenible del agua. Las aguas grises, derivadas de actividades cotidianas como lavar la ropa y bañarse, complementan el agua de lluvia al proporcionar una fuente adicional para usos no potables. Al combinar estas dos fuentes, las comunidades pueden reducir significativamente su dependencia de los suministros tradicionales de agua, aliviando la carga sobre los recursos hídricos agotados.

Los sistemas de reciclaje de aguas grises capturan, tratan y reutilizan el agua que, de otro modo, se desperdiciaría. Cuando esta agua reciclada se sincroniza con la recolección de agua de lluvia, se crea un sistema de gestión del agua cíclico y eficiente. Esta sinergia promueve un estilo de vida más sostenible, destacando la interconexión de varias fuentes de agua.

Diseños de permacultura

La integración de la recolección de agua de lluvia con los diseños de permacultura lleva el concepto de sostenibilidad a otro nivel. Los principios de la permacultura guían la creación de entornos autosuficientes que imitan los ecosistemas naturales. Al armonizar la recolección de agua de lluvia con la permacultura, se crean paisajes que fomentan la biodiversidad, enriquecen la salud del suelo y promueven la agricultura regenerativa.

La permacultura enfatiza el trabajo con la naturaleza en lugar de contra ella. A través de un diseño cuidadoso, el agua de lluvia se dirige a nutrir las plantas, apoyar los bosques alimentarios y crear microclimas que mejoran la resiliencia general del ecosistema. Este enfoque contribuye a la creación de entornos de vida vibrantes y sostenibles.

Restauración de ecosistemas

El impacto de la recolección de agua de lluvia va mucho más allá de satisfacer las necesidades inmediatas de agua. Se convierte en un catalizador para la restauración de los ecosistemas, desempeñando un papel crucial en la preservación de los hábitats naturales. Al reponer los niveles de agua subterránea y apoyar la salud de ríos y lagos, la recolección de agua de lluvia contribuye al bienestar general de los ecosistemas.

Cuando se integra con otras prácticas de conservación, la recolección de agua de lluvia se convierte en una fuerza para el cambio positivo. Fomenta la resiliencia de ecosistemas enteros, asegurando la salud de la flora y la fauna que dependen de fuentes de agua sostenibles. Este enfoque interconectado es un recordatorio de que sus esfuerzos no se tratan solo de asegurar el agua para hoy, sino de crear un legado de administración ambiental para las generaciones venideras.

Un movimiento global hacia la sostenibilidad

En la búsqueda de la sostenibilidad, muchos países están reconociendo el profundo impacto de sus acciones. Adoptar la recolección de agua de lluvia como una narrativa de conservación más amplia transforma a las personas de observadores pasivos a participantes activos en un movimiento global hacia la sostenibilidad.

Acciones individuales, impacto global

La recolección de agua de lluvia, cuando se adopta a nivel individual, va más allá de la seguridad hídrica personal. Se convierte en la piedra angular de un movimiento global hacia la sostenibilidad. El efecto acumulativo de innumerables personas que adoptan prácticas de recolección de agua de lluvia tiene un profundo impacto. Crea una red de esfuerzos interconectados que trascienden las fronteras geográficas. Influye en la salud de ecosistemas enteros y contribuye a la narrativa más amplia de la responsabilidad ambiental.

Las personas que adoptan la recolección de agua de lluvia reconocen que sus acciones son parte de un ecosistema más amplio. Al capturar y utilizar el agua de lluvia, contribuye a la conservación de las fuentes de agua tradicionales, aliviando la presión sobre los suministros de agua locales. Asegura el agua para uso personal y salvaguarda el delicado equilibrio de los ecosistemas que dependen de fuentes de agua sostenibles.

Participación y defensa de la comunidad

El poder de la recolección de agua de lluvia se extiende más allá de su utilidad inmediata. Cataliza la participación y la defensa de la comunidad. Las personas que han experimentado los beneficios de la recolección de agua de lluvia a menudo se convierten en apasionados defensores de las prácticas sostenibles del agua. Compartir historias de éxito, promover la conciencia y colaborar en iniciativas de conservación más grandes crea un efecto dominó que amplifica el impacto de la recolección de agua de lluvia.

Las comunidades que se unen para adoptar la recolección de agua de lluvia inician un ciclo de retroalimentación positiva. A medida que se difunde la concienciación, más personas se inspiran para adoptar estas prácticas, lo que crea una oleada de apoyo para la gestión sostenible del agua. Este enfoque impulsado por la comunidad fortalece la resiliencia local y contribuye a un cambio cultural más amplio hacia la sostenibilidad.

Iniciativas educativas: Formando a los futuros administradores

El camino hacia un futuro sostenible pasa por la educación y el empoderamiento. La recolección de agua de lluvia ofrece una excelente oportunidad para integrar la sostenibilidad en los planes de estudio educativos y los programas de alcance comunitario. La incorporación de esta práctica en la experiencia de aprendizaje cultivará una nueva generación de administradores ambientales.

Las iniciativas educativas centradas en la recolección de agua de lluvia van más allá de la teoría. Proporcionan conocimientos prácticos que permiten a las personas marcar una diferencia tangible. A medida que los estudiantes y los miembros de la comunidad aprenden sobre el impacto ambiental de sus elecciones, se convierten en contribuyentes activos a un futuro sostenible. Estos futuros líderes llevarán la antorcha hacia adelante, asegurando que el espíritu de la sostenibilidad se convierta en una parte integral de la conciencia colectiva.

El movimiento global hacia la sostenibilidad no es un concepto abstracto, sino un esfuerzo colectivo basado en acciones individuales. La recolección de agua de lluvia, cuando es adoptada por individuos y comunidades, se convierte en una fuerza poderosa en este movimiento. Desde asegurar las necesidades personales de agua hasta influir en la salud de los ecosistemas y abogar por una conservación ambiental más amplia, el efecto dominó de la recolección de agua de lluvia está dando forma a un mundo más sostenible. A medida que educas, te involucras y abogas, cultivas un legado de administración ambiental para las generaciones venideras.

Conclusión: Un llamado a la acción

Al concluir esta exploración de la recolección de agua de lluvia y la conservación moderna, es esencial reconocer el potencial transformador que está a su alcance. La captación de agua de lluvia es algo más que una técnica. Es una filosofía que reconoce la interconexión de las acciones humanas con la salud del planeta.

7 formas en que la recolección de agua de lluvia es beneficiosa para el futuro

Desde garantizar la seguridad hídrica hasta fomentar la resiliencia de los ecosistemas, la recolección de agua de lluvia es una práctica versátil y esencial. Estas son algunas de las formas en que la integración de técnicas de sostenibilidad y conservación amplifica los beneficios de la recolección de agua de lluvia, creando un enfoque armonioso para la gestión de los recursos.

1. Seguridad e independencia hídrica

El beneficio principal y más inmediato de la recolección de agua de lluvia es la garantía de la seguridad hídrica. A medida que la población crece y las fuentes tradicionales de agua se agotan, la captación de agua de lluvia proporciona un suministro de agua descentralizado y fiable. Los sistemas de recolección en los techos, por ejemplo, permiten a las personas y a las comunidades recolectar agua de lluvia para diversos usos, desde las necesidades domésticas hasta el riego agrícola.

La independencia hídrica es particularmente crucial en regiones con infraestructuras poco fiables o vulnerables a la sequía. Al recolectar agua de lluvia, puede mitigar el impacto de la escasez de agua, asegurando una fuente de agua continua y confiable, incluso en climas áridos.

2. Mitigación del efecto isla de calor urbano

Las áreas urbanas a menudo experimentan temperaturas más altas que sus contrapartes rurales, creando lo que se conoce como el efecto de isla de calor urbano. La captación de agua de lluvia, especialmente cuando se integra en los diseños de edificios ecológicos, contribuye a mitigar este efecto isla de calor.

Los techos verdes y las superficies permeables, comúnmente asociadas con las prácticas de recolección de agua de lluvia, brindan sombra, reducen las temperaturas de la superficie y mejoran los microclimas urbanos en general. Al disminuir el efecto isla de calor, la captación de agua de lluvia contribuye a crear entornos urbanos más confortables y sostenibles.

3. Mejora de la biodiversidad a través del paisajismo sostenible

La recolección de agua de lluvia se extiende más allá de la recolección de agua. Implica un enfoque holístico del paisajismo que mejora la biodiversidad. Las prácticas de paisajismo sostenible que integran la recolección de agua de lluvia crean entornos que sustentan una variedad de plantas y vida animal.

La utilización de agua de lluvia para el paisajismo reduce la dependencia de los métodos de riego tradicionales, conservando el agua y fomentando un ecosistema más saludable. Las plantas nativas, adaptadas a los climas locales, prosperan con el agua de lluvia, atrayendo a una vida silvestre diversa y contribuyendo a la preservación de la biodiversidad local.

4. Salud del suelo y agricultura regenerativa

La recolección de agua de lluvia juega un papel crucial en la promoción de la salud del suelo y la agricultura regenerativa. Al capturar el agua de lluvia y dirigirla a los campos agrícolas, los agricultores reducen su dependencia de fuentes de agua insostenibles y adoptan prácticas de riego más respetuosas con el medio ambiente.

La reposición de la humedad del suelo a través de la recolección de agua de lluvia contribuye a mejorar la estructura y fertilidad del suelo. Esto, a su vez, apoya las prácticas agrícolas sostenibles, reduce la erosión del suelo y mejora la resiliencia general de los ecosistemas agrícolas.

5. Mitigación de riesgos de inundación y gestión de aguas pluviales

En las zonas urbanas, las fuertes lluvias suelen provocar inundaciones y ejercer presión sobre los sistemas de gestión de aguas pluviales. La recolección de agua de lluvia actúa como una solución natural para mitigar estos riesgos al reducir la escorrentía superficial.

Cuando el agua de lluvia se recolecta y se usa en el sitio, menos agua ingresa a los desagües de aguas pluviales, lo que reduce el riesgo de inundaciones. Además, el proceso de recolección de agua de lluvia ayuda a filtrar las impurezas, reduciendo la carga sobre la infraestructura de gestión de aguas pluviales y mejorando la calidad del agua.

6. Ahorro de energía y costes

La recolección de agua de lluvia conduce a ahorros de energía y costos. Los sistemas tradicionales de suministro de agua, que implican el bombeo y el tratamiento del agua para su distribución, consumen cantidades significativas de energía. El uso de agua de lluvia recolectada localmente disminuye la demanda de suministro centralizado de agua, lo que resulta en un menor consumo de energía y menores costos de servicios públicos.

7. Preparación ante la sequía y resiliencia climática

A medida que el cambio climático provoca sequías más frecuentes y severas, la recolección de agua de lluvia se convierte en una herramienta vital para la preparación ante la sequía y la resiliencia climática. Al capturar el agua de lluvia en épocas de abundancia, las comunidades pueden construir embalses para su uso durante los períodos más secos.

Este enfoque proactivo de la gestión del agua contribuye a la resiliencia climática, garantizando un suministro de agua más fiable frente a los cambios en los patrones meteorológicos. La recolección de agua de lluvia actúa como un amortiguador contra las incertidumbres asociadas con el cambio climático.

Como individuos, comunidades y sociedades, el compromiso con la recolección de agua de lluvia es un compromiso con un futuro sostenible. Es un reconocimiento de que cada gota salvada hoy es un regalo para las generaciones del mañana. El viaje hacia la sostenibilidad es un esfuerzo colectivo en el que cada gota de lluvia cosechada se convierte en un símbolo de esperanza, resiliencia y la promesa de un planeta próspero para todos.

Segunda Parte: Guía de supervivencia con agua

Encontrar, recoger, tratar, almacenar y prosperar fuera de la red de suministro con agua durante emergencias y aventuras al aire libre

Introducción

El agua es la fuente de la vida. Por lo tanto, es uno de los primeros recursos que necesita si está fuera de la red de suministro o en una emergencia de supervivencia al aire libre. Recolectar, tratar y almacenar agua son habilidades que necesita dominar para una existencia verdaderamente autosuficiente, libre de las cadenas sociales que pretenden retenerlo. Como superviviente, educador, agricultor independiente o aventurero, se va a beneficiar con la montaña de información a la que está a punto de acceder.

Cuando haya terminado este libro, sabrá detalladamente las numerosas formas en que puede recoger y purificar el agua. Además, será un superviviente capaz de transformar cualquier espacio en un lugar para prosperar. Al comprender los procesos naturales y los distintos biomas, podrá aprovechar el flujo de los elementos para manifestar la abundancia de este líquido que da vida y sustento. Sus habilidades de supervivencia serán superiores una vez que interiorice algunos principios y técnicas básicas La mezcla de conocimientos teóricos y consejos prácticos le ofrece una visión completa del trabajo con agua y de las consideraciones que la gente olvida cuando usa el agua del baño.

Cuando respete el agua y sus usos, descubrirá formas de pensar en la sostenibilidad. Este texto explora la hidrogeografía y cómo se puede buscar este recurso natural esencial en la tierra. También aprenderá a purificar el agua y a mantenerla sana y limpia. Además, obtendrá los conocimientos necesarios para recoger la lluvia y el rocío de muchas formas diferentes. Incluso aprenderá a trabajar con el agua en la tundra, desmintiendo algunos de los mitos sobre el deshielo y la nieve, al tiempo que conoce las mejores formas de obtener agua en estos paisajes helados.

Centrándose en la conservación, aprenderá a recoger agua en una granja o cuando se desplace. Aprenderá a transportarla y almacenarla para su uso a largo plazo, lo que le permitirá sobrevivir en entornos de escasez o de abundancia de agua. Prepárese para descubrir la diversidad de un recurso que a menudo se pasa por alto y se infravalora mientras recorre el camino de la supervivencia con agua al aire libre y aprende a prosperar fuera de la red de suministro.

Capítulo 1: Agua: La esencia de la vida

Si explora las complejidades de la vida, se encuentra con un elemento fundamental de la esencia de la existencia: el agua. Se trata de un valioso recurso que encarna la fuerza vital que sustenta y nutre a todos los seres vivos. No solo eso, sino que también regula en gran medida los ecosistemas de la Tierra creando paisajes y lugares sorprendentes y serenos donde los seres vivos habitan y prosperan.

El agua orquesta la sinfonía de la vida humana desde la concepción. Aunque el cuerpo humano tiene un 60 % de agua, varios órganos vitales como el corazón, el cerebro y los pulmones contienen entre un 75 y un 80 % de agua. Mire a su alrededor; verá que el agua es el elemento fundamental para que florezca la vida. Está entrelazada con el tejido de la civilización humana. Las culturas antiguas veneraban mares, océanos y lagos como entidades sagradas, ya que el agua representaba el sustento y fomentaba la expansión. Se pueden encontrar investigaciones y relatos de historiadores de varias civilizaciones que describen El Nilo, el Ganges, el Tigris y el Éufrates como cunas de grandes civilizaciones que dieron forma al curso de la historia y facilitaron el crecimiento de las sociedades humanas.

El agua es el elixir de la vida[14]

El sutil y profundo papel del agua en la vida cotidiana pasa casi desapercibido en esta era regida por la tecnología, en la que los seres humanos llevan a cabo exploraciones espaciales a un nivel exponencial e impulsan las industrias complicadas con tecnologías de vanguardia. Sacia la sed, mantiene el cuerpo hidratado, desintoxica, riega los campos, genera energía y alimenta las industrias. A pesar de su omnipresencia, la naturaleza preciosa del agua a menudo escapa a la atención de todos hasta que su escasez asoma en el horizonte.

El agua en sí misma es el elixir de la vida, ya que la mayoría de los seres vivos dependen de esta preciosa fuente para mantenerse con vida. No solo es algo que todo el mundo utiliza. Es el ingrediente fundamental para mantener en marcha la vida en la Tierra. Desde los pequeños insectos hasta los grandes animales, todos necesitan agua. Es el cimiento de los hogares de todas las plantas y animales.

Desde el principio de su vida, el agua lo ha acompañado. Fue una cama acogedora en la barriguita de mamá que le ayudó a crecer. El agua mantiene a las personas sanas y fuertes. No se trata solo del cuerpo. El agua da forma a la convivencia de las personas, haciendo posibles las comunidades y las tradiciones. Piense en los ríos y los océanos: son como grandes salvavidas para los seres humanos. Nuestros antepasados lo sabían. Establecían sus hogares cerca de los ríos porque sabían que eran como supermercados de la naturaleza, que les proporcionaban alimentos y agua. Incluso ahora, en el mundo moderno, el agua es un recurso fundamental. Ayuda a cultivar alimentos, mantiene hidratados a los seres vivos e impulsa la mayoría de los procesos industriales que rigen en esta era.

La bebida esencial de la vida

El agua es la bebida universal de todos los seres vivos. Las plantas, los animales y los seres humanos necesitan agua para sobrevivir. Es lo básico para que el cuerpo funcione. Sin agua, las funciones corporales se deterioran y, en última instancia, se detienen.

Mantiene las cosas frescas

El agua es el aire acondicionado de la naturaleza cuando hace demasiado calor. Enfría la Tierra y evita que los seres vivos se calienten en exceso. Es esencial para mantener los ecosistemas mediante procesos naturales como la lluvia.

Ayuda a crecer y prosperar

El agua es el sustento de las plantas. Les ayuda a crecer, a procurarse su alimento mediante la fotosíntesis y a mantenerse verdes y sanas. Del mismo modo, todos los demás seres vivos necesitan agua para desarrollarse, ya que este líquido contribuye a una red alimentaria de la que se benefician todas las especies animales.

Calma la sed

No importa qué bebida, zumo o refresco azucarado consuma, el agua es la única fuente para saciar la sed. Su composición química es simple, por lo que los intestinos la absorben fácilmente y permiten que llegue a todas las partes del cuerpo, convirtiéndose en fluidos corporales como la sangre y facilitando los procesos metabólicos.

Esencial para la higiene

El agua no es solo para beber. También es el mejor líquido para lavarse. Los humanos la utilizamos para bañarnos, mantener la casa ordenada y la vajilla reluciente. Sustituir el agua como sustancia limpiadora es casi imposible. Sin ella, mantener la higiene y la limpieza es casi imposible.

Es la energía del mundo

Además de mantener la vida próspera en este planeta, el agua se utiliza en todo el mundo para alimentar las presas hidroeléctricas. Aunque la generación de electricidad a partir de energía solar y eólica está tomando la delantera en términos de energía limpia, la generación de energía hidroeléctrica sigue siendo la principal fuente de electricidad que alimenta los hogares y hace funcionar todos los aparatos.

Como el agua es necesaria para la vida, hay que utilizarla con cuidado. La contaminación y el despilfarro de agua dañan el medio ambiente y dificultan que todos, incluidos los seres humanos, dispongan de suficiente agua limpia. La urbanización masiva, el uso de agua limpia para fines industriales y la adición de contaminantes a arroyos y ríos contribuyen al deterioro del agua.

El agua no es solo una bebida. Es un salvavidas para todos los seres vivos. Para los seres humanos, va más allá de la supervivencia y hace que la vida sea sana, cómoda y tenga sentido. Cuidar el agua es cuidar de nosotros mismos y del planeta que es nuestro hogar.

El cuerpo humano y el agua

Función y estructura celular

El agua es el material de construcción de las células. Ayuda a formar la estructura de las células y garantiza su correcto funcionamiento. Permite que tengan la forma adecuada, incluso a nivel molecular. El agua mantiene la firmeza celular y produce fluidos corporales que mantienen la estructura y las funciones celulares.

Dínamo digestivo

¿Por qué se dice que hay que beber agua antes de las comidas? Porque el agua es un elemento crucial en la digestión. Descompone los alimentos, facilitando que el cuerpo absorba todo lo bueno y elimine lo que no necesita. El agua se absorbe fácilmente a través de los intestinos y es esencial para mantener el nivel de agua del cuerpo.

Reguladora de la temperatura

Suda cuando siente un aumento de la temperatura corporal después de hacer deporte o en un día soleado. Es la forma del cuerpo de refrescarse y el agua es el principal ingrediente del sudor. Así que, en cierto modo, el agua es un aire acondicionado incorporado.

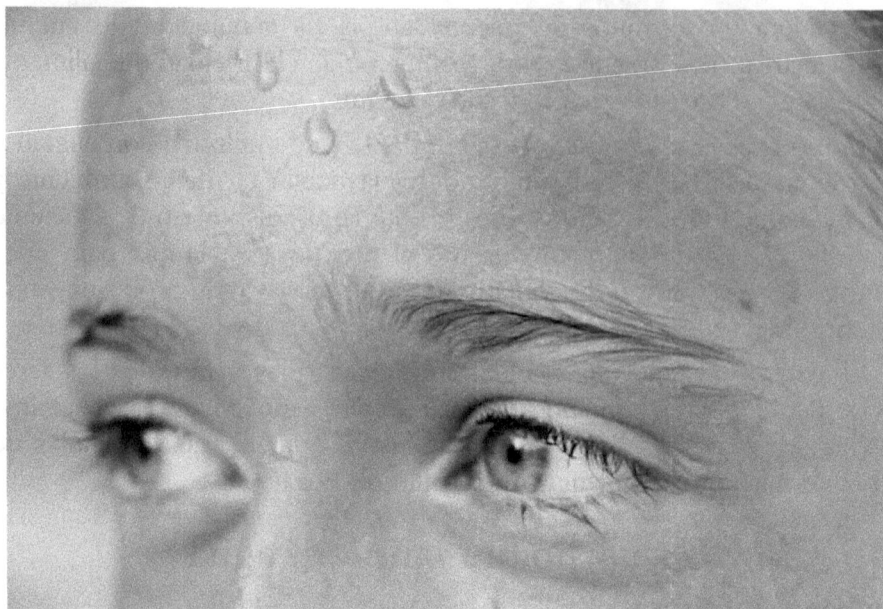
El agua es el principal ingrediente del sudor[15]

Lubricación de las articulaciones

¿Ha pensado alguna vez cómo sus rodillas o codos se mueven con tanta suavidad? Agradézcaselo al agua, que lubrica las articulaciones, facilitando que se doblen y flexionen sin chirridos. Tras su absorción en los intestinos, el agua pasa por una serie de procesos hasta formar el líquido sinovial, que actúa como amortiguador acolchado. Reduce la fricción en las articulaciones y el cartílago circundante durante el movimiento, evitando que los huesos rocen entre sí.

Limpieza de los riñones

Los riñones son los cuidadores del cuerpo y se encargan de limpiar los residuos y las cosas que no necesita. El agua es su fiel compañera, ya que ayuda a eliminar todo lo que el cuerpo no quiere tener cerca. La mayoría de estas sustancias no deseadas entran en el organismo a través de los alimentos y algunas sustancias químicas se liberan durante procesos internos del cuerpo. Todas estas toxinas se eliminan a través de los riñones en forma de orina.

Refuerzo del flujo sanguíneo

La sangre es principalmente agua. El agua es el ingrediente que permite que la sangre fluya sin problemas por las venas y arterias. Un buen flujo sanguíneo significa que todas las partes del cuerpo reciben el oxígeno y los nutrientes necesarios. Sin los niveles adecuados de agua, los vasos sanguíneos no mantienen un diámetro constante, lo que afecta al flujo sanguíneo y reduce la llegada de nutrientes a todo el cuerpo. Esto aumenta la probabilidad de que se formen coágulos sanguíneos, que pueden desencadenar enfermedades crónicas.

Función muscular

El agua es el combustible que alimenta los músculos. Cuando está activo, sus músculos utilizan agua para funcionar correctamente. No importa si juega fútbol o si hace acrobacias, el agua es su fuente secreta de energía. Además de permitir el movimiento libre, el agua favorece el aumento de masa muscular, ya que actúa como portadora de los materiales necesarios para construir las proteínas esenciales y la síntesis de glucógeno. Las principales fuentes de energía del cuerpo son las proteínas, el glucógeno y los materiales relacionados.

Limpieza de la piel

¿Ha notado alguna vez que su piel tiene mejor aspecto cuando bebe suficiente agua? Esto se debe a que el agua mantiene la piel hidratada, dándole un aspecto sano y luminoso. Mantenerse hidratado retiene la humedad, lo que ayuda a mantener la elasticidad de la piel. Este aumento de la elasticidad evita que la piel se descuelgue, reduce las arrugas y previene la aparición de líneas de expresión. Por último, el agua favorece la producción de colágeno, una sustancia producida por el organismo que ayuda al desarrollo de nuevas células cutáneas al sustituir las células muertas de la piel. Es el mejor tratamiento de belleza, y es gratis.

Regulador cerebral

Su cerebro necesita agua para pensar con claridad, concentrarse y mantenerse alerta. El agua facilita la conectividad neuronal, permitiendo que el cerebro se comunique eficazmente. También elimina la acumulación de toxinas en el cerebro, optimizando su funcionamiento. Así que, si alguna vez se siente un poco confundido, un vaso de agua puede ser lo que su cerebro necesita.

El agua es el elemento más valioso de las funciones corporales. No se trata solo de saciar la sed; es el héroe anónimo que garantiza que todo funcione bien y con eficacia. En el ámbito de las necesidades esenciales, su escasez proyecta una sombra amenazadora sobre la salud humana. La importancia crítica del agua se hace evidente cuando se considera lo breve que sería nuestra supervivencia sin ella.

La vida sin agua

Amenaza para la supervivencia

El ser humano puede sobrevivir sin alimentos durante un periodo relativamente largo, pero no ocurre lo mismo con el agua. La dependencia del agua es inmediata y crítica y la supervivencia peligra a los pocos días de carecer de este preciado recurso.

El sigiloso inicio de la deshidratación

La deshidratación, consecuencia de una ingesta insuficiente de agua, es rápida. El cuerpo humano pierde agua a través de las actividades diarias, como la respiración, la sudoración y la eliminación de residuos. Estas pérdidas aumentan en una situación de escasez de agua, lo que provoca un rápido deterioro de las funciones corporales. Con el tiempo, estas funciones se detienen, creando un panorama mortal.

Impacto en la salud física

Como ya se ha dicho, la escasez de agua desata una cascada de problemas de salud. La deshidratación afecta la capacidad del cuerpo para regular la temperatura, aumentando el riesgo de enfermedades relacionadas con el calor. También afecta al sistema circulatorio, reduciendo el volumen sanguíneo y aumentando las complicaciones cardiovasculares. Además, los fluidos corporales como el líquido cefalorraquídeo (esencial para el cerebro) y la linfa (necesaria para el funcionamiento del sistema inmunitario) no se producen en las cantidades requeridas, lo que compromete la función cognitiva y debilita las defensas inmunitarias. Cuando el metabolismo del cuerpo se ralentiza y las defensas inmunitarias se debilitan, se abre una ventana para que las enfermedades crónicas, las infecciones y las afecciones médicas ataquen al cuerpo.

Enfermedades relacionadas con el agua

La escasez de agua limpia a menudo obliga a las comunidades a depender de fuentes contaminadas. Esto, a su vez, provoca enfermedades transmitidas por el agua, lo que supone una grave amenaza para la salud de las poblaciones que sufren escasez de agua. Entre las enfermedades transmitidas por el agua se encuentran el cólera, la disentería, la giardiasis, la fiebre tifoidea, la sarna, la amebiasis, la hepatitis y las infecciones parasitarias por fuentes de agua contaminadas.

Repercusiones mentales y cognitivas

La deshidratación va más allá de la salud física y afecta las funciones cognitivas. Incluso una deshidratación leve puede reducir el estado de alerta, dificultar la concentración y afectar a la memoria a corto plazo. La escasez prolongada de agua exacerba estos efectos, dificultando el bienestar mental general.

Vulnerabilidad de grupos específicos

Los bebés, las personas mayores y las personas con problemas de salud preexistentes son especialmente vulnerables a los efectos de la escasez de agua sobre la salud. Su fragilidad fisiológica amplifica los riesgos asociados con la deshidratación y las enfermedades transmitidas por el agua.

Agravamiento de las disparidades en la atención de salud

La escasez de agua agrava las disparidades en la atención de salud, afectando de manera desproporcionada a las comunidades con acceso limitado al agua potable.

Ramificaciones socioeconómicas

Más allá de los problemas sanitarios inmediatos, la escasez de agua amplifica los retos socioeconómicos, como el aumento de los costos sanitarios, la reducción de la productividad y la presión sobre las comunidades. Ante estos problemas, los efectos perjudiciales de la escasez de agua sobre la salud humana no son solo escenarios hipotéticos, sino realidades acuciantes. Garantizar un acceso equitativo al agua potable se convierte en algo primordial para salvaguardar la salud y el bienestar de los seres humanos.

Los alimentos y el agua en la vida

Imperativo de supervivencia

En situaciones en las que el agua es limitada, se afectan inmediatamente los procesos fisiológicos fundamentales del cuerpo, como la hidratación y la alimentación, que son cruciales para mantener la vida. La ausencia o escasez de agua supone una amenaza inminente, por lo que es crucial encontrar y asegurar el acceso al agua para sobrevivir. Esta escasez de agua afecta a los seres humanos y a toda la cadena alimentaria, desde los microorganismos y las plantas hasta los animales. Prácticamente todas las especies del planeta desempeñan un papel fundamental en el mantenimiento de esta cadena alimentaria. Por ejemplo, las aves y los insectos voladores son cruciales para la polinización y ciertas especies de bacterias y hongos se encargan de descomponer la materia orgánica muerta, devolviéndola a la tierra, etc. Cuando la escasez de agua alcanza un punto álgido, se produce una interrupción en esta compleja cadena de acontecimientos, lo que provoca problemas de supervivencia para todos los seres vivos del ecosistema.

Vulnerabilidad fisiológica

Como ya sabe, el cuerpo humano es un intrincado sistema con procesos fisiológicos interrelacionados. La privación de un recurso esencial para la hidratación y la alimentación altera rápidamente estos procesos. Por ejemplo, la falta de hidratación afecta a la regulación de la temperatura, la circulación y la función inmunitaria. Si alguno de estos procesos vitales del organismo no funciona adecuadamente, afecta a todas las demás funciones corporales. El suministro oportuno de agua y alimentos es esencial para mantener el organismo en condiciones óptimas.

Susceptibilidad a las enfermedades

La escasez de recursos limpios aumenta el riesgo de enfermedades. Los recursos contaminados o insuficientes pueden propagar enfermedades relacionadas con el agua, desnutrición y otros problemas de salud. Esta susceptibilidad a las enfermedades amenaza la salud pública, por lo que es urgente adoptar medidas para garantizar el acceso a recursos limpios y suficientes.

Vulnerabilidad de grupos específicos

Los bebés, las personas mayores o las personas con problemas de salud preexistentes son especialmente vulnerables a los efectos inmediatos de la escasez de recursos sobre la salud. Las necesidades fisiológicas del cuerpo y los procesos implicados se alteran sin el suministro de agua. Si la escasez de agua y alimentos persiste, se deterioran aún más los procesos metabólicos e incluso se pone en peligro la vida.

Asimismo, las comunidades desfavorecidas de climas cálidos y áridos luchan por acceder al agua y los alimentos. Este acceso inadecuado hace que la salud se deteriore rápidamente, incrementando aún más los costos de la atención sanitaria. El suministro inadecuado o la escasez de agua y alimentos es un problema enorme en comunidades como esas, que no tienen asegurada su supervivencia.

Impacto en el hábitat

La escasez de agua también afecta otras fuentes de alimento. Por ejemplo, si los arroyos de una región se secan y los niveles de las aguas subterráneas caen, el hábitat cambia drásticamente, afectando a todos los seres vivos. La zona se vuelve poco a poco inhabitable, eliminando toda forma de vida, desde los microorganismos hasta las plantas, pasando por la fauna y los seres humanos.

Retos de la adaptación medioambiental

Tanto los sistemas humanos como los naturales enfrentan retos para adaptarse a cambios bruscos en la disponibilidad de recursos. Los ecosistemas pueden tener dificultades para hacer frente a cambios en la disponibilidad de agua, al igual que las prácticas agrícolas. Los sistemas humanos también necesitan cambiar rápidamente cuando cambia el flujo de recursos.

Esta detallada exploración pone de relieve la urgencia de garantizar el acceso a recursos críticos para asegurar la supervivencia ante la vulnerabilidad de los procesos fisiológicos, el riesgo de enfermedades, la susceptibilidad de poblaciones específicas, las repercusiones sociales y económicas y los retos asociados a la adaptación medioambiental. Reconocer y abordar estos aspectos es crucial para la gestión eficaz de los recursos y el bienestar de las personas y las comunidades.

Al llegar a la culminación de la exploración, la profunda importancia del agua como sinónimo de vida se hace evidente. El viaje a través de la intrincada red de funciones del agua (desde el mantenimiento de los procesos fisiológicos hasta el fomento del bienestar social) revela por qué este precioso recurso se denomina a menudo como «dador de vida».

El agua no es solo un recurso; es el elixir universal que da vida a todo. Todos los seres vivos dependen del agua para su supervivencia y vitalidad, desde las criaturas más diminutas hasta los árboles más altos.

A lo largo del capítulo ha leído que el agua es algo más que una bebida. Es la base de la vida humana, desde los primeros días de desarrollo hasta el sustento de las comunidades y los cimientos de las grandes civilizaciones. Es la fuerza nutritiva que da inicio al curso de la vida. La esencia del agua como vida no es solo una metáfora, sino una verdad fundamental. Su privación trae consecuencias que resuenan en la experiencia individual y en la sociedad. Como administrador de este precioso recurso, debe apreciar y salvaguardar el agua, no solo como un deber medioambiental, sino como un compromiso con la esencia de su vida. Mediante la comprensión, el aprecio y la acción colectiva, puede preservar la vitalidad del agua para las generaciones venideras.

En los próximos capítulos, descubrirá todo lo relacionado con el agua y las herramientas necesarias para conseguirla de forma natural. Este texto le servirá como una guía completa de supervivencia con agua que puede mantenerlo en pie en situaciones inesperadas y en las condiciones más duras.

Capítulo 2: Hidrogeografía

Si alguna vez ha viajado solo por zonas remotas, es probable que haya tenido que buscar agua al segundo o tercer día, como mucho. Encontrar agua no suele ser difícil, a menos que se encuentre en una zona árida. Normalmente, basta con comprobar la calidad y tratar el agua de grandes ríos o lagos. La clave para encontrar agua en la naturaleza es prestar atención. En una emergencia, la reacción inicial suele ser el pánico y el estrés. Sin embargo, ponerse histérico empeora las cosas, por lo que es crucial mantener la calma. Estar preparado ayuda a mantener la cabeza fría.

No se preocupe demasiado si no ve fuentes de agua evidentes, como ríos, lagos, arroyos o charcos. Respire profundo varias veces. Busque las señales que le da la naturaleza. Dado que todos los seres vivos necesitan agua, la presencia de cualquier forma de vida indica que hay agua utilizable cerca.

Cualquier forma de vida indica que hay agua utilizable cerca[16]

Comprender las características del terreno para encontrar agua

En las regiones áridas, el agua potable disponible es escasa. A veces, las fuentes de agua solo se detectan al pisarlas. Además, las señales cruciales, como las capas del suelo, las plantas indicadoras y los animales, a menudo solo pueden identificarse en las proximidades de una fuente de agua, lo que hace que la observación sea importante.

Para encontrar zonas prometedoras, es esencial tener en cuenta las características geológicas del entorno. El agua fluye hacia abajo y se acumula o va a parar al subsuelo en el punto más bajo del terreno. Inspeccionando los alrededores, se pueden identificar fácilmente indicios de la existencia de aguas superficiales o subterráneas.

Al examinar las características geológicas, es útil saber que la roca y las capas de suelo continúan bajo tierra con el mismo patrón que presentan en la superficie. No tenga en cuenta las capas de suelo por encima de la roca y podrá saber cómo se extiende el terreno por debajo.

Por ejemplo, si estima que una intersección de dos laderas rocosas está debajo de unos escombros de erosión, puede marcar este punto como punto potencial de flujo de agua. Recuerde que el agua no tiene por qué salir a la superficie, sino que puede fluir en el sedimento muchos metros por debajo. A pesar de ello, estos depósitos naturales tienen una gran ventaja, ya que no se ven afectados por la evaporación debido a la falta de luz solar y pueden retener el agua durante décadas sin lluvias.

En determinadas situaciones, cuando no se drena rápidamente, el agua se acumula por encima del nivel freático. Por lo general, el nivel del agua de las masas abiertas indica el nivel de las aguas subterráneas locales, situadas entre una capa de suelo confinante (acuicludo) y el nivel de las aguas superficiales. Las zanjas en la ladera de una montaña sugieren el curso que puede seguir el agua, indicando la ubicación del flujo por encima o por debajo del suelo. Los cañones o desfiladeros indican la erosión del agua tras fuertes precipitaciones. Siga el cauce seco hasta que encuentre una barrera; si hay un depósito de agua subterráneo, puede que esté ahí. Una cresta montañosa sin flujo natural puede contener un lago de montaña abierto o un depósito de agua bajo el sedimento con un flujo muy lento a través del lecho rocoso.

Los acantilados superpuestos con valles profundos son puntos potenciales para ríos o estanques superficiales. En una depresión de una extensa llanura, si hay agua subterránea, es probable que se encuentre en el punto más bajo de la depresión.

Detectar la presencia de agua: huellas de animales y plantas indicadoras

El rastreo de animales salvajes es un método fiable para encontrar agua en un entorno natural. Sin embargo, algunos mamíferos, especialmente los de regiones áridas, se han adaptado a fuentes de agua alternativas o soportan largos periodos sin agua, lo que hace que las huellas de animales sean menos fiables. Un ejemplo extremo es la rata canguro, que vive en el desierto y recicla el agua condensada de su aliento en su mucosa nasal. Los mamíferos más grandes pueden recorrer grandes distancias para llegar al bebedero más cercano.

Hay muchas historias sobre los insectos y su relación con el agua, pero hay que tomarlas con precaución. Aunque se sabe que las abejas y los mosquitos dependen del agua, esto es cierto sobre todo para las especies de climas moderados y húmedos. El viento puede arrastrar animales individuales o enjambres a zonas sin agua, en las que pueden sobrevivir durante semanas o meses.

Plantas y animales indicadores

- **Helechos, musgos y cola de caballo:** Estas plantas dependen del agua para su desarrollo y su presencia generalizada en todo el mundo las convierte en valiosos indicadores de suelos húmedos o intermitentemente líquidos. Cuando encuentre zonas con abundancia de helechos, musgos y cola de caballo, hay una gran probabilidad de que haya fuentes de agua cercanas.

- **Árboles de pradera acuática de crecimiento rápido (por ejemplo, álamo, sauce):** Las características de los árboles de crecimiento rápido de las praderas acuáticas, como el álamo y el sauce, revelan información importante sobre el entorno. Sus raíces poco profundas y su preferencia por las zonas templadas los convierten en indicadores fiables que sugieren la presencia de suelo húmedo o agua superficial en las proximidades.

- **Pandanos:** Presente en playas y en ríos, lagos, pantanos y estanques de agua dulce de Oceanía, los pandanos son una pista importante. Estas plantas sirven como indicadores que apuntan a la existencia de yacimientos de agua dulce bajo la superficie.

- **Taro y otras aráceas (grandes):** El gran follaje del taro y de plantas similares es un claro indicador de la humedad del suelo. Su presencia, habitual en el sudeste asiático cerca de ríos, lagos y pantanos, indica la existencia de zonas con humedad constante, lo que proporciona información valiosa a los buscadores de agua.

- **Juncos y eneas:** Los juncos y las eneas, que prosperan en aguas eutróficas de todo el mundo, son indicadores fiables de un suelo húmedo. Su presencia indica la existencia de zonas con alta probabilidad de agua líquida, lo que ofrece pistas esenciales a quienes buscan fuentes de agua.

- **Helechos arborescentes:** Los helechos arborescentes de las regiones tropicales y subtropicales, que solo sobreviven a breves periodos de sequía, indican la presencia de un suelo constantemente húmedo. La presencia de estos helechos sugiere un entorno local con un suministro de agua estable.

- **Ratas:** Con distribución mundial, las ratas suelen encontrarse cerca de ríos, lagos y canales de corriente lenta. Aunque no indican directamente la presencia de agua, su proximidad a masas de agua es una consideración relevante, sobre todo a la hora de evaluar el ecosistema global en función de las necesidades de supervivencia.

- **Caracoles (de agua):** Las especies más grandes de caracoles, dotadas de epifragma, suelen encontrarse en suelos húmedos de todo el mundo con un nivel de agua alto. Su presencia indica zonas con fuentes de agua accesibles, ya que estos caracoles prosperan en entornos donde el agua está fácilmente disponible.

- **Cacatúas, palomas, guacamayas, etc.:** Las reuniones masivas de aves como cacatúas, palomas y guacamayas son signos audibles y visibles de la presencia de agua desde largas distancias. Estas aves suelen encontrarse cerca de ríos, lagos y pantanos en todo el mundo, por lo que su presencia es un indicador fiable de la cercanía de fuentes de agua.

En el interior de Australia, las abejas no son un indicador fiable de la proximidad del agua. Muchos insectos y arácnidos pueden sobrevivir con escasas gotas de rocío, microscópicamente pequeñas, durante sus fases de desarrollo y abastecimiento de agua.

Ciertas criaturas son especialmente útiles como indicadores de agua, ya sea en forma líquida o contenida en el suelo. Entre ellos se encuentran organismos estacionarios como las plantas y animales muy móviles que se congregan en gran número, como las aves.

Indicadores de suelos húmedos

- En las regiones templadas, las cañas y los juncos son indicadores vitales del agua, ya que crecen en hábitats con suelos muy húmedos. Su presencia sugiere la disponibilidad de agua líquida en las proximidades.

- En todo el mundo, los juncos o eneas son fácilmente identificables por sus hojas largas y anchas e indican la existencia de suelos húmedos o pantanosos. También sirven como sustitutos del agua.

- Alrededor del Ecuador, en Asia y África, el taro y otras aráceas de hojas grandes son importantes indicadores de agua, pues prosperan en condiciones húmedas.

- Los helechos arborescentes tropicales, incapaces de soportar largos periodos de sequía, se asientan en el suelo húmedo de laderas y valles, indicando flujos de agua subterráneos en regiones montañosas.

- Incluso las palmeras del desierto, que necesitan agua debido a la fluctuación del nivel freático, pueden encontrarse en zonas sin agua superficial. Su presencia sugiere la probabilidad de que haya agua, incluso en lugares aparentemente estériles.

Identificación de fuentes de agua subterránea

1. Manantiales

La forma más sencilla de acceder al agua es a través de manantiales, donde el agua subterránea emerge de forma natural a la superficie. Los manantiales adoptan diversas formas, como el «reocreno», donde el agua gotea o brota a borbotones. A menudo, los manantiales desembocan en estanques o pantanos cuando su nivel de agua está por encima del nivel del suelo. Los manantiales de infiltración son masas de agua más pequeñas sin una entrada o salida clara que yacen sobre capas de suelo confinantes. Reconocer las ubicaciones probables implica comprender las estructuras geológicas del paisaje.

Indicadores de manantiales fiables

Un manantial fiable puede tener una temperatura del agua relativamente baja (alrededor de 5 a 10°C [41 a 50°F] en zonas templadas, aproximadamente 20°C [68°F] en los trópicos) en comparación con la temperatura ambiente. Los torrentes pueden transportar más agua bajo la superficie que la visible, especialmente en zonas con suelo suelto. Una capa de suelo bajo piedras sueltas puede almacenar y descargar agua en estructuras similares a lagos o ríos sin que sea evidente en la superficie.

2. Pozos

Los pozos son intentos artificiales de llegar a la capa freática. Aunque los pozos típicos no necesitan instrucciones detalladas, es crucial recordar que los pozos suelen ser propiedad privada, por lo que se requiere el permiso del propietario antes de utilizar el agua. El término «pozo» engloba cualquier estructura artificial que llegue a la capa freática, incluidos simples agujeros excavados con una profundidad de entre uno y dos metros.

Los pozos se construyen para llegar a las aguas subterráneas[17]

Pozos de infiltración

La excavación puede valer la pena en regiones donde las características geológicas u otros factores sugieren que el nivel freático está cerca de la superficie. En las regiones subtropicales, es posible que el agua no se pueda extraer como líquido, sino que se recoja como tierra húmeda o lodo de la zona no saturada mediante un pozo de succión. Un nivel freático alto es indicado por la presencia de masas de agua cercanas, aunque estén contaminadas. Al excavar, preste atención a los malos olores procedentes de las capas del suelo, ya que pueden significar que el agua está contaminada.

Consideraciones importantes

- Los pozos que son propiedad privada requieren permiso antes de su uso.

- Los pozos de infiltración tienen sentido en zonas donde las características geológicas o indicadores fiables sugieren una capa freática cercana.

- La proximidad de una masa de agua ayuda a estimar el nivel freático.

- Los olores fétidos durante la excavación pueden indicar la presencia de agua contaminada, lo que obliga a modificar la ubicación del pozo.

Comprender estos aspectos puede mejorar su capacidad para localizar y acceder a aguas subterráneas en varios terrenos y condiciones.

Pozos de succión

Cuando el sedimento carece de humedad suficiente para la extracción de agua líquida, puede considerarse la construcción de un pozo de succión. Cubra el fondo de la fosa con material vegetal o tela y coloque dentro una caña, un tubo de plástico o un objeto similar. Rellene la fosa con tierra bien compactada, permitiendo que el agua líquida sea succionada por el material y, posteriormente, a través de la caña o el tubo, hasta su boca. Si este método resulta infructuoso, puede ser necesario tragar tierra húmeda o apretarla a través de una tela. En casos extremos, es posible que tenga que destilar el agua.

Yacimientos de agua dulce

Aunque el término «yacimiento de agua dulce» puede evocar imágenes de fotografía submarina, en realidad denota un fenómeno vital que salvaguarda el agua potable en islas y playas solitarias. Para comprender la dinámica de esta fuente de agua dulce, hay que profundizar en el concepto de densidad. En esencia, la disolución de una sustancia soluble en agua provoca la ruptura de moléculas o iones cargados, que se dispersan entre las moléculas de agua y alteran su densidad. Imagínese que hace un filtro de agua improvisado con una combinación de grava gruesa y arena fina. La adición de arena duplica el peso, pero apenas afecta al volumen, lo que demuestra el impacto sobre la densidad.

Si cambia la arena por sal de mesa, el resultado es distinto. La sal se disuelve, dividiéndose en iones Na^+ e iones Cl- (disociación), lo que aumenta la densidad. Esta disparidad en la densidad explica por qué el agua salada pesa más que el agua dulce. Un litro de agua dulce pesa alrededor de 1 kilogramo, mientras que el agua de mar del mismo volumen pesa unos 30 gramos más. Al igual que la espuma de poliestireno flota mientras que el plomo se hunde, el agua dulce (de menor densidad) descansa sobre el agua salada. Este fenómeno, conocido como yacimiento de agua dulce o yacimiento de Ghyben-Herzberg, se forma en suelos porosos como la arena, especialmente donde se encuentran con el mar, en caso de lluvias ocasionales.

A diferencia de las aguas subterráneas convencionales, los yacimientos de agua dulce no dependen de capas impermeables; el agua salada bajo la isla actúa como capa de confinamiento. Los niveles de los yacimientos de agua dulce son más altos que el nivel del mar. Cuando busque agua dulce en la playa, evite las zonas más bajas y explore los puntos más altos de la meseta de la isla en busca de charcos u otros indicadores de agua.

Es posible que en las islas más pequeñas no haya verdaderos yacimientos de agua dulce, sino agua salobre. La evaluación de la salinidad es crucial en estos casos. Mientras tanto, las fuentes submarinas de agua dulce de las playas continentales, impulsadas por ríos subterráneos, son discernibles a través de estructuras geológicas como zanjas montañosas o depresiones inclinadas hacia el mar.

Recoger agua de estas fuentes es similar a hacerlo en yacimientos de agua dulce, pero está más cerca de la playa debido al constante flujo interior. Contrariamente a los mitos, la arena no «filtra» la sal, y las vetas opacas en el agua de mar indican la existencia de manantiales submarinos. Las fuentes interiores de agua dulce que desembocan en el mar son requisitos previos para encontrar agua dulce en la playa. Si no hay agua interior, lo más probable es que todo lo que se encuentre cerca del mar sea salobre.

Movimiento del agua a través de los paisajes

El movimiento del agua a través de los paisajes es un proceso dinámico en el que influyen diversos factores. Comprender estos patrones facilita la búsqueda de fuentes de agua en distintos terrenos.

Flujo de aguas superficiales

El flujo de agua superficial se refiere al movimiento del agua a través de la superficie de la Tierra. Esto puede ocurrir a través de varios canales, incluyendo ríos, arroyos y el flujo de las precipitaciones. La dirección y la velocidad del flujo de agua superficial son determinadas por la topografía del terreno. El agua sigue el camino de menor resistencia, a menudo excavando valles y canales a medida que fluye cuesta abajo.

Reconocer los patrones de flujo de las aguas superficiales implica observar los contornos del terreno e identificar los posibles cursos de agua. Comprender la interconexión de los sistemas de agua superficiales ayuda a predecir dónde se acumula el agua o por dónde fluye durante las precipitaciones.

Flujo de aguas subterráneas

El movimiento de las aguas subterráneas, también conocido como flujo subsuperficial, se produce bajo la superficie terrestre en el interior de acuíferos y formaciones rocosas permeables. Este flujo de agua subterránea es fundamental para mantener los niveles de las aguas subterráneas y las características de las aguas superficiales. Identificar el movimiento de las aguas subterráneas implica evaluar las formaciones geológicas y las características de los acuíferos.

Los manantiales, donde el agua subterránea aflora a la superficie, son indicadores del flujo de agua subsuperficial. Reconocer la relación entre el movimiento de las aguas superficiales y subterráneas proporciona información valiosa sobre la disponibilidad global de agua en una zona determinada.

Cómo influyen las características del paisaje en el movimiento del agua

Pendientes y gradientes

La pendiente y el gradiente del terreno influyen significativamente en la dirección y velocidad del movimiento del agua. El agua fluye naturalmente cuesta abajo, siguiendo los contornos del terreno. Comprender la dinámica de las pendientes permite predecir dónde puede acumularse el agua o formar canales.

Las pendientes pronunciadas contribuyen a que el agua superficial fluya con rapidez, lo que provoca erosión y promueve la formación de valles. Por el contrario, las pendientes suaves dan lugar a un movimiento más lento del agua, permitiendo la retención del agua y la humedad del suelo.

Permeabilidad del suelo

La permeabilidad del suelo, o su capacidad para conservar agua, es un factor crucial que afecta el movimiento del agua. Los distintos tipos de suelo presentan diferentes permeabilidades, que influyen en cómo se absorbe, retiene o drena el agua. Los suelos arenosos, por ejemplo, tienen una alta permeabilidad, lo que permite que el agua pase rápidamente a través de ellos.

Reconocer la permeabilidad del suelo ayuda a evaluar la probabilidad de retención de agua y el potencial de recarga de las aguas subterráneas. También ayuda a comprender cómo interactúa la vegetación con la humedad del suelo, proporcionando pistas adicionales para la detección de agua.

Conceptos erróneos y mitos comunes

Encontrar agua puede ser complicado y muchos mitos pueden llevarlo por el camino equivocado. Esta sección pretende aclarar algunos malentendidos comunes y garantizar que conozca la forma correcta de encontrar agua en distintos lugares.

Mitos sobre diferentes terrenos

- **Desiertos**: Es posible que haya oído que si cava en lugares bajos del desierto encontrará agua. Pues bien, no es tan sencillo. El agua no siempre se acumula en zonas bajas. Es más seguro conocer la geografía local, como los *wadis* (cauces de ríos secos) o las fuentes de agua subterráneas.

- **Los bosques:** Es un error suponer que todas las partes de un bosque tienen fácil acceso al agua solo porque el entorno es frondoso. Los indicadores de agua fiables, como las huellas de animales que conducen al agua, son más confiables que las suposiciones generales.

Enfoques basados en pruebas

- **Técnicas inteligentes:** Olvídese de los métodos místicos o del uso de varillas de adivinación. Confiar en técnicas científicas basadas en pruebas es mucho más confiable. Conocer el terreno, comprender los principios hidrológicos y reconocer pistas visuales es mucho más productivo.

- **Pistas visuales**: En lugar de confiar en rumores, es importante identificar pistas visuales en el paisaje. Detectar indicadores potenciales, como patrones específicos de vegetación, formaciones geológicas y comportamientos animales, es clave para encontrar agua.

- **Comprender el terreno**: Olvídese de las conjeturas y opte por un análisis sistemático del terreno. Saber cómo afecta la topografía al movimiento del agua le da muchas más posibilidades de encontrarla.

- **Conocimientos hidrológicos**: Familiarícese con los principios básicos de la hidrología. Eso significa comprender cómo fluyen las aguas superficiales, cómo se comportan las aguas subterráneas y cómo se comportan con el agua los distintos suelos. Estos conocimientos son su arma secreta.

Adaptarse a distintos entornos

- **Adapte su enfoque**: No todos los terrenos son idénticos, por lo que su enfoque tampoco debe serlo. Personalice sus métodos dependiendo de dónde se encuentre. Lo que funciona en un lugar puede no funcionar en otro.

- **Tenga en cuenta el clima**: Piense en cómo afecta el clima a la disponibilidad de agua. En zonas secas, ciertas plantas son indicadores fiables, mientras que en lugares más húmedos debe entender cómo se mueve el agua bajo la superficie.

En pocas palabras, olvídese de los mitos y céntrese en métodos sólidos y basados en pruebas. Si comprende los retos específicos de los distintos terrenos y confía en la ciencia, tendrá mucho más éxito a la hora de encontrar agua donde lo necesite. No se trata solo de sobrevivir, se trata de ser inteligente e informado en la naturaleza.

Capítulo 3: Recoger agua de lluvia y rocío

Una de las primeras consideraciones si quiere una vida fuera de la red de suministro es cómo obtener agua. No siempre hay cerca una gran masa de agua como un lago o un río, por lo que la recolección de lluvia y rocío pueden ser las únicas opciones. Cualquier persona debe tener un suministro constante de agua, por lo que recolectar el agua de lluvia puede ser la forma más fácil de lograr la autosuficiencia.

Cuando abre el grifo y sale agua, esta ya ha pasado por múltiples procesos para ser segura para el consumo humano. Si recoge el agua, tiene la responsabilidad de asegurarse de que es utilizable. Por lo tanto, es esencial aprender los mejores métodos para recoger agua y cómo procesar el líquido vital.

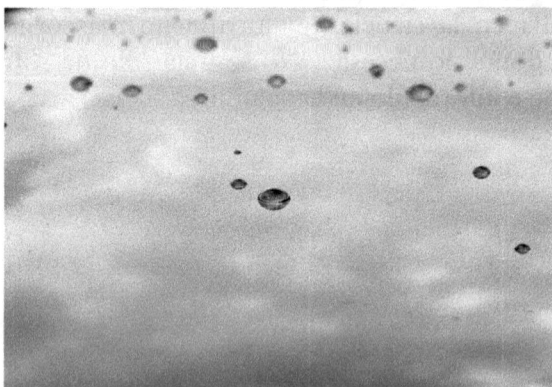

Agua de lluvia y rocío[18]

Si dispone de los conocimientos necesarios para entender los procesos naturales y utilizarlos en su beneficio, podrá crear sistemas de supervivencia viables. Además, estará informado sobre los protocolos de seguridad esenciales para mantener su salud y utilizar el agua de forma responsable. Desmitifique la recolección de agua de lluvia y rocío con consejos prácticos e información creíble sobre los patrones climáticos y los ecosistemas, los microbios y la filtración.

El proceso de formación de la lluvia y el rocío

Para recoger rocío o lluvia, debe estar en el entorno adecuado y comprender el funcionamiento de los procesos naturales. Si está en una zona seca, puede que necesite almacenar más, mientras que si está en un clima tropical donde la lluvia es abundante, las potenciales inundaciones van a ser un problema a tener en cuenta a la hora de guardar agua de lluvia. Si no está cerca de una fuente de agua natural, o la masa de agua a la que tiene acceso está contaminada, la mejor opción que tiene es recoger la lluvia y el rocío.

La lluvia forma parte del ciclo del agua, que consta de cuatro partes principales. La primera sección es la evaporación. El sol calienta el agua de la superficie, acelerando las moléculas hasta que el agua líquida se convierte en vapor de agua. La segunda parte del ciclo del agua es cuando el vapor llega al cielo. La atmósfera enfría el vapor, condensándolo en nubes. Cuando las nubes son pesadas y están saturadas, se produce el tercer paso del ciclo del agua, que es la precipitación. El vapor de agua se condensa y vuelve a convertirse en líquido, cayendo de nuevo a la tierra. La última parte del ciclo es la formación de agua subterránea, que es el mejor momento para recogerla. Este ciclo se repite constantemente. Puede recoger el agua de lluvia en cualquier fase del ciclo. Se puede utilizar una red de malla para recoger el agua que se evapora. Los atrapanieblas pueden utilizarse para recoger nubes bajas en regiones montañosas. La forma más evidente y eficaz de recoger el agua de lluvia es captar el flujo superficial.

El rocío se forma de un modo ligeramente distinto al de la lluvia, pero intervienen varios de los mismos procesos. El rocío es el resultado de la condensación, que es el proceso por el cual el gas se transforma en líquido. Por las noches o en las primeras horas de la mañana, la superficie de los objetos se enfría porque el sol ya no les llega directamente. Cuando una superficie u objeto se enfría lo suficiente, el aire que lo rodea también se enfría. El aire caliente retiene mejor el vapor de agua que el aire frío. El aire frío condensa el vapor de agua, lo que provoca la formación de pequeñas gotas. Las condiciones óptimas en las que se forma el rocío se llaman «punto de rocío». La formación de rocío depende de numerosos factores ambientales, como la ubicación geográfica, la temperatura y el viento. El rocío se forma mejor en regiones húmedas, como las selvas tropicales. En los desiertos, las condiciones no son adecuadas para que se forme mucho rocío, porque el aire es demasiado seco. Por lo tanto, todo lo que se necesita para recoger el rocío es una superficie adecuada y una región que reúna las condiciones ambientales necesarias.

Métodos de recogida de lluvia y rocío

Desde la antigüedad, los seres humanos se han asentado cerca de fuentes de agua. Si estudia cualquier civilización, descubrirá que surgió de un lugar centralizado que tenía un río, un manantial o un lago. La civilización del antiguo Egipto nació de las ricas tierras agrícolas cercanas al Nilo, y Roma surgió de un pantano en Italia. Al establecer una granja aislada de la red de suministro, o si se encuentra en una situación de supervivencia, a veces la única opción es recoger agua de lluvia.

La recogida de lluvia y rocío es una opción barata y cómoda para obtener agua que puede instalarse rápidamente. La recogida de lluvia tiene algunos inconvenientes, como las lluvias estacionales y las sequías. Sin embargo, con un poco de suerte y la instalación adecuada, puede tener un sistema de recogida de agua de lluvia y rocío que funcione durante todo el año. La forma más sencilla de recoger agua es utilizar recipientes para recoger la escorrentía superficial. Existen en el mercado tanques de agua de plástico creados para este fin. El tanque de agua se instala cerca del tejado o en algún lugar donde fluya el agua de lluvia. Se conectan canalones al tanque para recoger el agua. Luego se almacena en los recipientes, a los que se puede acceder cuando sea necesario. Lo bueno de este método es que se pueden utilizar los mismos principios para crear opciones más baratas utilizando materiales reciclados. Sin embargo, siempre debe asegurarse de que el recipiente en el que almacena el agua no alberga contaminantes nocivos.

También se pueden utilizar barriles más pequeños como opción más barata. Sin embargo, la cantidad de agua que puede almacenar disminuirá drásticamente en comparación con un tanque más grande. La ventaja de los barriles es que son más fáciles de mover. Los tanques de agua llenos necesitan maquinaria para ser trasladados y requieren mucho más esfuerzo. Colocar unos cuantos barriles alrededor de su casa, cerca de los canalones, puede ayudarle a cubrir algunas de sus necesidades básicas de agua, como lavar o regar el jardín, pero es poco probable que pueda desconectarse totalmente de la red si depende solo de este método.

Un gavión es una forma más permanente de recoger el agua de lluvia[19]

Una forma más permanente y laboriosa de recoger el agua de lluvia es un gavión. Este dique básico se compone de rocas colocadas dentro de un muro delimitador alambrado. A continuación, se coloca una mezcla de cemento sobre las rocas para sellar los huecos. Dependiendo del tamaño del gavión, se puede recoger una gran cantidad de agua de lluvia. Como el agua estará estancada, debe ser preciso con los procesos de desinfección y limpieza. Los materiales necesarios son relativamente baratos. La malla metálica para las paredes puede comprarse en cualquier ferretería local y las rocas también pueden comprarse o incluso recogerse, dependiendo del terreno al que se tenga acceso.

Las hondonadas y los canales son muy útiles para recoger el agua de lluvia con fines agrícolas. Las hondonadas son zanjas poco profundas excavadas estratégicamente para canalizar el agua de grandes superficies cuesta abajo hacia los cultivos. Si se hace correctamente, este sencillo sistema de riego ahorra miles de dólares al año para cualquier comunidad o granja de subsistencia sin conexión a la red. Muchas comunidades rurales de África y Asia utilizan pantanos porque su subsistencia está directamente ligada a su éxito con la tierra.

La recolección de rocío, que es una forma de obtener agua para la vida autosuficiente que a menudo se pasa por alto, funciona mejor en zonas con mucha humedad. Los métodos de recolección de rocío a veces pueden parecer rudimentarios, pero son eficaces. La primera forma sencilla de obtener agua de rocío es recogerla de la hierba. En primer lugar, necesita un recipiente de almacenamiento. Después, necesita un paño absorbente de lana, algodón o un compuesto similar de materiales sintéticos. Temprano en la mañana, cuando el rocío se haya asentado, coloque el paño sobre la hierba para que absorba el agua. Una vez que esté lleno de humedad, escúrralo y colóquelo en el recipiente para recoger el agua. Repita este proceso hasta que haya recogido toda el agua que necesite. Este método también se puede utilizar con otras plantas y hojas, pero asegúrese de que no son tóxicas antes de aplicar esta técnica.

Puede utilizar una lona impermeable para recoger el rocío[20]

Una lona impermeable también puede utilizarse para recoger el rocío. Al decidir sobre cualquier estilo de vida de preparación para la supervivencia o fuera de la red, un principio central es usar lo que tenga. Mucha gente tiene lonas en su garaje o depósito. Para este método de recogida de agua, también puede utilizar impermeables o una carpa vieja como lona improvisada. Busque un talud o construya uno donde tenga espacio en la naturaleza o en su terreno. Utilice ladrillos y tierra para sujetar la lona. Coloque la lona en forma de triángulo en el suelo, doblando los lados sobre los ladrillos y la tierra y fijando el material al suelo. Cree un embudo en el extremo de la lona. Asegúrese de que haya tierra debajo de la lona para enfriar el material por la noche. Coloque un recipiente en el extremo del embudo que ha creado y deje que las gotas de rocío fluyan lentamente hacia él. La gravedad le ayudará con este método. Por eso, debe construir el artilugio en una pendiente.

Enfoques tradicionales e innovaciones

Las culturas antiguas comprendieron el valor de recoger el agua de lluvia. Así, se desarrollaron diversos sistemas en todo el mundo para recoger la lluvia. Hoy en día, el agua de lluvia se sigue recogiendo en las grandes ciudades a través de una compleja red de canalones y construcciones de aguas grises que canalizan el agua hacia presas y a través de plantas de procesamiento. Los métodos tradicionales de recogida de agua de lluvia son más toscos que las maravillas del mundo moderno, pero allanaron el camino para estos nuevos sistemas.

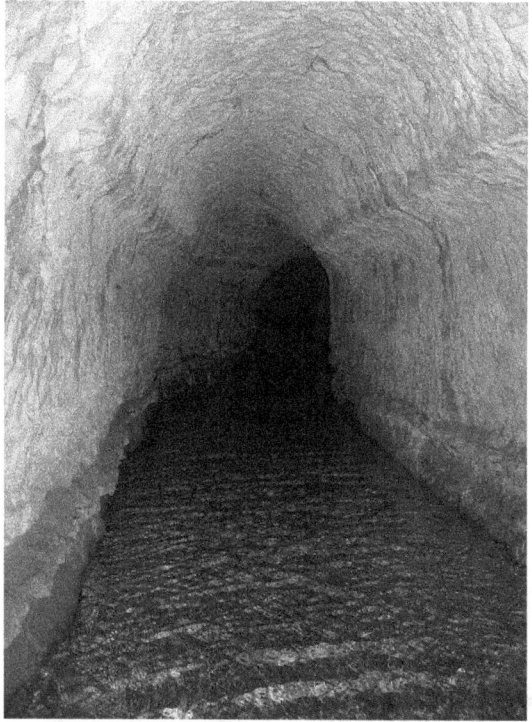

Un *qanat* es una técnica tradicional de recogida de agua de lluvia utilizada en Medio Oriente[21]

Una técnica tradicional de recogida de agua de lluvia utilizada en Medio Oriente son los *qanats*. Estas obras maestras de la ingeniería canalizan el agua desde pendientes subterráneas hacia zonas agrícolas o para utilizarla como agua potable. El mismo método se ha aplicado en varias regiones norteafricanas y asiáticas. En Omán, la construcción se denomina *falaj*, y en los países norteafricanos que utilizaban esta tecnología se denominaba *khettara* o *foggara*. En Asia Central y Pakistán se utiliza el término *karez*. Todos estos nombres describen la misma estructura básica. Se excavan agujeros verticales en una ladera que desembocan en un canal horizontal subterráneo. El canal conduce a la parte inferior de la pendiente, donde el agua se recoge en un tanque de almacenamiento o una presa o se dispersa en canales de riego. Las técnicas modernas de recogida de agua han eliminado la necesidad de generalizar el uso de *qanats*. Sin embargo, está surgiendo un nuevo interés por esta tecnología como método potencial para la captación sostenible de aguas subterráneas.

Los pozos escalonados son una forma popular de recoger el agua de lluvia en la India[22]

En la India y otras zonas del subcontinente, el uso de pozos escalonados para recoger el agua de lluvia era muy popular. Construir un pozo escalonado es una tarea que requiere muchas manos. La estructura ocupa una gran superficie para recoger la mayor cantidad de lluvia posible. Los espacios donde se ubicaban los pozos escalonados solían ser comunales, pero recientemente, con el avance de la tecnología y la urbanización, cayeron en desuso. Un pozo escalonado se construye en una plaza, con escalones que canalizan el agua superficial hacia el estrecho pozo situado en el centro de la construcción. Algunos de estos antiguos pozos están decorados elaboradamente, lo que demuestra la importancia que tuvieron en la vida cotidiana de generaciones pasadas.

Puede aplicar los principios de estas estructuras antiguas a su sistema personal de recogida de agua, como el uso de una gran superficie para recoger el agua, la manipulación de la gravedad en su beneficio y la construcción de canales para transportar el agua bajo tierra en pendientes. Algunos de estos viejos principios han resistido el paso del tiempo, pero pueden combinarse con innovaciones modernas. Los antiguos no solo eran maestros en la recogida de agua de lluvia, sino que también conocían múltiples técnicas de recolección de rocío. En Israel, los arqueólogos han descubierto muros circulares bajos construidos alrededor de la vegetación para atrapar el agua condensada. Los sudamericanos y los egipcios utilizaban un método similar: apilar piedras para que el vapor de agua se enfriara entre los huecos bajo los que se colocaba un recipiente para recoger las gotas que caían.

Puede que haya llegado el momento de renovar y mejorar algunas de estas técnicas de recogida de rocío y lluvia, ya que confluyen múltiples factores que las convierten en una necesidad para el futuro. Con la contaminación y el cambio climático, el agua será cada vez más escasa, por lo que es posible que las familias tengan que encontrar formas de recoger la lluvia. Además, la recogida de agua de lluvia puede crear un futuro más sostenible, ya que se recoge la escorrentía de las aguas pluviales en lugar de dejar que el agua fluya, arrastrando polución y contaminantes. Además, el flujo superficial del agua puede provocar la erosión del suelo, lo que repercute en la seguridad alimentaria. A medida que aumenta la inestabilidad financiera en todo el mundo, recoger la lluvia y el rocío también es una forma de ahorrar dinero.

Los tanques subterráneos de almacenamiento de agua han demostrado ser una innovación bien acogida por el espacio que ahorran. En los entornos urbanos, el espacio es un bien al que no muchos tienen acceso. Este problema se ha resuelto trasladando el almacenamiento de agua al subsuelo para disponer de más superficie en ciudades estrechas. Los jardines de lluvia verticales y los tejados verdes también han ganado popularidad. Los tejados verdes, también llamados tejados vivos, son jardines especialmente construidos en la parte superior de un tejado para cultivar flores y productos agrícolas. El suelo actúa como una esponja de la que se recoge el agua. Además, los tejados verdes ahorran energía, porque proporcionan aislamiento adicional en invierno. Los jardines de lluvia verticales son instalaciones de plantas apiladas que se colocan cerca de los canales para guiar el agua de lluvia y producir alimentos en espacios limitados.

En cuanto al campo de la recogida de rocío, una de las innovaciones centrales es el uso de superficies acanaladas. Cuando se utilizan superficies acanaladas en una pendiente, la profundidad del canal hace que se produzca más condensación, lo que permite recoger gotas más grandes. Esto hace que la recogida de rocío sea mucho más eficaz y menos laboriosa. También se han instalado colectores de niebla en algunas zonas montañosas para recoger las nubes bajas. Los atrapaniebla utilizan un material de malla hecho de fibras sintéticas como el nailon para recoger las gotas de la atmósfera. A continuación, estas gotas se canalizan hacia contenedores de plástico. Los atrapanieblas solo funcionan en entornos específicos donde hay humedad y la niebla es habitual, pero usarlos es una forma fácil y eficaz de recoger la humedad directamente del aire.

Consideraciones de seguridad

El agua recogida de la lluvia y el rocío no es inmediatamente potable. Los microbios y contaminantes presentes en el agua pueden causar enfermedades a personas y animales. Debe tener en cuenta para qué va a utilizar el agua de lluvia, como la descarga de los inodoros, el lavado, el riego o el consumo. Si va a consumir el agua que recoge, debe tener especial cuidado para asegurarse de que es potable.

Para limpiar el agua debe seguir dos pasos: filtrarla y desinfectarla. Al filtrar el agua se eliminan las partículas más grandes que pueden ser perjudiciales, como los metales y la suciedad, mientras que la desinfección mata todos los microorganismos dañinos. Existen distintos métodos de filtración. La técnica de filtración que utilice determina el tamaño de las partículas que pueden pasar por el filtro. Para la filtración se puede utilizar tela y arena. Se puede colocar arena de playa o de río en un tubo por el que se deja pasar el agua, o se puede verter el agua a través de alguna tela. Estos filtros son rudimentarios y no deben utilizarse para beber agua ni para cocinar. Puede comprar filtros estupendos que se acoplan a los grifos y filtran directamente el agua que sale de ellos.

Para desinfectar el agua, puede hervirla o utilizar productos químicos. Hervirla es un método antiguo, pero está probado y demostrado que mata muchos microbios que no pueden sobrevivir a las temperaturas extremas. Debe hervir el agua el tiempo suficiente para asegurarse de eliminar todos los organismos nocivos. Utilizar productos químicos para desinfectar el agua es un poco más complejo, porque hay que dosificarlos correctamente. La lejía y el cloro son dos productos químicos de limpieza de uso común. Sin embargo, pueden ser perjudiciales para el consumo si se utilizan en exceso, por lo que debe asegurarse de conocer las proporciones exactas antes de mezclar. El sabor y el olor del cloro pueden eliminarse del agua utilizando filtros especializados de carbón o carbono.

La luz ultravioleta es otra forma de desinfectar el agua. Este método puede ser caro y requiere saber cuánto tiempo debe exponerse el agua a la luz y cuánta agua puede desinfectar una bombilla. Este método está ganando popularidad a medida que la desinfección por UV se hace más aceptada socialmente. La destilación es otra forma eficaz de limpiar el agua. La destilación es el proceso de hervir un líquido hasta que se evapora y, a continuación, volver a enfriarlo para que vuelva a condensarse. La destilación es cara, porque se necesita mucha energía para hervir el agua hasta el punto de evaporarla. También puede utilizarse para separar la sal del agua.

La luz ultravioleta puede utilizarse para desinfectar el agua[28]

Antes de pasar por el proceso de filtración y desinfección, debe tener en cuenta el equipo que utiliza para recoger la lluvia y el rocío. Asegúrese de mantener limpias las zonas de captación y de sustituir los filtros con regularidad, siguiendo las directrices de los fabricantes. Si utiliza tejados para captar agua, asegúrese de limpiarlos bien antes de que llueva o haya grandes tormentas porque, al estar expuestos a la intemperie, pueden acumular mucha suciedad y gérmenes. Por último, recuerde guardar por separado el agua limpia y el líquido que acaba de recoger. Sus depósitos y barriles de almacenamiento deben estar fabricados con materiales que no contaminen el agua y debe limpiarlos con regularidad. Si su depósito está vacío, deseche la primera agua que recoja en él, porque es probable que contenga suciedad acumulada en el fondo.

Capítulo 4: Almacenamiento de agua de lluvia y rocío

Dado que recoger lluvia y rocío es una opción fácil y barata de obtener agua, mucha gente se inclina por este método. Sin embargo, recoger el líquido es solo la primera parte. Almacenar el agua de forma adecuada y asegurarse de que es potable puede suponer la diferencia entre la vida y la muerte. Hay cientos de enfermedades con síntomas atroces que se derivan del consumo de agua estancada, sin tratar o como resultado de protocolos de seguridad deficientes. Su bienestar está en sus manos, porque usted es el único responsable de almacenar el agua adecuadamente. Con un conocimiento básico de las consideraciones que debe tener en cuenta a la hora de almacenar agua, podrá tomar las medidas necesarias para mantenerla limpia durante largos periodos.

Almacenar agua de forma segura es primordial para sobrevivir de forma independiente[24]

Los recipientes que utilice, así como sus técnicas de desinfección y filtración, desempeñan un papel importante a la hora de almacenar un suministro de agua potable y segura. Su rutina de mantenimiento y el cuidado para mantener el agua libre de contaminantes tendrán un gran impacto en su salud. En una situación de supervivencia al aire libre o en una granja fuera de la red, almacenar agua de forma segura es primordial para sobrevivir. Aprenda los detalles que hacen que el agua sea segura para beber y qué medidas puede tomar para almacenarla con el fin de prosperar y tener abundancia de agua potable.

Contenedores de almacenamiento a largo plazo

A menos que viva en una región tropical, donde llueve constantemente, la estación húmeda pasa rápidamente. Esto significa que hay un tiempo limitado para reunir tanta agua como sea posible. La forma en que almacena el agua influye en su utilidad en las estaciones secas. El agua no tiene fecha de caducidad, así que puede almacenarla todo el tiempo que necesite. Sin embargo, el agua es portadora de todo tipo de microbios, parásitos y contaminantes. Los recipientes que utiliza para almacenar el agua son la primera línea de defensa contra los microorganismos que propagan enfermedades, por lo que debe pensar e investigar mucho y no almacenarla imprudentemente vertiendo agua en cualquier botella de plástico que encuentre.

Cuando se piensa en la forma de recoger el agua de lluvia, es fácil ver cómo puede llegar a ser peligrosa para el consumo humano. Por ejemplo, si el depósito está conectado a los canalones del tejado, los excrementos de los pájaros pueden llegar al agua, y nadie quiere beber un vaso de agua con materia fecal flotando en él. Hay que pensar en la cantidad de partículas extrañas que pueden llegar al agua. Aunque recoger agua de lluvia es sencillo, esta no es pura en absoluto. La lluvia recoge todo tipo de patógenos peligrosos de las superficies que toca.

El primer punto a considerar en el almacenamiento de agua a largo plazo son los contenedores. Los tanques y barriles en los que guarda el agua deben ser de calidad alimentaria. No todos los plásticos son iguales. Hay muchas maneras de fabricar plásticos que contribuyen a la calidad del material. El plástico apto para uso alimentario es de mayor calidad que los recipientes destinados a contener otras cosas. En los envases de plástico que utiliza, debería haber un número dentro de un triángulo. Este número se llama código de identificación de la resina, o número de reciclado, e indica de qué tipo de plástico está hecho un envase. Muchos plásticos de uso alimentario tienen el código HDPE o LLDPE, pero esta forma no es la más fiable para determinar si los envases son seguros para el almacenamiento. El mismo tipo de plástico que se utiliza para el agua puede usarse para almacenar otras cosas, como combustible, así que tenga cuidado, porque seguramente no quiere agua con sabor a gasolina. Los códigos RIC seguros para los recipientes en los que puede almacenar agua también incluyen PETE y PET.

La FDA determina qué plásticos son seguros para almacenar agua y alimentos. El plástico tiende a filtrarse en el agua, por lo que no es 100 % seguro. Sin embargo, algunos plásticos son más aptos que otros. El vidrio es probablemente el material más seguro para almacenar agua. Sin embargo, es poco práctico, porque no hay recipientes de cristal tan grandes para transportar mucha agua, además de que pueden romperse con facilidad, por lo que debe tener un cuidado especial. De todas formas, un pequeño recipiente de cristal puede ser buena idea si está al aire libre en una situación de supervivencia, aunque sigue existiendo el riesgo de romper el frágil material.

El grado de hermeticidad de los recipientes también influye en los contaminantes que pueden entrar. Los recipientes deben llenarse hasta el tope, para que no quede aire en su interior. Además, deben llevar una etiqueta que indique claramente para qué se puede utilizar el agua que contienen y la fecha de almacenamiento. Puede utilizar parte del agua para las plantas y las cisternas de los inodoros, aunque no sea apropiada para el consumo. Para no mezclar los usos de las distintas aguas que almacena, es esencial mantenerlas separadas y marcarlas claramente.

El agua almacenada debe agitarse al menos cada seis meses si no se utiliza. Puede ser tiempo suficiente para que llegue de nuevo la temporada de lluvias, pero no es aconsejable seguir bebiendo esa agua si no es así. Beber el agua que ha utilizado sin problemas durante todo un año puede ser tentador, pero basta un descuido para que se produzca un desastre. Debe ser tan cuidadoso con el agua como lo sería con un bebé recién nacido.

Algunas personas utilizan tarros de mermelada para beber y cocinar el agua, lo que también es una solución brillante para combatir los microbios y reducir los contaminantes. Estos tarros son fáciles de almacenar y pueden guardarse en cajas hasta que sea necesario. Dado que el vidrio es el mejor material para almacenar agua, los tarros herméticamente cerrados son ideales. Además, el uso de tarros de mermelada también permite transportar el agua con facilidad. Asegúrese de que los tarros estén limpios antes de verter agua en ellos. Otra ventaja de utilizar estos recipientes es que puede diferenciar el agua destinada a otros usos del agua destinada al consumo, ya que toda el agua potable se conservará en estos recipientes herméticos en lugar de en grandes depósitos de plástico.

Mantener el agua almacenada libre de contaminantes externos

Conseguir los recipientes adecuados es solo una parte de la batalla contra las enfermedades que pueden encontrarse en el agua. Una vez que el líquido está en los recipientes elegidos, debe asegurarse de que no se infiltren contaminantes externos. Un cierre hermético y un recipiente lleno hasta arriba son esenciales. El agua también debe conservarse en un lugar fresco y seco, a una temperatura de entre 50 y 70 grados Fahrenheit.

Debe limpiar las superficies en las que recoge el agua y esterilizar sus recipientes. En primer lugar, lave los recipientes con agua caliente y jabón. Una vez que haya enjuagado toda el agua jabonosa del recipiente, es hora de desinfectarlo. Mezcle una cucharadita de lejía sin aroma con cuatro vasos de agua. La lejía debe tener entre un 5 % y un 9 % de hipoclorito sódico. Agite bien el recipiente y deje reposar la mezcla durante unos treinta segundos. A continuación, enjuague bien el recipiente y déjelo secar al aire. Esto eliminará cualquier parásito o bacteria patógena que se haya acumulado en el interior del recipiente.

Si almacena agua para un uso prolongado, es probable que la guarde en recipientes más grandes y la vaya trasladando a otros más pequeños. Cualquier herramienta que utilice para trasvasar el agua de un recipiente a otro también debe mantenerse limpia y esterilizada. Si sumerge un balde sucio en un depósito de agua, cientos de litros de ese depósito se contaminarán. Por esa misma razón, es aconsejable no dejar nunca que las manos entren en contacto con el suministro de agua, ya que en la piel viven numerosos patógenos. El ser humano puede ser una fábrica ambulante de enfermedades, así que tenga cuidado con su cuerpo cuando interactúe con el agua.

Puede que sus inclinaciones ecologistas lo lleven a utilizar recipientes reciclados para almacenar el agua. Esto está bien, siempre y cuando no se hayan almacenado toxinas previamente en el recipiente y el material sea apto para uso alimentario. También debe asegurarse de que no haya grietas ni agujeros en los recipientes reciclados. Un contenedor dañado puede convertirse fácilmente en una superautopista para las enfermedades. Inspeccione sus contenedores antes de utilizarlos para asegurarse de que están en perfectas condiciones, especialmente si los va a utilizar para almacenamiento a largo plazo. Por eso también debe cerrar bien los contenedores. Otro consejo útil es utilizar recipientes de almacenamiento con cuellos estrechos para verter el agua sin tocar nada del contenido.

Algunos protocolos básicos de higiene son cruciales cuando se trabaja con agua, como lavarse las manos antes de manipular cualquiera de los recipientes de almacenamiento. Mantenga limpio el entorno en el que almacena el agua. Es mejor que sea un lugar elevado para evitar que se contamine con suciedad o excrementos de animales. La higiene es fundamental, porque lucha contra enemigos invisibles como parásitos, protozoos y bacterias patógenas.

Algunas personas utilizan estanques para almacenar agua[25]

Algunas personas utilizan estanques o presas para almacenar agua, pero este método es más peligroso porque el agua está expuesta constantemente. No es aconsejable beber agua almacenada a cielo abierto en una presa. Se puede usar esa agua para otras cosas, como regar los cultivos o descargar los inodoros. Si tiene agua almacenada al aire libre, debe tener mucho cuidado y evitar que se mezcle con el agua potable. El agua de los embalses tiende a ser turbia, por lo que es el entorno perfecto para que se reproduzcan microbios y otros organismos vivos como mosquitos y moluscos, que también viven en estanques o embalses estancados. Los desechos de estos organismos pueden ser peligrosos para el ser humano, por no mencionar que en algunas regiones los mosquitos son portadores de la malaria.

Peligros del estancamiento de agua y cómo prevenirlo

Si alguna vez ha visto un video o un programa de televisión de supervivencia, sabrá que cuando la gente busca agua, nunca bebe de una fuente estancada y busca agua que fluya, como un río o una cascada. El agua estancada está viva, pero no en el buen sentido. En el agua estancada viven larvas de insectos, parásitos y otros microbios. Esto es preocupante, porque si almacena el agua en barriles, tanques u otros recipientes, es muy probable que no fluya. Por lo tanto, hay medidas de seguridad que debe tomar para mantener su bienestar cuando consume el agua de lluvia que ha almacenado.

El agua estancada es peligrosa para el consumo humano[36]

El agua estancada es la clase de agua más peligrosa para el consumo humano. El agua se clasifica en cuatro categorías: agua limpia, agua gris, agua ligeramente contaminada y agua negra. El agua estancada a la intemperie es agua negra, porque los patógenos que engendra son muy peligrosos para el ser humano. Algunas de las enfermedades y parásitos más mortíferos y con costos sanitarios muy elevados, como la salmonela y la E. coli, se encuentran en las aguas estancadas. Virus como el de la hepatitis E y el rotavirus también proliferan en el agua estancada. El moho que se produce en estas aguas negras puede ser peligroso. La combinación de bacterias, virus, parásitos y moho hace que el agua estancada sea indeseable, especialmente cerca del agua potable.

Es habitual que la gente riegue sus plantas con agua estancada, pero los expertos recomiendan mantenerla completamente alejada de una propiedad. Puede llamar camiones especiales diseñados para deshacerse de esta agua. Introducir voluntariamente agua estancada en su propiedad es ilógico. Almacene el agua en recipientes herméticos para evitar la lista de problemas relacionados con el agua estancada.

Las botellas selladas con cuellos estrechos son la mejor opción para evitar la contaminación del agua que no fluye. Incluso en esta situación ideal, debe cambiar el agua cada seis meses o un año. Debe asegurarse de que los recipientes están herméticamente cerrados para evitar visitas no deseadas y debe mantenerlos alejados de la luz solar directa. Si almacena el agua en el exterior, en una presa construida por usted, debe tomar las medidas necesarias para que fluya. Notará que empiezan a formarse algas si el agua está quieta durante un tiempo suficientemente largo. Esta es una mala señal que indica que el agua no es potable y puede ser peligroso manipularla. Existen bombas portátiles para hacer circular el agua de las presas de almacenamiento. Debe tener en cuenta el costo de la electricidad o el combustible necesario para hacer funcionar estas bombas. Cuanto mayores sean sus reservas de agua, necesitará una bomba más potente. Hacer que el agua circule durante unas horas al día basta para evitar la acumulación de algas, pero no combate otros microorganismos más difíciles de ver.

Si no bebe el agua que almacena en el exterior, puede tener la tentación de dejar que se desarrollen las algas. Sin embargo, hay muchos peligros asociados al crecimiento de estas. Puede obstruir las tuberías si tiene sistemas de riego y oxidar los componentes metálicos de su granja; puede enfermar a sus animales e incluso matar algunas plantas. Evitar la formación de algas es mejor que buscar formas de tratarlas después, porque algunos de los productos químicos para erradicarlas también contaminan el agua.

Los grandes tanques de almacenamiento favorecen la proliferación de algas. Manténgalos alejados del sol en un lugar fresco y seco para impedir que esto suceda. También es necesario purgar los tanques, sobre todo después de la primera lluvia, para sacar todos los restos acumulados en el fondo. Las algas no crecen en un acuario bien sellado porque no tienen el aire que necesitan para crecer y propagarse. En aguas poco profundas y estancadas es donde prosperan las algas, por lo que si construye un dique, debe invertir esfuerzos y recursos para excavarlo en profundidad.

Rutina de mantenimiento para el agua potable

Como cualquier maquinaria que se use, su sistema de almacenamiento y distribución de agua de lluvia debe recibir mantenimiento. Puede parecer que todo funciona bien, pero basta con un detalle para que el sistema se descontrole. Las consecuencias de no hacer el mantenimiento necesario al sistema de recogida y almacenamiento de agua pueden ser terribles, porque pueden aparecer enfermedades.

La primera comprobación que debe hacer es que sus contenedores no estén dañados y que cierren correctamente. Los contaminantes se cuelan por las rendijas más pequeñas, así que debe comprobar constantemente que no haya fugas. Sustituya los depósitos o barriles con fugas para que su sistema de almacenamiento funcione en condiciones óptimas. Algunos recipientes de plástico tienen fecha de caducidad, por lo que si utiliza botellas para el almacenamiento, debe comprobar que sus recipientes siguen siendo aptos.

La limpieza es la base para mantener el agua potable. Las superficies de escorrentía deben mantenerse ordenadas, sobre todo antes de que llueva. Además, los grandes depósitos de agua acumulan suciedad y residuos en el fondo, por lo que debe purgar estos recipientes de vez en cuando para que aparezcan los patógenos. Las tuberías, canalones y accesorios conectados al depósito también deben estar impecables.

Aunque guarde el agua en botellas selladas aptas para el consumo, el plástico se filtra en el agua al cabo de un tiempo, por lo que es esencial mover el agua cada seis meses si tiene un suministro de emergencia. Asegúrese también de que el almacén esté desinfectado con lejía y de que las botellas de agua no estén en el suelo. La filtración es imprescindible, pero los filtros también deben cambiarse con regularidad, siguiendo las directrices del fabricante. El filtrado elimina varios parásitos y residuos del agua. Beba solo agua clara que haya sido filtrada y desinfectada para no contraer infecciones. Los recipientes deben mantenerse limpios, así que recuerde desinfectarlos después de cada uso.

La filtración y la desinfección son aspectos que deben tomarse en serio y que no pueden descuidarse. Existen muchos desinfectantes específicos en el mercado para el agua potable. Existen pastillas de cloro y yodo para limpiar el agua, pero recuerde que estos métodos solo deben utilizarse con agua clara y no turbia, ya que algunos microbios se esconden entre las partículas de suciedad para evitar los efectos desinfectantes de estos productos químicos.

Mantenga el agua limpia para beber y cocinar alejada del agua destinada a otros usos. El agua que utiliza para el inodoro puede no estar tan limpia como el agua que consume. El etiquetado es una parte esencial de su rutina de mantenimiento, por lo que debe sustituir cualquier etiqueta dañada y marcar los nuevos recipientes que introduzca en su sistema de almacenamiento de agua. Trasvasar el agua de un recipiente a otro con regularidad también ayuda a evitar que el agua tenga mal sabor. Sus manos y su ropa deben estar limpias cuando manipule el agua potable, así que respete protocolos de limpieza antes de entrar a la zona de almacenamiento.

Capítulo 5: El arte de purificar el agua

Después de recoger el agua, puede sentir la tentación de beberla o utilizarla de inmediato. Sin embargo, el agua de lluvia está contaminada y contiene gérmenes y sustancias químicas perjudiciales para usted y su familia. Purificar el agua elimina todas las toxinas y la hace apta para el consumo. Hay muchos métodos de purificación que puede utilizar; algunos son primitivos, mientras que otros son más avanzados.

Este capítulo habla de los riesgos inherentes al agua no tratada y de las distintas técnicas de purificación, con instrucciones paso a paso para cada una de ellas.

Purificar el agua elimina todas las toxinas[27]

Riesgos del agua no tratada

El agua no tratada es agua que no ha sido purificada ni filtrada y contiene sedimentos, productos químicos y microorganismos como parásitos, virus y bacterias. El consumo de esta agua causa diversos problemas de salud y, en casos graves, la muerte.

Problemas de salud causados por el agua no tratada

- Dolor de cabeza
- Fatiga
- Fiebre
- Polio
- Tifus
- Hepatitis A
- Fluorosis
- Disentería
- Diarrea
- Daños renales y hepáticos
- Cólera
- Problemas gastrointestinales
- Problemas neurológicos
- Dolor de estómago
- Intoxicación por plomo
- Deshidratación
- Amebiasis
- Arsenicosis
- Náuseas
- Salmonelosis
- Tracoma (infección ocular)
- Poliovirus
- Criptosporidiosis
- Cáncer

Beber agua no tratada es especialmente perjudicial para las personas con sistemas inmunitarios débiles, las personas mayores, los niños y los bebés. Estas personas tienen más probabilidades de enfermar o morir a causa de las sustancias químicas y los microorganismos.

Proteja la salud de su familia purificando el agua con cualquiera de las siguientes técnicas.

Hervir el agua

Hervir el agua es una de las formas más antiguas y sencillas de purificarla. Los seres humanos han confiado en este método durante siglos. Incluso tras la invención de los filtros y el agua mineral, algunos siguen prefiriendo hervir el agua. Puede utilizar esta técnica en cualquier lugar, ya que es rápida y no requiere ningún equipo.

Hervir el agua es una de las formas más sencillas de purificarla[28]

Ventajas de hervir el agua

- Es uno de los métodos más rápidos y cómodos. Puede hacerlo en un hervidor, microondas, estufa, cocina solar, estufa de gas, parrilla de gas, fogón, estufa de leña o estufa de supervivencia.

- Es rentable.

- Mejora el sabor del agua eliminando olores y sabores indeseables.

- Mata virus y bacterias y elimina sólidos.

Desventajas de hervir el agua

- En algunos casos, cambia el sabor, dándole un gusto extraño.

- Requiere calor y energía, lo que puede ser inconveniente en regiones donde la energía es cara o no dispone de calor.

- Lleva mucho tiempo, sobre todo si se hierven grandes cantidades de agua.

- Hervir el agua no elimina muchas sustancias nocivas como el plomo, el cloro, los microorganismos, los metales pesados, los productos químicos, las hormonas, los fertilizantes, los pesticidas y los microplásticos.

Instrucciones:

1. Ponga el agua en una olla grande de acero inoxidable.

2. colóquela sobre cualquier fuente de calor disponible.

3. Déjela hervir durante tres minutos.

4. Después, deje que se enfríe.

5. Guárdela en un recipiente limpio y desinfectado y ciérrelo herméticamente.

Filtración en recipiente de barro

La filtración en recipientes de barro es uno de los métodos de purificación de agua más antiguos y tradicionales del mundo. Antes de utilizar métodos avanzados como la ósmosis inversa y la radiación UV, el agua se trataba en vasijas de barro. La arcilla actúa atrapando la tierra, los contaminantes y las impurezas, dejando el agua segura. Aunque se trata de un método primitivo, hay gente que lo utiliza hoy en día.

Ventajas de la filtración en vasijas de barro

- Elimina impurezas, bacterias y protozoos del agua.

- Mejora el sabor.

- Enriquece el agua con minerales saludables como el hierro, el magnesio y el calcio.

- Amigable con el medio ambiente.
- Rentable.
- Accesible y fácil.

Desventajas de la filtración en recipiente de arcilla

- No elimina los virus.
- El agua es propensa a volverse a contaminar.
- Requiere una limpieza regular.

Instrucciones:

1. Vierta el agua contaminada en una vasija de barro.
2. Cúbrala con su tapa de plástico.
3. Deje que el agua se filtre.
4. Puedes beberla directamente del recipiente de arcilla.

Desalinización

La desalinización consiste en eliminar las sales y minerales del agua de mar o de cualquier otro tipo de agua salada. Hace que el agua con altos niveles de salinidad sea segura para el consumo. Aunque es más común para uso comercial, como en barcos, en complejos turísticos, hoteles o residencias, puede ser adecuada para uso individual. Este método es ideal en zonas donde solo hay acceso a agua salada.

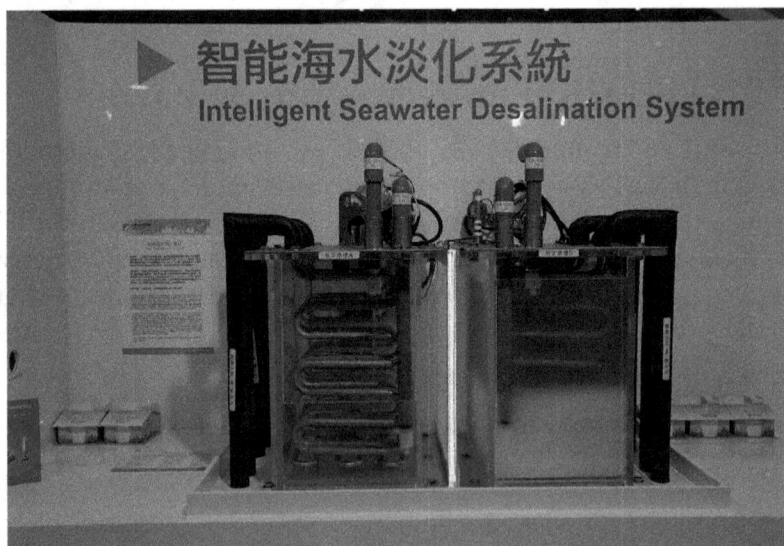

La desalinización elimina la sal y los minerales del agua salada[20]

Ventajas de la desalinización

- Proporciona agua limpia y dulce.
- Elimina la sal del agua.
- Elimina minerales y compuestos tóxicos.
- Separa los microorganismos del agua.

Desventajas de la desalinización

- Requiere mucha electricidad (aunque no para uso individual).
- Costo elevado.

Instrucciones:

1. Consiga un recipiente grande para el agua salada y uno para el agua condensada. Asegúrese de que el recipiente del agua salada sea mucho más grande.
2. Llene el recipiente grande con agua salada y ponga el pequeño dentro cubierto con una bolsa de papel. Debe quedar flotando dentro del recipiente grande.
3. Colóquelos bajo la luz directa del sol, en el exterior o cerca de una ventana.
4. Ponga una piedra pequeña encima de la bolsa de papel para empujar el agua condensada y tratada hacia el interior del recipiente.
5. Déjelos durante cuatro horas.
6. Pasado este tiempo, debería encontrar agua fresca en el recipiente pequeño. Esta es el agua tratada y es segura para su uso.

Destilación

La destilación es una técnica de purificación del agua que implica el uso de vapor y condensación hirviendo el agua y convirtiendo el vapor en líquido. El proceso elimina cualquier microbio en el agua, pero no elimina metales, sólidos y algunos contaminantes. Es ideal para purificar grandes cantidades de agua, pero requiere calor o energía solar.

Ventajas de la destilación

- Perfecta para las personas que viven aisladas de la red eléctrica, ya que no requiere electricidad.
- Produce agua limpia y de alta calidad.

- Elimina la sal del agua, haciéndola apta para el consumo.
- Es uno de los métodos de purificación de agua más seguros.
- No utiliza filtros ni productos químicos.
- Elimina bacterias, flúor y metales pesados.

Desventajas de la destilación
- Lleva más tiempo que otros métodos.
- No es rentable.
- La calidad puede variar en función del equipo que utilice.

Instrucciones:
1. Ponga el agua en una olla grande y coloque dentro una olla pequeña vacía.
2. Deje hervir el agua en un horno o al sol.
3. Déjela a fuego medio.
4. Coloque la tapa boca abajo sobre la olla grande para que el agua condensada gotee en la olla pequeña.
5. A continuación, coloque hielo sobre la tapa. La diferencia de temperatura en ambos lados de la tapa aumenta la velocidad de condensación.
6. Cuando el hielo se derrita, añada más.
7. Esto lleva algún tiempo, dependiendo de la cantidad de agua que utilice.
8. Sabrá que ha terminado cuando la olla grande esté vacía y la pequeña esté llena con el agua tratada.

Yodo

Este método es controvertido, ya que se supone que busca eliminar los productos químicos del agua y no añadir más. Sin embargo, la vida fuera de la red de suministro y las situaciones de emergencia no siempre dan muchas opciones. Por lo tanto, solo use este método cuando no pueda poner en práctica ninguna de las otras técnicas. Los mejores productos químicos para tratar el agua son el yodo y el cloro.

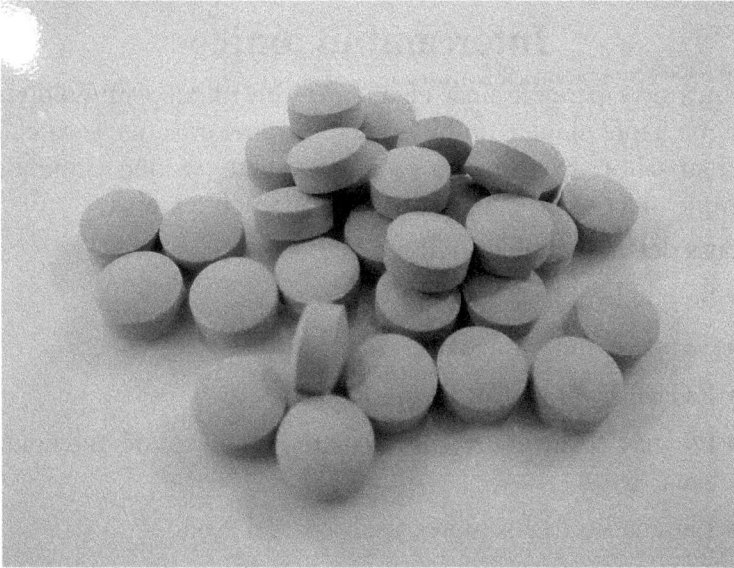
Las pastillas de yodo eliminan los virus y las bacterias del agua[30]

El yodo es un producto químico de color rojo que se vende en forma líquida o en pastillas. Elimina virus y bacterias del agua, pero deja un sabor desagradable. Si se utiliza en dosis elevadas, puede ser mortal. Por eso debe tener mucho cuidado al utilizarlo y solo debe hacerlo como último recurso.

Ventajas del yodo

- Es cómodo y económico
- Mata protozoos, virus y bacterias
- Es ligero
- Es fácil de usar

Desventajas del yodo

- Deja un gusto fuerte al agua.
- No es seguro para las mujeres embarazadas.
- Mortal en dosis altas.

Instrucciones:

1. Añada cinco gotas de tintura de yodo al 2 % a un litro de agua y diez gotas si el agua tiene color o está turbia.
2. Remueva el agua y déjela reposar entre treinta minutos y una hora antes de utilizarla.

Intercambio iónico

Esta técnica sirve para eliminar el arsénico, los nitratos, el radio y el bario del agua mediante el intercambio iónico. Lo mejor es que trata el agua sin afectar a su sabor. Esta técnica es muy potente, ya que elimina metales pesados que muchos otros métodos no consiguen eliminar.

Ventajas del intercambio iónico

- Se puede utilizar con otras técnicas.
- Se puede utilizar a gran escala.
- Es fácil.
- Es más seguro que muchas otras técnicas de tratamiento del agua.
- Elimina los malos olores y sabores del agua.
- Fácil de instalar.
- Fácil de mantener.

Desventajas del intercambio iónico

- El agua almacenada tiene una vida útil corta.
- Es caro.
- Utiliza productos químicos como la sal.
- No elimina bacterias, virus, pirógenos ni partículas.

Tipos de intercambio iónico

- **Ablandamiento del agua:** Elimina los minerales que endurecen el agua, como el magnesio y el calcio, y los sustituye por iones de sodio para ablandar el agua.
- **Desionización:** Elimina aniones, cationes y otros iones, dando como resultado un agua purificada y no contaminada.

Instrucciones:

1. Instale un sistema de filtración de agua por intercambio iónico.
2. Una vez instalado, el agua será segura para su uso y podrá consumirla de inmediato.

Ósmosis inversa

La ósmosis inversa (OI) es una técnica de purificación del agua que separa los solutos disueltos del agua. Elimina metales pesados, microplásticos, PFAS, COV, arsénico, cloro, sedimentos, sal, flúor, herbicidas y pesticidas, moléculas no deseadas, iones y otros contaminantes. Es uno de los métodos más populares para purificar el agua potable. La gente lleva décadas utilizando este método, que es uno de los inventos más significativos de la historia moderna.

Ventajas de la ósmosis inversa

- Elimina productos químicos, gérmenes, bacterias, virus y otros contaminantes biológicos.
- Fácil de usar.
- No requiere electricidad ni consumo de energía.
- Reduce el desperdicio de agua.
- Totalmente automotriz.
- Elimina impurezas como el flúor, el cloro y el plomo.
- No utiliza ningún producto químico para purificar el agua.
- Es muy popular en el uso comercial porque es adaptable y satisface varias necesidades.
- Adecuada para uso privado y público.
- Produce agua de alta calidad.

Desventajas de la ósmosis inversa

- Produce muchos residuos.
- Es costosa y requiere un mantenimiento regular, ya que puede obstruirse.
- Elimina todo tipo de minerales, incluidos los que son buenos para el cuerpo.
- Su uso regular puede provocar problemas cardiovasculares, debilidad, tensión muscular y fatiga.
- No elimina microorganismos como bacterias y virus.
- No desinfecta el agua.
- Requiere más energía que otros métodos.
- Produce residuos.

Instrucciones:

1. Instale el sistema de ósmosis inversa en su casa o vehículo debajo del fregadero o en el exterior. También puede contratar a alguien para que lo haga por usted.

2. Este es un método automático que purifica el agua por sí mismo.

Shungita para purificar el agua

La purificación del agua con *shungita* no es tan popular o comúnmente utilizada como los otros métodos de este capítulo, pero es muy interesante. La *shungita* es un mineral raro que solo se encuentra en Rusia. Algunos científicos creen que procede de un meteorito que chocó contra la Tierra hace siglos. Contiene altos niveles de carbono fulereno, una rara estructura de carbono que absorbe los contaminantes del agua.

Ventajas de la purificación del agua con *shungita*

- Tiene propiedades antivirales y antibacterianas.
- Destruye virus y bacterias del agua.
- Elimina los microbios del agua.
- Elimina patógenos peligrosos para la salud.
- Purifica el agua.
- Protege contra la exposición a los campos electromagnéticos.

Desventajas de la purificación del agua con *shungita*

- Puede liberar productos químicos y metales pesados en el agua.
- Este método es un poco arriesgado, por lo que se recomienda precaución.

Instrucciones:

1. Consiga una o más piedras de *shungita*.
2. Lávelas bien durante dos minutos bajo el agua.
3. A continuación, lávelas de nuevo cinco veces.
4. Sumerja las piedras en el agua y déjelas durante cinco días.
5. Cambie el agua todos los días.
6. Saque las piedras de *shungita* del agua, póngalas en un recipiente y luego cúbralas con el agua que desea purificar.
7. Déjelas durante 24 horas para que se purifique.
8. A continuación, retire las piedras y beba el agua.

Purificación solar

Esta técnica trata el agua mediante radiación UV. La energía solar elimina los contaminantes del agua, reduce los microorganismos e impide que se reproduzcan, haciendo que el agua sea segura para el consumo. Es uno de los métodos más sencillos. Sin embargo, no funciona en regiones frías o en lugares sin acceso directo a la luz solar.

La purificación solar no es tan potente como otras técnicas, así que utilícela solo cuando no tenga otras opciones.

Ventajas de la purificación solar

- Elimina los microbios del agua.
- Mejora la calidad del agua.
- Amigable con el medio ambiente.
- Rentable.

Desventajas de la purificación solar

- No funciona en regiones frías o con tiempo nublado.
- No funciona con aguas muy contaminadas.
- No elimina los productos químicos del agua.
- Funciona solo con pequeñas cantidades de agua.

Instrucciones:

1. Llene una botella de plástico con agua.
2. Agítela para activar el oxígeno.
3. Colóquela en posición horizontal bajo la luz directa del sol.
4. Déjela durante una hora.

Radiación UV

En este método, se utilizan bombillas o lámparas UV que emiten luz ultravioleta para eliminar algunos microorganismos. Sin embargo, este método no es lo suficientemente efectivo, ya que no elimina metales pesados o impurezas.

Ventajas de la radiación UV

- Mata protozoos, bacterias, virus y microbios.
- Amigable con el medio ambiente.

- Fácil de instalar y utilizar.
- Requiere poco mantenimiento.
- No consume mucha electricidad.
- No desperdicia agua.
- El agua se purifica al instante, por lo que se puede consumir de inmediato.
- Rentable.

Desventajas de la radiación UV

- No es eficaz contra todos los microorganismos.
- Se debe filtrar el agua antes de utilizar este método.
- Requiere electricidad, que no siempre está disponible para quienes viven fuera de la red.
- No mejora el sabor ni el olor del agua.
- No elimina metales ni sólidos.

Instrucciones:

1. Ponga el agua en una máquina purificadora de agua UV y deje que haga su trabajo.
2. La máquina expone el agua a la luz UV, que mata el ADN de los microorganismos e impide que se reproduzcan, haciendo que el agua sea segura para su uso.

Cloración del agua

El cloro es el segundo producto químico que se puede utilizar en el tratamiento del agua. La cloración del agua es una de las técnicas de purificación más antiguas. Es ideal para emergencias, ya que es sencilla, rápida y eficaz. Consiste en añadir al agua una lejía suave con un 5 % de cloro para eliminar toxinas y microorganismos.

Ventajas de la cloración del agua

- Desactiva los microbios y elimina los microorganismos nocivos.
- Desinfecta el agua, haciéndola segura para el consumo.
- Es fácil de usar y ofrece resultados rápidos.
- Es rentable y no requiere ningún equipo.

Desventajas de la cloración del agua

- Deja un olor extraño en el agua.
- La exposición constante al agua tratada con cloro reseca y debilita el cabello.
- Provoca irritación cutánea.
- Cambia el sabor del agua.

Instrucciones:

1. Necesita lejía para desinfectar el agua. Elija lejía líquida normal para la ropa, como Purex o Clorox.
2. Compruebe los ingredientes y evite usar lejía con aromas y aditivos.
3. Determine de antemano la cantidad que necesita. Utilícela con moderación para evitar problemas.
4. Utilice cuatro gotas de cloro por cada diez mililitros de agua, u ocho gotas si el agua está muy contaminada o turbia.
5. Añada el cloro al agua y mézclelos bien.
6. Deje el agua con el cloro entre seis y doce horas. No utilice el agua antes de este tiempo.
7. Analice el cloro del agua con un medidor digital.
8. Asegúrese de que el agua está limpia y sin cloro antes de utilizarla.

Purificador de agua

Los purificadores de agua eliminan las impurezas del agua, los minerales y los contaminantes biológicos. Aunque requieren electricidad, hay muchas opciones en el mercado que se pueden utilizar sin conexión a la red, como los purificadores de agua de bomba. Este es uno de los métodos más eficaces, ya que elimina más contaminantes que otras técnicas. Sin embargo, no elimina el cloro y el plomo.

Ventajas de los purificadores de agua

- Amigables con el medio ambiente.
- Rentables.
- Mejoran el olor y el sabor.
- Mejoran la salud.
- Proporcionan agua limpia y segura.

- Eliminan los microorganismos.
- Fáciles de usar.

Desventajas de los purificadores de agua

- Requieren mantenimiento.
- No eliminan los pesticidas.

Instrucciones:

1. Instale el purificador de agua de bomba siguiendo las instrucciones del paquete.
2. Llénelo de agua.
3. Bombee la palanca hacia arriba y hacia abajo durante un par de minutos.

Métodos tradicionales frente a métodos avanzados de purificación del agua

Ahora que ya se ha familiarizado con los distintos métodos de purificación, probablemente se pregunte cuál es el más adecuado para usted. La respuesta a esta pregunta depende de muchos factores, como la zona en la que vive y si vive en una cabaña, una casa o una casa rodante. Por eso, tenga en cuenta todos estos factores antes de hacer una elección.

De todas formas, los métodos avanzados tienen ventaja cuando se comparan con los tradicionales. Gracias a la tecnología, existen métodos más nuevos, seguros y mejores para purificar el agua. Por ejemplo, el método tradicional de hervir el agua no siempre es seguro. Aunque su abuela argumentaría que su familia lo ha utilizado durante cientos de años, descubrimientos recientes han demostrado sus limitaciones.

Las cosas han cambiado en los últimos años y hay nuevos virus, bacterias y metales pesados contra los que luchar.

Los métodos avanzados son mejores en todos los sentidos que los tradicionales; aunque pueden ser costosos y algunos menos prácticos, son opciones más seguras. Necesita el agua para todos los aspectos de su vida, así que no debe correr riesgos.

No se puede negar que vivir sin conexión a la red tiene sus retos. Durante una emergencia, quizás la seguridad sea un lujo que no se puede permitir. En esta situación, deberá usar lo que tenga a mano en lugar de lo más seguro. Sin embargo, si puede prepararse de antemano, elija siempre la seguridad.

La purificación del agua no es opcional. Es un proceso necesario para eliminar las sustancias químicas y los microorganismos del agua. Asegúrese de tratar el agua justo después de recogerla utilizando el método adecuado. Siga las instrucciones y no cambie ni ignore ninguno de los pasos, especialmente con las dosis químicas.

¿Qué haría si viviera en un entorno frío donde todas las fuentes de agua están congeladas? En el capítulo siguiente encontrará consejos y técnicas para convertir la nieve y el hielo en agua sin poner en riesgo su salud.

Capítulo 6: Nieve y hielo: consejos, mitos e ideas falsas sobre el deshielo

En este capítulo, encontrará todo lo necesario para extraer agua del hielo y la nieve con cuidado, ya que a menudo es la única forma de obtener agua en las zonas más frías. Este capítulo le proporciona los conocimientos y habilidades necesarios para tomar decisiones informadas a la hora de extraer agua del hielo. Aprenderá todo sobre las técnicas de conservación de energía para derretir la nieve y desmantelará mitos y conceptos erróneos relacionados. También aprenderá la forma adecuada de tratar el hielo evitando la hipotermia. Entremos de lleno en el tema:

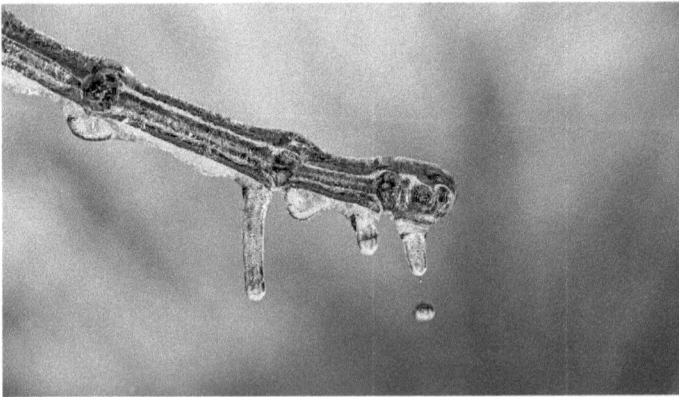

Convertir la nieve en agua potable para hidratarse es una habilidad esencial que debe dominar si vive en ambientes fríos[81]

Técnicas eficaces y de bajo consumo para derretir el hielo y la nieve

Convertir la nieve en agua potable para hidratarse es una habilidad esencial que debe dominar en entornos fríos. También es una habilidad esencial para los excursionistas y montañistas. Se puede comer o beber nieve filtrándola adecuadamente. Se puede consumir una pequeña cantidad de hielo o nieve para sobrevivir. Sin embargo, ingerir grandes cantidades puede ser extremadamente peligroso.

El consumo de nieve reduce la temperatura corporal, ya que el cuerpo necesita una cantidad significativa de energía para convertir el hielo y la nieve en agua y eso hace que la temperatura corporal cambie. Debe mantener alta su temperatura corporal, especialmente si va a recorrer largas distancias. Por eso es fundamental utilizar métodos eficaces para convertir el hielo en agua. A continuación, se repasan algunos de ellos:

Utilizar una estufa

Muchos aventureros al aire libre viajan a entornos helados con modernas estufas que requieren combustibles líquidos como el Coleman, el gas propano o la gasolina sin plomo para derretir el hielo y la nieve. No llene la estufa de nieve, ya que esta es un gran aislante y puede hacer que su olla se queme en lugar de derretir el hielo. La forma más eficaz de hacerlo es recoger nieve del exterior y derretir una pequeña cantidad en la olla a fuego lento (asegúrese de que la nieve que recoge no sea amarilla). Añada pequeñas cantidades de nieve a la olla hasta que tenga suficiente agua. La nieve se compone principalmente de aire, por lo que necesita una cantidad importante para producir un litro de agua. Para ahorrar combustible, puede cubrir la olla o cacerola con una tapa. También puede calentarla sobre una fogata si encuentra leña en los alrededores. El agua de la nieve no es segura solo porque está congelada. Las bacterias y los patógenos pueden desactivarse cuando se congela, pero se reactivan cuando el hielo se derrite. Por ello, es preferible que hierva el agua antes de consumirla. Tenga la misma precaución que con el agua estancada.

Calentarla en el fuego

También puede derretir la nieve directamente en el fuego si no tiene estufa o cacerola. Puede colgar el hielo o la nieve sobre el fuego y dejar que el agua derretida gotee en un recipiente. Puede envolver el hielo en un paño, una camisa o cualquier otro elemento poroso que pueda colgarse con el apoyo de palos o incluso bastones de esquí. También puede calentar una placa de hielo duro o nieve crujiente sobre un fuego sin utilizar ningún recipiente. Puede cortar la placa de hielo en trozos más pequeños y colocarlos sobre el palo para que se derritan.

Aprovechar la luz del sol

Si no tiene acceso a combustible o fuego; aún es posible derretir hielo sin fuego, ya que puede usar el sol para hacerlo. Cuando las rocas oscuras entran en contacto con la luz del sol, resulta más fácil derretir el hielo o la nieve que entra en contacto con ellas. Puede encontrar agua incluso a temperaturas tan bajas como -10 grados Celsius. Preste atención al agua que fluye en acantilados o laderas orientadas al sur. Una vez que encuentre el agua, puede recogerla en un recipiente. Es importante encontrarla y recogerla antes de que anochezca, porque podría congelarse de nuevo cuando se ponga el sol. Puede guardar las botellas de agua en su bolsa de dormir para evitar que se vuelvan a congelar.

Utilizar el calor corporal

Si lleva una botella de agua, manténgala en contacto con su cuerpo o dentro de su abrigo para evitar que se congele. Tome un poco de nieve y póngala en su botella cada vez que beba un sorbo de agua. El calor de su cuerpo (y el agua de la botella) la derretirá rápidamente y repondrá su reserva de agua. Asegúrese de tener una botella de boca ancha para que sea más fácil poner nieve en ella. Este es uno de los métodos más fáciles para conseguir agua y no requiere hacer fuego. También funciona en casos de emergencia o de malas condiciones meteorológicas.

Utilizar una bolsa Ziploc

Otra forma de derretir la nieve bajo el sol es poniéndola sobre una bolsa de basura de fondo redondo. Coloque la nieve en una bolsa ziploc y luego ubíquela sobre la bolsa de basura. El calor del sol derretirá la nieve dentro de la ziploc y le dará agua potable limpia. Este método funciona mejor si está en zonas con mucho sol. Si no tiene ziploc, puede simplemente colocar la nieve sobre la bolsa de basura y esperar a que se derrita. A continuación, ponga el agua en un recipiente. Este proceso es difícil y recoger el agua derretida de esta forma puede convertirse en una molestia.

Derretir hielo sobre una roca inclinada

Esta es otra forma fácil de derretir hielo. Puede derretir nieve con algunas rocas y un fuego. Cree una superficie inclinada similar a una mesa para sostener el hielo, de modo que pueda calentarlo con fuego desde abajo de las rocas. A continuación, canalice la nieve derretida hacia un recipiente situado debajo de las rocas. Debe utilizar nieve limpia para no tener que filtrar el agua. Es importante utilizar rocas que no sean porosas. De lo contrario, el agua empapará las rocas y se perderá. También debe evitar tomar las rocas de cerca del río, ya que es más probable que absorban más agua. Si se encuentra en zonas como la costa de Alaska o Columbia Británica, es mejor que derrita el hielo que se encuentra a cierta distancia de la costa en lugar del hielo más cercano.

Comer nieve directamente

Este debe ser el último recurso, ya que comer mucha nieve reduce peligrosamente la temperatura corporal y aumenta el riesgo de hipotermia. Además, el hielo muy frío puede quemarle la boca y los labios.

Consejos para derretir

Se necesita mucha energía (es decir, combustible) para derretir la nieve, ya que esta se funde más despacio que el hielo. Si hay poco combustible, los métodos de fusión deficientes pueden provocar que se agote. He aquí algunos consejos para derretir que pueden ayudarle a ahorrar energía:

Proteger la estufa del viento

Debe encontrar un lugar protegido para su estufa, ya que el viento aumenta la cantidad de combustible necesario para hervir un litro de agua. Si tiene mucha nieve a su alrededor, corte varios bloques para crear un cortaviento para su estufa. Aunque no sea perfecto, lo protegerá del viento. También puede utilizar arbustos o piedras apiladas para proteger su estufa del viento. Si lo requiere, puede usar su propio cuerpo para una protección extra.

Calentar con agua en su olla

Derretir la nieve en una olla seca es un proceso lento. Siempre debe intentar mantener un poco de agua en su olla para que la transferencia de energía a la nieve sea eficiente. Primero, añada un centímetro de agua a la olla y luego ponga la nieve. La nieve se derretirá y el nivel del agua subirá. A continuación, vierta el agua de la olla manteniendo la misma cantidad, una pulgada de agua en el fondo del recipiente, para seguir derritiendo.

No calentar el agua

Si su objetivo es derretir la nieve y no calentar el agua, no debe malgastar energía. Saque el agua líquida del recipiente a medida que se derrite mientras añade nieve. Puede añadir nieve y remover la olla antes de sacar el agua para ayudar a recuperar la energía perdida al calentar el agua.

Utilizar una tapa

Poner una tapa sobre la olla o dar unas palmaditas mientras se derrite la nieve es una forma estupenda de ahorrar energía. Además, es más rápido que derretir la nieve sin tapa. Si tapa la olla, atrapa el aire caliente y el vapor dentro, lo que acelera el proceso de derretimiento y mejora significativamente la eficacia. También reduce el riesgo de derramar agua.

Ser recursivo

Si va a emprender una aventura al aire libre, asegúrese de tener una estufa que funcione, combustible y una olla, ya que le facilitarán la obtención de agua. Si no dispone de este equipo, existen otras formas pasivas de derretir la nieve, como se ha comentado anteriormente.

Desmontar mitos e ideas falsas

Aunque la nieve puede ser una fuente de agua maravillosa y práctica, es importante desmentir algunos mitos y conceptos erróneos relacionados con ella. Es importante aclarar estas ideas erróneas por seguridad. Conocer esta información le ayudará a tomar decisiones con conocimiento de causa. Entremos de lleno en el tema:

Mito nº 1: Comer nieve hidrata

Realidad: Comer nieve puede ser estupendo para condiciones extremas de supervivencia, pero no debe confiar plenamente en ello. La gente tiende a pensar que la nieve está hecha solo de agua, por lo que es una gran fuente de hidratación. Sin embargo, no es tan sencillo como parece. Aunque la nieve está hecha de agua, muchas de las buenas propiedades del líquido se pierden en el proceso de congelación, por lo que comer nieve puede provocar deshidratación en lugar de prevenirla, ya que el cuerpo utiliza más calor y energía para derretir la nieve fría. Esto puede provocar una reducción de líquidos en el cuerpo y deshidratarlo más. Tampoco contiene los nutrientes y minerales esenciales necesarios para una hidratación adecuada. Sin embargo, la nieve derretida es una gran fuente de agua en casos de emergencia y si está al aire libre sin acceso a arroyos.

Mito nº 2: La nieve se purifica al derretirse

La realidad: La nieve no se purifica automáticamente al derretirse. Aunque se eliminan algunas impurezas, no desaparecen todos los contaminantes. Hervir la nieve derretida o utilizar otros métodos de purificación del agua es la mejor manera de eliminar las sustancias químicas nocivas, los contaminantes y los microorganismos.

Mito nº 3: La nieve y el hielo no son iguales

Realidad: Aunque es cierto que la nieve y el hielo pueden derretirse para producir agua, sus procesos son diferentes. La nieve contiene aire, por lo que tarda más en derretirse que el hielo denso. Por eso debe ser paciente y cuidadoso para derretir el hielo y la nieve de la forma correcta.

Mito nº 4: Todos los métodos para derretir la nieve son igual de seguros

Realidad: Todos los métodos para derretir la nieve pueden parecer igual de seguros, pero no es cierto. Si intenta derretir la nieve en un recipiente de plástico o en un recipiente contaminado sobre una llama, pueden introducirse patógenos y contaminantes nocivos durante el calentamiento. Es recomendable utilizar una estufa de acampar y un recipiente limpio.

Mito nº 5: La nieve amarilla se puede derretir y consumir sin peligro

Realidad: Es bastante peligroso consumir nieve amarilla, ya que puede contener impurezas y contaminantes como la orina. Es mejor no beber nieve amarilla derretida, ya que la presencia de contaminantes y sustancias nocivas es peligrosa para la salud.

Mito nº 6: La nieve es una fuente ilimitada de agua limpia

Realidad: La nieve no puede considerarse un recurso hídrico infinito porque, dependiendo del lugar del mundo, puede que ni siquiera esté disponible durante todo el año. Solo debe utilizarse en caso de emergencia o cuando no se disponga de agua limpia y corriente.

Debe informarse sobre el consumo seguro de la nieve derretida como fuente de agua. Incluso en caso de emergencia, tome las medidas adecuadas para asegurarse de que la nieve o el hielo que consume están limpios. Para tratar la nieve derretida, lo mejor es utilizar un método de purificación de agua adecuado, como hervirla o usar pastillas purificadoras.

Peligros potenciales del consumo de nieve

Obtener agua de la nieve y el hielo requiere precaución. Es esencial derretir la nieve con cuidado y purificarla para evitar complicaciones de salud. A continuación, se mencionan algunos de los peligros de consumir hielo derretido sin el tratamiento adecuado.

Hipotermia

Debe tener cuidado con la hipotermia. La hipotermia se produce cuando su temperatura corporal es menor a la temperatura mínima requerida para un metabolismo con funciones corporales saludables, que es de 95 grados Fahrenheit (35°C). Todas las temperaturas por debajo de 95F se consideran hipotermia; sin embargo, la intensidad varía:

- Leve = 90-95F
- Media = 82-90F
- Grave = 68-82F
- Aguda = 68F e inferior

El riesgo de hipotermia aumenta si se ingiere la nieve directamente, ya que se reduce significativamente la temperatura corporal. Como la temperatura de la nieve está por debajo del punto de congelación, su ingesta hace que el cuerpo use energía extra para bajar la temperatura de la nieve hasta la temperatura corporal normal. Esto hace que la temperatura central del cuerpo entre en niveles de hipotermia, empeorando fácilmente la situación. Por eso siempre debe derretir la nieve antes de beberla.

Puede hacer su agua poniendo la nieve en un recipiente o una botella de agua para que se derrita y sea buena para consumir. Por favor, utilice únicamente nieve blanca, esponjosa y limpia, que no parezca sucia ni contaminada. Purificar el agua derretida hirviéndola antes de consumirla también es una buena idea.

Contaminantes

Puede ser extremadamente peligroso para su salud consumir agua de nieve derretida sin purificarla adecuadamente, ya que puede estar contaminada. El agua puede contener agentes patógenos como bacterias, virus y otras sustancias químicas. Estas sustancias nocivas pueden liberarse en la nieve a partir de residuos industriales y agrícolas, desechos animales y contaminación atmosférica. También debe saber que la nieve puede contener metales pesados, como mercurio, plomo y arsénico. Todas estas sustancias nocivas pueden liberarse en el agua cuando la nieve se derrite, convirtiéndola en insalubre para beber. La presencia de estas sustancias insalubres en el agua es realmente perjudicial para la salud. Puede causar muchos problemas de salud, como problemas neurológicos, enfermedades gastrointestinales, problemas renales e incluso cáncer.

También puede haber compuestos orgánicos en su agua que pueden causar enfermedades respiratorias.

Los altos niveles de cloro en el agua también pueden ser peligrosos. Si se consume en grandes cantidades, el cloro puede provocar náuseas y vómitos e incluso dañar el hígado. Utilice un sistema de filtración adecuado para eliminar bacterias, virus y otros contaminantes y hacer que el agua sea segura para beber. Hervir el agua, aunque sea durante un minuto puede hacerla segura para el consumo.

Deshidratación

Como ya se dijo en uno de los mitos del consumo de nieve derretida, beber nieve derretida puede provocar deshidratación. Dado que la nieve está compuesta por una pequeña cantidad de agua, puede provocar una rápida pérdida de líquidos y, en última instancia, deshidratación. Si va a consumir nieve, debe hacerlo con moderación, ya que su temperatura corporal puede descender rápidamente si consume grandes cantidades.

Purificación deficiente

Esterilice adecuadamente el agua de la nieve derretida por su seguridad. Como ya se ha mencionado, la nieve puede contener muchos contaminantes, por lo que debe purificar el agua adecuadamente mediante ebullición o pastillas purificadoras. Una mala purificación puede provocar diferentes enfermedades.

Derrita la nieve con cuidado para evitar riesgos derivados del consumo de nieve derretida contaminada. Debe tomar las precauciones suficientes para garantizar que el agua sea segura para el consumo. Si es posible, hierva, filtre o derrita adecuadamente la nieve antes de beberla. Tomar estas medidas reduce significativamente los riesgos para su salud.

Capítulo 7: Conservar el agua en regiones de escasez

Este capítulo se centra en estrategias y prácticas para optimizar el uso del agua en zonas donde los recursos son limitados. Tras detallar los retos exclusivos de las regiones áridas o propensas a la sequía y las nefastas implicaciones del despilfarro de agua, se esbozan medidas prácticas para minimizar el uso del agua en las actividades cotidianas, la agricultura y la industria. Conocerá prácticas tradicionales de ahorro de agua, soluciones innovadoras, tecnologías emergentes de conservación y esfuerzos y políticas que han marcado una diferencia tangible en regiones con escasez de agua a corto y largo plazo en todo el mundo.

Conservar el agua es esencial[32]

La escasez de agua y la importancia de su conservación

Debido a una combinación de crecimiento demográfico extremo, gestión ineficiente del agua, contaminación y cambio climático, la escasez de agua es un problema acuciante en varias zonas del mundo. Aunque no viva en una región con escasez de agua, conservar este recurso tan valioso supone una gran diferencia para el futuro. La escasez de agua afecta enormemente a muchos ámbitos de la vida, desde problemas de higiene hasta pérdidas económicas por prácticas agrícolas insostenibles, pasando por las nefastas consecuencias para los ecosistemas de la Tierra. Este problema es especialmente notable en las regiones áridas, debido a las altas tasas de evaporación y a la escasez de precipitaciones. Debido a ello, más del 50 % de los humedales del mundo han desaparecido en el último siglo. Los humedales son los hábitats más sostenibles del planeta, ya que favorecen la supervivencia de muchas especies. También son el principal lugar de cultivo de productos básicos como el arroz y sustentan diversas funciones ecosistémicas que benefician a las personas, como el control de inundaciones, la filtración de agua y la protección contra tormentas.

En zonas de escasez de agua, los paisajes naturales se resienten. Los lagos de agua dulce se están reduciendo y salinizando debido a la contaminación y a que se utiliza demasiada agua (en comparación con el volumen total) para el riego. Los mares se retraen, dejando tras de sí tierras contaminadas, creando escasez de alimentos y aumentando las enfermedades relacionadas con la falta de higiene, reduciendo la esperanza de vida de la población. Además, sin agua limpia, es difícil obtener suficiente para el consumo y la agricultura, lo que conduce al declive económico.

Pero la conservación del agua no solo es necesaria en zonas propensas a la sequía. Encontrar soluciones sostenibles a este problema es vital para mejorar la disponibilidad de agua y conservar este recurso en toda la Tierra. También ayuda a fomentar los ecosistemas naturales, preservar los hábitats y evitar la intrusión de agua salada en las aguas subterráneas de las regiones costeras. Además, ayuda a ahorrar dinero a personas, comunidades y países enteros, ya que reduce la cantidad de energía necesaria para el transporte y el tratamiento del agua.

Soluciones prácticas para la conservación del agua

Construcción de presas y embalses

La construcción de embalses, como lagos artificiales después de las presas fluviales, es una forma eficaz de recoger agua durante los periodos de altas precipitaciones y conservarla para los periodos secos. Además, estos reservorios pueden ser usados para otros fines. Pueden utilizarse como suministro de agua para zonas urbanas, control de inundaciones, creación de hidroelectricidad y mucho más. Por desgracia, las presas no son la solución más ecológica, ya que provocan la erosión de los cauces río abajo y tienen otros efectos negativos en el ecosistema local. El agua de estos embalses se calienta más rápidamente, lo que significa que se evapora con rapidez y se vuelve inadecuada para las especies adaptadas al agua fría de los ríos. Además, los sedimentos atrapados en la presa hacen necesaria una mayor filtración, dependiendo de a qué se destine el agua conservada.

Los embalses ayudan a recoger y conservar el agua[88]

Desalinización

Las tecnologías avanzadas de desalinización (extracción de sal y otros compuestos del agua de mar) son cada vez más populares en las regiones costeras. La sal puede extraerse del agua salobre y marina mediante destilación u ósmosis inversa, haciéndola apta para fines agrícolas e industriales y para el consumo humano. Como las fuentes de agua salada están fácilmente disponibles en las regiones costeras, la desalinización es una solución sostenible ante la escasez de agua dulce, ya que reduce la dependencia de recursos que desaparecen rápidamente y ayuda a satisfacer las necesidades de las poblaciones costeras. A pesar de sus ventajas, la desalinización presenta inconvenientes, como los desechos de la salmuera, que pueden afectar al ecosistema, y el elevado consumo de energía. La desalinización por energía solar es una variante más rentable, ya que consume menos energía y puede aplicarse en regiones más pequeñas.

Acueductos

La instalación de acueductos es otra forma de trasladar agua de un lugar a otro. Sin embargo, solo funcionan en zonas pequeñas, porque extraer agua de zonas más extensas puede provocar sequías en el futuro. Si esto sucede, se produce la pérdida de ecosistemas y una importante contaminación atmosférica en la región circundante. Además, el transporte desde zonas más extensas puede requerir atravesar grandes distancias, lo que eleva el costo del proceso.

Recogida de agua de lluvia

Durante siglos, se ha recogido agua de lluvia para la agricultura, la recarga y el uso humano. En zonas donde las precipitaciones son escasas, recogerlas y almacenarlas es una solución fantástica para mejorar la disponibilidad de agua durante los periodos de sequía. El método tradicional de recogida de agua de lluvia consiste en recoger el agua de los tejados y otras superficies similares que captan y conducen grandes cantidades de agua hacia el suelo. Este barato método puede utilizarse fuera de la red de suministro y puede combinarse con técnicas de purificación del agua para hacerla apta para el consumo humano.

Además de ofrecer un suministro de agua seguro durante las sequías, el método también disminuye la dependencia de otros recursos hídricos. Si una comunidad entera empieza a recoger el agua de lluvia, mejorarán los ecosistemas locales de los pozos, lagos y ríos cercanos, al tiempo que se favorece a la gestión del agua a largo plazo. La recarga de las aguas subterráneas, por ejemplo, permite que el agua pase de la superficie terrestre a la capa más profunda del suelo. La recogida de agua de lluvia es una solución viable para crear más agua subterránea y reducir la escasez. Los métodos avanzados de recogida de agua de lluvia van un paso más allá, porque además eliminan la erosión del suelo y evitan inundaciones y otros problemas creados por la escorrentía repentina de las aguas pluviales en los entornos urbanos. En su lugar, utilizan el exceso de agua para crear un almacenamiento a largo plazo.

Agricultura inteligente a nivel hídrico

La agricultura inteligente desde el punto de vista hídrico se refiere a prácticas agrícolas específicas para aumentar o conservar la productividad de los cultivos optimizando el uso del agua. Este enfoque implica métodos agrícolas tradicionales y esfuerzos modernos de conservación del agua, como la plantación de cultivos resistentes a la sequía, el riego por goteo o la agricultura de precisión.

El riego por goteo suministra agua al suelo, directamente a las raíces de los cultivos, maximizando la eficiencia hídrica y minimizando las pérdidas por evaporación. Permite a los agricultores aplicar un control preciso del suministro de agua y conservar los recursos, por lo que puede reducir el consumo de agua hasta en un 50 %, al mismo tiempo que se optimiza el rendimiento de los cultivos.

El xerojardinería es un método agrícola que consiste en utilizar campos de cultivo que requieren un uso y un mantenimiento mínimo del agua. Estos paisajes se crean mediante una combinación de plantas resistentes a las sequías, aplicaciones optimizadas de acolchado y sistemas de riego eficientes para disminuir el consumo de agua. Además de preservar el agua, la xerojardinería también disminuye la necesidad de pesticidas y fertilizantes, lo que se traduce en cultivos más sanos y seguros para el consumo humano y animal.

La adopción de estas y otras prácticas agrícolas inteligentes en materia hídrica es una excelente manera de reducir los costos de producción de las explotaciones agrícolas, mejorar la retención de agua en los suelos, contribuir a la gestión sostenible de los recursos hídricos y reducir las tasas de evaporación. Estas prácticas agroforestales tienen un impacto muy positivo en la resiliencia de los ecosistemas y la preservación de la biodiversidad.

Control de la contaminación

La contaminación no controlada del agua puede provocar una escasez aún mayor, especialmente en zonas propensas a la sequía. Para evitar que los recursos de agua dulce dejen de ser aptos para el consumo y se deban buscar otras soluciones para un número cada vez mayor de personas, hay que mejorar los sistemas de alcantarillado y vigilar y controlar periódicamente la calidad del agua.

Tratamiento de aguas residuales

Aplicar soluciones eficaces de tratamiento de aguas residuales es otra forma de reutilizar y recuperar el agua contaminada. Estas técnicas eliminan todos los contaminantes del agua, produciendo un suministro fresco de agua reutilizable. En la mayoría de los casos, esta agua se utiliza para fines industriales o agrícolas. Sin embargo, con la técnica adecuada, puede purificarse hasta que sea segura para el consumo humano. Además, las técnicas modernas de purificación del agua crean un subproducto de gas natural que puede producir energía. Al invertir en esta tecnología de vanguardia, se puede contribuir a una infraestructura sostenible para reutilizar continuamente los recursos y cubrir las necesidades de agua.

Una forma de tratamiento de residuos hídricos es el reciclaje de aguas grises, que consiste en recoger agua usada de distintas fuentes de un hogar, como fregaderos, lavadoras y duchas. Esta agua suele utilizarse para el riego, la restauración de las aguas subterráneas, la industria, el abastecimiento municipal de agua y los inodoros, todo lo cual reduce la dependencia de los suministros de agua dulce al tiempo que reduce la cantidad de aguas residuales.

Lo mejor del reciclaje de aguas grises es que puede aplicarse a grandes y a pequeños usuarios. Por ejemplo, en las zonas costeras, las aguas residuales del sistema de residuos de una empresa o municipio pueden utilizarse para complementar las aguas subterráneas, limitando la intrusión de agua salada. El uso a pequeña escala se da, por ejemplo, en los hogares donde las tuberías están diseñadas para que las aguas grises de los fregaderos se utilicen para soltar el agua del inodoro. En la mayoría de los casos, las aguas grises no son potables, por lo que no son seguras para el consumo. Sin embargo, si estas aguas tratadas pasan por un proceso de purificación adicional, pueden convertirse en agua potable (para beber).

Conservación del agua

La conservación del agua implica utilizarla de forma más eficiente. En el caso de los hogares, esto significa adaptar el comportamiento de los usuarios para que consuman menos agua y aplicar tecnologías de ahorro. Lo primero, puede incluir lavar los platos en un lavavajillas eléctrico y no a mano; usar el lavavajillas y la lavadora solo cuando estén llenos, de modo que requieran menos lavados y consuman menos agua que con muchas cargas pequeñas; darse duchas cortas en vez de baños; cerrar el grifo mientras se lavan los dientes o arreglar los grifos que gotean. Otra medida para ahorrar agua es elegir productos con una huella hídrica reducida, como los huevos, en lugar de variantes con una huella hídrica elevada, como la carne de vaca. Del mismo modo, cultivar plantas resistentes a la sequía en el jardín en climas secos y regar solo cuando sea necesario y por la mañana, antes de que salga el sol y comience la evaporación, ahorra volúmenes sorprendentemente altos de agua. La tecnología de ahorro de agua incluye la instalación de filtros de ducha, inodoros ahorradores y lavadoras más eficientes.

Dado que la agricultura utiliza mucha más agua que los hogares, aquí se puede hacer un esfuerzo aún mayor para la conservación del agua. Además del sistema de riego por goteo, otra solución viable es cultivar únicamente productos autóctonos de la zona y solo en lugares con precipitaciones suficientes para mantenerlos. También son ventajosos los métodos de labranza cero, que se basan en la aplicación de cobertura en el suelo para reducir la evaporación.

La medición inteligente del agua es una técnica innovadora de conservación que puede aplicarse en diversos campos. Las industrias, los municipios e incluso los hogares pueden controlar su consumo de agua midiéndolo en tiempo real. Esto permite a los usuarios identificar las áreas en las que pueden reducir o modificar el uso y la gestión del agua. Al identificar el uso excesivo de agua y aplicar las medidas necesarias para reducirlo y ser más responsables, los usuarios pueden reducir su consumo hasta en un 20 %.

Fomentar la conservación del agua educando a los demás

Aunque los usuarios individuales pueden contribuir significativamente a la conservación del agua, pueden hacer mucho más para asegurar el suministro de agua a largo plazo educando a quienes les rodean. Colaborando con otras personas, puede reformar radicalmente el consumo de agua en toda la comunidad. Educar a los demás implica concienciarlos sobre la importancia de la conservación del agua. También los puede animar a participar en el proceso y proporcionarles consejos prácticos para ahorrar agua en sus propiedades. Las personas también deben mantenerse al día en las tecnologías innovadoras de conservación del agua disponibles en su zona y las formas de ayudar a resolver los problemas de escasez de agua. Esto fomenta un sentido de responsabilidad sobre el propio comportamiento.

Educar a los miembros de una comunidad sobre el impacto de sus hábitos de consumo de agua y fomentar prácticas de uso eficiente del agua puede hacerse de varias maneras, incluidos los medios de comunicación, las redes sociales, los programas escolares, etc. Las campañas de concienciación a escala comunitaria son otro método para enseñar a personas de todos los orígenes la importancia de apreciar el valor de los limitados recursos de agua dulce.

Los efectos positivos de los esfuerzos de colaboración con este fin se han demostrado una y otra vez, no solo a nivel comunitario, aunque todo empieza ahí. Cuando las comunidades plantean un problema, otras organizaciones y gobiernos se dan cuenta y se esfuerzan por intercambiar recursos, experiencia y conocimientos para resolverlo.

La experiencia demuestra que los gobiernos que han creado y aplicado leyes y políticas de obligado cumplimiento para incentivar las prácticas eficientes en el uso del agua han marcado una gran diferencia. Una de las mejores formas de lograrlo es fomentar una gestión más responsable del agua en los sectores industriales y los hogares y promoviendo el uso de tecnologías altamente eficientes.

No solo las comunidades pueden colaborar en los esfuerzos por preservar el agua, sino también los países. Los recursos de agua dulce suelen ser compartidos por al menos dos países. Por lo tanto, tiene sentido que cooperen en la gestión de este recurso finito. Promover esfuerzos de colaboración fomenta un mayor sentido de la responsabilidad colectiva.

Aprovechar la inteligencia artificial

La inteligencia artificial (IA) ha revolucionado muchos sectores, incluida la gestión del agua. Utilizar la IA para complementar los esfuerzos de conservación del agua ayuda a las personas a tomar decisiones más informadas sobre la investigación y el desarrollo de nuevas tecnologías y técnicas de ahorro de agua. Las IA pueden ayudar a analizar los datos de consumo de agua y a optimizar las estrategias de gestión del agua en función de la demanda prevista, las previsiones meteorológicas, la información sobre los programas de riego óptimos en la agricultura, los posibles problemas en la infraestructura de los edificios, etcétera.

Gracias a estas herramientas, las entidades pueden tomar mejores decisiones en materia de conservación, inversión en infraestructuras y asignación del agua, abordando los problemas de escasez de agua a gran escala y garantizando el uso sostenible de este recurso.

Ejemplos reales en todo el mundo

Región de Langtang, Nepal

Por muy extraordinario que sea el paisaje de las regiones del Himalaya oriental, el accidentado terreno y los cambios climáticos han causado muchos problemas a los agricultores locales. El tiempo pasa de sequías extremas en invierno a prolongadas temporadas de lluvias en los meses más cálidos. Esto hace cada vez más difícil para los lugareños cultivar y mantener sus medios de vida y las tradiciones que han dependido de los recursos naturales de la zona durante siglos. Además, los lagos glaciares de las montañas se están derritiendo y amenazan con inundaciones y con la reducción de los recursos de agua dulce que actualmente sustentan a más de mil millones de personas. Además, se puede destruir el hábitat de numerosas especies ya amenazadas por la acción humana.

Para hacer frente a los problemas mencionados, las comunidades de la región nepalí de Langtang, con el apoyo de organizaciones externas, desarrollaron un proyecto para adaptarse mejor a los cambios climáticos, incluidos los patrones impredecibles de precipitaciones, la escasez de agua y el cambio de estaciones. Estos cambios incluían la instalación de sistemas de riego por goteo (extendidos por varias comunidades), junto con el almacenamiento de agua para conservar el agua de lluvia, la creación de bancos de semillas para suministrar a los agricultores especies más tolerantes a la sequía y programas educativos para enseñarles a aplicar técnicas como la rotación de cultivos y a reducir la huella hídrica en la cría de animales de granja.

Además, se plantaron arbustos y árboles en las laderas para evitar desprendimientos de tierra y proteger del peligro a los recursos de agua dulce. Los aldeanos recibieron electrodomésticos más eficientes y las estaciones meteorológicas recopilaron datos para vigilar el cambio climático. Todos estos esfuerzos ayudaron a educar a la comunidad, marcando una gran diferencia en la vida de los aldeanos y asegurando su sustento y el de sus familias. El proyecto no solo abordó los efectos del cambio climático, sino también las necesidades de las personas y del ecosistema local. Concienció a la población y le dio sentido de la responsabilidad para prepararse ante los inevitables efectos futuros del cambio climático. También sirvió de ejemplo a otras comunidades del Himalaya que se enfrentan a los mismos retos y que ahora están trabajando en la aplicación de cambios similares.

Región del Sahel, África

La región africana del Sahel se enfrenta a un problema similar, ya que solo recibe lluvias durante tres meses al año. Aunque esto no era así en el pasado, los periodos de lluvia se han vuelto impredecibles debido a la aceleración de los cambios climáticos. Durante los meses sin precipitaciones, el suelo se seca por completo, volviéndose tan duro que la lluvia ni siquiera puede penetrar en las capas superficiales. En lugar de proporcionar la hidratación que tanto necesita la tierra, el agua resbala por la superficie y se evapora bajo el sol abrasador. En consecuencia, las comunidades locales luchan por conseguir agua durante la mayor parte del año para la agricultura y la higiene, cocinar y beber. Afortunadamente, han recibido ayuda de varias organizaciones y aprendieron a conservar el agua que cae durante la breve estación lluviosa para disponer de ella durante el resto del año. Por ejemplo, aprendieron a construir pozos (*zai* o pozos de media luna), que son básicamente agujeros excavados en el suelo para atrapar el agua de lluvia y evitar que se deslice por la superficie endurecida. Las barreras de piedra son otro ejemplo del esfuerzo por mantener el agua en las tierras agrícolas.

Se plantan árboles alrededor de los lagos para estabilizar la tierra y evitar que sea arrastrada por las lluvias torrenciales. Varias comunidades están trabajando en la excavación de pozos de almacenamiento de agua aún mayores. Estos depósitos de 10 pies de profundidad y 100 pies de ancho representan esfuerzos más específicos, ya que se calcularon tras una evaluación exhaustiva de dónde se acumula el agua durante las fuertes lluvias en función del terreno y del caudal natural del agua. Estos depósitos podrán contener agua suficiente para llenar una piscina olímpica, proporcionando un recurso sustancial a las familias que luchan por tener agua dulce durante todo el año. Debido al tamaño de estos depósitos, el agua no se verá afectada por la evaporación a pesar de las altísimas temperaturas y las impredecibles precipitaciones.

Los beneficios de los grandes depósitos de agua de lluvia en las regiones saharianas serán a corto y largo plazo. Al poner en práctica técnicas de conservación del agua, las comunidades locales se aseguran el acceso al agua dulce durante todo el año, lo que contribuye a la salud y la seguridad pública y garantiza la productividad de las tierras que sustentan sus medios de vida. Además, la calidad del suelo alrededor de los embalses mejora a medida que la lluvia queda atrapada en las capas más profundas. Se puede cultivar en tierras antes desecadas y obtener recursos alimentarios más nutritivos. Este esfuerzo puede reforzarse aún más plantando un anillo exterior de árboles alrededor de los embalses. Los árboles también atrapan el agua y dan cobijo a los cultivos, impidiendo que el agua utilizada para su riego se evapore. Esto demuestra que la conservación del agua no solo es beneficiosa para que la comunidad disponga de un recurso, sino que también puede transformar todo el entorno y crear ecosistemas más sostenibles.

Capítulo 8: Sobrevivir en movimiento

Este capítulo detalla los retos y estrategias de la hidratación y el abastecimiento de agua cuando está en continuo movimiento. Encontrará información sobre las medidas preventivas y reactivas para mantenerse hidratado mientras se desplaza por diversos terrenos y situaciones. Aprenderá acerca del racionamiento y la purificación del agua, la lectura de las señales naturales que indican la existencia de fuentes de agua cercanas y todo lo que necesita para garantizar la sostenibilidad del agua a largo plazo sin un reabastecimiento garantizado.

La importancia de mantenerse hidratado cuando está en movimiento

Mantenerse hidratado es vital, sobre todo si se ve obligado a desplazarse para migrar, caminar largas distancias o huir en emergencias. Evitar la deshidratación es clave para disfrutar con seguridad de las actividades al aire libre y mantenerse sano en situaciones de emergencia. El agua es necesaria para los procesos metabólicos y fisiológicos del organismo, que son fundamentales para la supervivencia. Agotar las reservas de agua del organismo provoca fatiga, pérdida de concentración y agotamiento por calor. Por todas estas razones, mantenerse hidratado es fundamental para estar preparado en condiciones extremas o de crisis.

Mantenerse hidratado es fundamental para estar preparado en condiciones o crisis extremas[84]

Las condiciones naturales extremas y otras situaciones de emergencia hacen que sea mucho más difícil mantener los niveles de hidratación necesarios. Sin embargo, con la preparación adecuada y sabiendo qué precauciones tomar cuando se enfrenta a condiciones extremas y recursos hídricos limitados, puede evitar la deshidratación y sus consecuencias.

Consejos para mantenerse hidratado en aventuras al aire libre

Beba antes de empezar a moverse

Si va a una aventura al aire libre, como senderismo o una acampada de un día, beba uno o dos vasos de agua, aunque no tenga sed. Cuando empieza a sentir sed, los niveles de agua de su cuerpo ya han disminuido lo suficiente y puede empezar la deshidratación. Beber suficiente agua antes de salir lo mantendrá hidratado durante más tiempo. Si se hidrata regularmente antes de empezar su jornada o actividad, mejora su forma física, lo que le permite concentrarse mejor mientras está al aire libre.

Si va a salir por la mañana, puede empezar a hidratarse la tarde anterior, asegurándose de no acostarse con sed y evitando la cafeína y el alcohol durante la noche. Estos provocan deshidratación, por lo que no son buenas bebidas durante una acampada u otras aventuras al aire libre.

Haga que su suministro de agua portátil sea accesible

Asegúrese de llevar agua suficiente para su aventura. También necesitará comida, ya que es una fuente de electrolitos y sales esenciales para prevenir la deshidratación, como beber suficiente agua. El sudor hace que su cuerpo pierda electrolitos y provoca desequilibrio en sus niveles de hidratación. Para una excursión corta, basta con una botella de agua y unas cuantas barritas energéticas o alimentos secos, mientras que una acampada más prolongada requiere alimentos y agua para cada comida. Para este tipo de aventura, cuente con comida y agua suficiente para todos los días y una ración extra por si surge algún imprevisto y se retrasa su regreso. Las pastillas de electrolitos son otra opción para estas situaciones y son muy efectivas para rehidratar en una crisis en la que no haya comida disponible.

Para asegurarse de beber y comer con regularidad durante su aventura, mantenga sus recursos accesibles. Aunque muchos prefieren llevar botellas de agua, estas dificultan la tarea de beber mientras camina. Hay contenedores portátiles plegables, llamados vejigas, que pueden utilizarse fácilmente durante el desplazamiento, lo que garantiza que no se olvidará de beber. Si sigue prefiriendo las botellas, manténgalas donde pueda alcanzarlas fácilmente. Muchos excursionistas y campistas prefieren mochilas con bolsillos delante en lugar de bolsillos laterales para las botellas de agua, ya que esto facilita el acceso. Otra alternativa es utilizar recipientes sujetos con asas y ganchos. Puede engancharlos al cinturón o a la mochila y acceder a ellos fácilmente mientras se desplaza. Del mismo modo, si guarda la comida en bolsillos de fácil acceso, le resultará más fácil alcanzarla.

Beba agua con regularidad

En lugar de beber cuando tenga sed, beba entre medio y un litro de agua cada hora mientras está al aire libre. Si las temperaturas son altas y se mueve por terrenos exigentes, es probable que necesite más agua, porque moverse en climas cálidos aumenta las necesidades de su cuerpo. Si le aburre beber agua con frecuencia, puede alternar entre agua pura y líquidos con electrolitos, como las bebidas deportivas. Esto le ayudará a mantener los niveles de hidratación óptimos y hará que su aventura al aire libre sea más agradable.

Continúe la hidratación después de la actividad

Siga reponiendo sus niveles de agua y electrolitos después de volver a casa sin esperar a tener sed. Recuerde que la sed no es un buen indicador para su cuerpo, por lo que siempre es mejor beber de más que no beber lo suficiente.

Signos de deshidratación

La deshidratación debe tratarse en cuanto aparezca, porque cuanto más espere, mayores serán las consecuencias. Estos son algunos signos de deshidratación que debe tener en cuenta durante sus aventuras al aire libre o en situaciones de emergencia:

- **Boca seca:** Antes de que su cuerpo sienta sed, probablemente notará que tiene la boca seca.

- **Sed:** Tener sed es un mensaje del cuerpo de que está deshidratado y una señal de que debe beber inmediatamente para que sus niveles de agua no bajen demasiado.

- **Bajos niveles de energía:** Puede asumir que está cansado porque se mueve mucho, pero también puede ser un signo de deshidratación.

- **Calambres musculares, dolores de cabeza y fatiga:** Son signos graves de deshidratación. Si siente estos síntomas, debe descansar y rehidratarse inmediatamente.

- **Mareos, náuseas, tropiezos y vacilaciones:** Son síntomas graves que indican que su organismo no tiene suficientes líquidos para una función metabólica y fisiológica normal.

- **Orina oscura y dolor abdominal:** Sus riñones sufren por la falta de hidratación, lo que hace que la orina se concentre y tenga dificultades para filtrar los metabolitos correctamente.

- **Pérdida de peso:** Aunque no pueda pesarse con regularidad, si nota que la ropa le queda más holgada después de una actividad extenuante, significa que ha perdido agua y que debe reponerla mediante líquidos y electrolitos.

Qué hacer en caso de deshidratación

Si nota signos de deshidratación, deténgase y busque sombra (si es posible). Tómese un momento para descansar, sobre todo si tiene signos moderados como fatiga o calambres musculares. Si tiene síntomas más graves, necesita descansar más tiempo; y si la temperatura es extremadamente cálida, aplique métodos de enfriamiento corporal. Empapar una camiseta o cualquier otra prenda y colocarla en su nuca, sus muñecas o su cabeza es la forma más rápida de refrescarse. Mientras tanto, beba agua mezclada con pastillas de electrolitos (si no dispone de nada más, la sal de mesa también le servirá). La rehidratación oral y las sales ayudan al cuerpo a absorber el agua con mayor eficacia. Añadirlas a su botiquín de primeros auxilios (muy recomendable para aventuras en la naturaleza) no ocupará mucho espacio y pueden salvarle la vida.

Un purificador de agua rápido y compacto es muy valioso, ya que puede ayudarlo a hidratarse en caso de que no disponga de agua fresca. Aunque siempre debe procurar tener agua suficiente, a veces puede resultar difícil calcular cuánto necesita dependiendo de las condiciones meteorológicas o en caso de que se produzcan emergencias en las que tenga que utilizar el agua. Tener a mano un purificador le facilitará rehidratarse a partir de recursos hídricos alternativos sin exponerse a patógenos y sustancias tóxicas.

Consejos adicionales de hidratación para diferentes situaciones al aire libre:

- Si hay muchas fuentes de agua dulce en su ruta, beba unas 33 onzas cada vez que se detenga a recargar. De este modo, permanecerá hidratado mientras mantiene su carga ligera.

- Beba independientemente del clima que haga. A menos que se vea obligado a racionar su suministro, una hidratación adecuada es tan crítica cuando hace frío como cuando las temperaturas son altas. El frío no solo provoca deshidratación, sino que estar deshidratado le hará sentir que se está congelando. Durante el invierno, utilice un termo para mantenerse hidratado y evitar que el agua se enfríe.

- La exposición al sol también favorece la deshidratación, por lo que el uso de protector solar y ropa larga es esencial para las aventuras al aire libre en verano. Un sombrero también ayuda a regular la temperatura corporal, sudar menos y mantenerse hidratado.

- En zonas extremadamente cálidas, es una buena idea salir al aire libre cuando el clima está más fresco. Si tiene que desplazarse debido a una situación de emergencia, intente mantenerse en la sombra cuando las temperaturas sean más altas y caminar por la mañana o a primera hora de la tarde, cuando el sol ya no esté en su punto álgido.

- Rehidrátese con al menos 16 onzas de líquidos (idealmente mezclados con electrolitos) durante la noche o cuando descanse al mediodía durante las horas más calurosas.

Qué hacer si se queda sin agua

Si nota que sus reservas de agua han disminuido o están a punto de agotarse, no se asuste. Mantener la calma le ayudará a concentrarse en la búsqueda de recursos alternativos. El pánico es una pérdida de energía y tiempo. Además, aumenta la velocidad de evaporación de su cuerpo, haciéndole perder líquidos que necesita. Como primer paso, evalúe la situación y la zona. Si se acaba de quedar sin agua y afuera no hace calor extremo, es probable que se mantenga bien sin agua durante unas horas. Puede resultar incómodo, pero si se ha hidratado correctamente hasta entonces, no será peligroso para su salud. En cambio, si está lejos de una fuente de agua o lucha contra temperaturas demasiado altas, debe buscar soluciones inmediatamente.

Encontrar agua en la naturaleza y utilizarla

El acceso al agua es crucial para sobrevivir en la naturaleza. Debe encontrar fuentes alternativas cuando su suministro sea limitado. Aquí tiene algunos trucos sobre cómo hacerlo.

Busque vegetación

La fruta es una gran fuente de agua, siempre que sepa cuál buscar y comer, ya que no todas son seguras para el consumo. Familiarícese con la flora autóctona de la zona para saber qué frutas y plantas sirven como recurso de agua y electrolitos. Debido a su alto contenido en agua y nutrientes esenciales, los cítricos, las uvas, las bayas, las manzanas y los melones los más recomendables, además de las especies comestibles de hierba y musgo. Para determinar si una planta es adecuada, examínela en busca de signos de almacenamiento de agua. Por ejemplo, algunas plantas almacenan agua en sus nudos (de donde salen las hojas), que suelen estar hinchados cuando están llenos de agua; en las hojas, especialmente en follajes espesos y cargados de humedad; o en los bulbos y tubérculos subterráneos. El color, la forma y el tamaño de la vegetación también influyen a la hora de determinar la idoneidad de un fruto para una rehidratación segura. Por ejemplo, las plantas de colores vivos suelen ser tóxicas, por lo que conviene evitarlas. Además, algunas partes de las plantas requieren procesos para extraerles el agua o hacerlas aptas para el consumo.

La vegetación puede guiarlo hasta una fuente de agua[85]

Aprovechar los árboles es otra estrategia eficaz para encontrar agua potable en la naturaleza. Los árboles con savia comestible, como el arce y el abedul, son excelentes opciones, ya que contienen grandes cantidades de líquidos potables. Además, extraerles la savia solo lleva unos minutos. Otros árboles, como los nogales, también son opciones viables, pero extraer su savia es mucho más difícil.

En las zonas áridas, cualquier signo de vegetación indica humedad. También puede buscar ganado u otros animales, ya que pueden guiarlo hasta una fuente de agua cercana (tenga cuidado al acercarse o seguirlos).

Encontrar arroyos caudalosos

Si en la zona hay ríos o arroyos caudalosos, pueden ser una fuente de agua potable más fiable, dado que el agua viaja a mayor velocidad. Las fuentes de agua que están en constante movimiento tienen menos bacterias que los depósitos de agua estancada. No obstante, debe ser prudente a la hora de decidir qué arroyo utilizar. Por ejemplo, si encuentra residuos animales o humanos cerca de la fuente, o el agua no es especialmente clara (los arroyos frescos y no contaminados son siempre tan claros que se puede ver a través de ellos), probablemente debe mantenerse alejado, a menos que no tenga otra opción o pueda purificar el agua.

Un consejo adicional: si encuentra un pequeño arroyo seco, trazar el recorrido hacia su fuente puede ayudarle a encontrar agua para hidratarse. También puede excavar en busca de agua en zonas moderadamente húmedas cerca del cauce del arroyo seco.

Recoger la lluvia y la nieve

El agua de lluvia puede ser un recurso inestimable para beber e higienizarse en situaciones inesperadas durante aventuras al aire libre o emergencias. Para recoger agua de lluvia, coloque recipientes grandes, como baldes o barriles, en los que almacenarla hasta que la necesite. También puede recoger agua de lluvia en la parte superior de sus lonas (o si no tiene contenedores, puede colgar materiales impermeables estratégicamente para recoger las precipitaciones). Aunque el agua de lluvia es relativamente limpia, conviene purificarla para eliminar las bacterias u otros contaminantes. Lo mismo ocurre con la nieve, otra fuente de agua alternativa, sobre todo en regiones montañosas. La nieve y el hielo solo se pueden consumir si no son demasiado grises o amarillos y se deben derretir antes, ya que el frío puede provocar deshidratación.

Cómo purificar el agua

Si no tiene acceso a agua limpia en la naturaleza, su mejor opción es purificar el agua disponible, haciéndola segura para beber, cocinar o preparar medicinas si es necesario. Puede optar por varias técnicas de purificación, como las que se enumeran a continuación:

- **Hervir:** Es la forma más sencilla y eficaz de purificar el agua. Solo debe colarla para eliminar las impurezas más grandes y llevarla a ebullición durante varios minutos para matar todas las bacterias y microorganismos peligrosos.

- **Filtros de carbón activado:** Pasar el agua por filtros de carbón activado aglutina los compuestos orgánicos nocivos y elimina los olores y sabores desagradables del líquido.

- **Pastillas de purificación:** Estas pastillas pueden limpiar grandes cantidades de agua en poco tiempo y son un excelente complemento para cualquier equipo de supervivencia al aire libre. Coloque una tableta en medio galón (o un poco menos si el agua está particularmente contaminada), espere treinta minutos para que la tableta neutralice los compuestos nocivos y el agua estará lista para el consumo.

- **Purificación UV:** Los purificadores UV emiten una radiación bactericida que elimina los microorganismos de su suministro de agua en cuestión de minutos.

Aprovechar al máximo su suministro de agua

Llevar agua suficiente

Llevar agua suficiente es uno de los factores fundamentales para tener en cuenta cuando se prepara una aventura al aire libre o una situación de supervivencia de emergencia. Debe evaluar cuánta agua necesita para el tiempo que estará en movimiento. Esto depende de varios aspectos, como los niveles de actividad física, el clima, la dificultad del terreno, la altitud, si viajará de día o de noche y si puede esperar para encontrar fuentes fiables de comida y agua. Por ejemplo, una persona con un nivel de actividad moderado que vaya de excursión por un terreno exigente en un día cálido de primavera necesita 33 onzas de agua por cada dos horas de actividad.

Recargar siempre que sea posible

Los filtros, el equipo y las botellas facilitan la reposición de sus recursos hídricos cuando pasa por un recurso de agua dulce en la naturaleza. Busque opciones prácticas para guardarlas en la mochila cuando están vacías y utilizarlas cuando sea necesario.

Antes de salir, investigue posibles fuentes de agua. Por ejemplo, puede encontrar casas o campamentos con llaves de agua cerca o viviendas abandonadas temporalmente con agua corriente o recursos hídricos almacenados. Tenga un plan para una situación de emergencia o supervivencia. Saber a dónde acudir para reabastecerse le facilitará mantener la calma y conservar su energía y sus líquidos.

Racionar sus suministros

Si sigue preocupado por quedarse sin agua potable o no tiene tiempo para idear un plan de reabastecimiento (o para investigar la zona en busca de recursos disponibles), debe racionar su suministro hasta encontrar una solución alternativa.

Con niveles de actividad y temperaturas moderadas, beber solo cuando se tiene sed es una de las mejores formas de conservar el agua. Racionar sus pérdidas en lugar de sus reservas le ayuda a mantenerse hidratado, a no desperdiciar y a preocuparse menos por la disminución de sus recursos. Mantener agua caliente y fría reduce el riesgo de deshidratación, al igual que permanecer bajo la sombra. Su reserva dura más tiempo y tiene menos pérdidas debidas al sol, el viento y otros elementos.

Otro consejo para minimizar la evaporación de su cuerpo es mantener la boca cerrada siempre que sea posible. Respirar por la nariz genera una evaporación más lenta y reducida. Si le cuesta mantener la boca cerrada, haga como si estuviera chupando un caramelo redondo. Chupar también fomenta una mayor producción de saliva, lo que evita que sienta la boca seca y hace que quiera beber agua con menos frecuencia. Sin embargo, evite chupar piedras o botones, ya que pueden suponer un peligro de asfixia si está muy deshidratado y desconcentrado.

Fumar también contribuye a la deshidratación por evaporación, por lo que debe evitarlo si es posible. El café, el té y otras bebidas con efecto diurético aumentan la cantidad de orina producida por los riñones, lo que provoca una pérdida importante de agua. Lo mismo ocurre con los alimentos salados, ya que extraen agua de las células.

Otro consejo crucial es empezar a ahorrar agua a tiempo. No espere a estar deshidratado para racionar su suministro. Si pone en práctica métodos de ahorro de agua desde el principio, ahorrará de forma más eficiente y evitará situaciones peligrosas.

Capítulo 9: Seguridad y almacenamiento de agua a largo plazo

En situaciones de supervivencia por un desastre natural, una emergencia prolongada o una aventura al aire libre, tener un suministro estable de agua es clave para su bienestar. Este capítulo cubre los pormenores del almacenamiento de agua a largo plazo. Aprenderá varios métodos para mantener una fuente de agua fiable durante un periodo prolongado. ¿Cómo asegurarse de que el agua que almacena sigue siendo potable durante semanas, meses o incluso años? ¿Qué factores influyen en la duración del agua almacenada y cómo reducir el riesgo de que se contamine o se estropee?

Para mantener un suministro de agua sostenible, es necesario aprender sobre la calidad del agua, la elección de los recipientes adecuados de almacenamiento y la gestión de los factores ambientales, combinando conocimientos científicos con consejos prácticos. Recuerde que, en el mundo de la supervivencia, pensar a largo plazo es tan crucial como disponer de agua suficiente.

Cómo conservar el agua

En los capítulos anteriores, aprendió la diferencia entre desinfección y purificación del agua. El objetivo es que el agua sea segura para el consumo, eliminando los componentes dañinos. Sin embargo, es crucial entender que los métodos descritos en este libro, incluidos los disponibles comercialmente, no producen agua estéril libre de gérmenes.

Incluso si consiguiera agua estéril, esta se contaminaría rápidamente al cambiarla a un recipiente que podría contener algas secas, protozoos o esporas del aire. Los métodos descritos anteriormente purifican o reducen los gérmenes en el agua cruda, haciéndola segura para el consumo. Se puede reducir el número de gérmenes entre cien y diez mil. Incluso las esterilizaciones en laboratorios rara vez eliminan los gérmenes por completo, ya que suelen reducir los gérmenes en un millón como máximo, incluso en condiciones ideales.

La potabilidad del agua tratada con métodos improvisados depende de la salud y las condiciones de cada individuo. Tras el proceso de desinfección, los gérmenes que quedan siguen multiplicándose y su crecimiento es exponencial. La velocidad a la que esto ocurre depende de factores como los niveles de nutrientes, la temperatura y la cantidad inicial de gérmenes.

Aunque no hay necesidad de beber o desechar el agua tratada al cabo de unas horas, es esencial tener en cuenta que los gérmenes restantes siguen multiplicándose. Sin embargo, el riesgo se minimiza almacenando el agua tratada en condiciones adecuadas, filtrándola con carbono si es posible y manteniéndola en un lugar sombreado o fresco. En general, esto garantiza que no presente niveles nocivos de patógenos y que siga siendo segura para beber durante semanas. Por eso, el almacenamiento del agua es un proceso que no debe tomarse a la ligera.

Una preocupación que persiste son las bacterias que toleran temperaturas normales y tienen pocos requisitos nutricionales, como la Legionella. De todas formas, el riesgo de que alcance niveles nocivos se reduce significativamente con condiciones de almacenamiento adecuadas y nutrientes limitados. A continuación, se exponen algunas de las formas más eficaces de conservar el agua y limitar su contaminación:

1. Tindalización

La tindalización es un proceso de laboratorio utilizado para desinfectar soluciones sensibles. Consiste en calentar repetidamente la solución hasta el punto de ebullición y luego mantenerla a la temperatura corporal (98,6 °F o 37 °C) durante un periodo denominado incubación. La ebullición elimina todos los gérmenes vivos relevantes, pero no elimina los nutrientes del agua. El calor hace que las endosporas inactivas «germinen» al enfriarse, lo que las lleva de una fase latente resistente a otra activa, menos resistente, y finalmente se eliminan al hervir de nuevo el agua. Este ciclo se repite varias veces. Este método se utiliza para el agua de forma diferente, considerando que las soluciones de laboratorio, como los caldos nutritivos, tienen un mayor riesgo de volver a contaminarse que el agua potable, relativamente pobre en nutrientes.

El agua hervida puede consumirse inmediatamente después de enfriarse, pero se vuelve a contaminar rápidamente a medida que los nutrientes de las células destruidas vuelven a estar disponibles. Recalentar brevemente el agua durante los dos o tres días siguientes reduce el número de fases inactivas y termorresistentes a niveles muy bajos. Tras la tindalización, el agua puede almacenarse y consumirse a temperatura ambiente durante varias semanas.

2. SODIS repetida

Tras la aplicación correcta de la desinfección solar (SODIS) durante un periodo prolongado, el agua permanece libre de gérmenes nocivos durante varios días. La luz UV, el principal agente de SODIS, puede incluso matar endosporas estables y ooquistes de cryptosporidium y giardia. Sin embargo, si el agua sigue turbia o si los gérmenes están ocultos, es posible que se vuelva a contaminar con bacterias.

Exponer el agua almacenada en recipientes adecuados a la luz solar directa durante una o dos horas al mediodía mata los gérmenes o endosporas nuevos o remanentes. Tras repetir este proceso dos o tres veces, puede almacenar el agua sin refrigeración durante varios días o semanas, dependiendo de su contenido nutricional. Este método es especialmente útil para viajes al desierto, donde las botellas transparentes de PET llenas de agua pueden almacenarse directamente bajo el sol. Sin embargo, la exposición prolongada a la radiación UV puede envejecer el material plástico, por lo que estos depósitos no deben dejarse más de un año. El agua del interior sigue siendo potable.

3. Refrigeración y sombreado

Es probable que el agua tratada con métodos poco efectivos para la reducción de gérmenes siga conteniendo algas, lo que provoca el crecimiento de biomasa fresca, nutrientes y gases disueltos en presencia de la luz solar. El resultado es un sabor rancio y pútrido y la formación de una capa viscosa y maloliente (biopelícula) en el interior del recipiente. Aunque esta agua no es inadecuada para el consumo inmediato, con el tiempo se convierte en un caldo de cultivo para los gérmenes infecciosos que puedan quedar, sobre todo a temperaturas superiores a los 15 °C (59 °F).

Para contrarrestar la proliferación de algas y bacterias, es fundamental almacenar el agua en un lugar fresco y oscuro. Puede cubrir el recipiente con arena húmeda, que lo enfría por evaporación, o envolverlo en una manta de rescate y colocarlo en agua cruda y fría. Dependiendo del nivel de contaminación inicial, el agua tratada con métodos poco efectivos puede almacenarse durante unos dos o tres días.

4. Iones de plata y otras sustancias químicas

Al igual que los desinfectantes, existen sustancias químicas para conservar el agua potable. Sin embargo, no se consideran desinfectantes fiables. Aunque con sustancias oxidantes se pueden matar y destruir agentes patógenos, no se puede impedir el rebrote permanente de los gérmenes restantes. Las propiedades reactivas de las sustancias oxidantes hacen que no permanezcan estables durante mucho tiempo una vez activadas.

Técnicas e ideas para almacenar agua

1. Bolsas de agua de emergencia

En el mundo actual, la comodidad lo es todo; se puede encontrar prácticamente cualquier cosa envasada y lista para llevar. Incluso el agua potable viene en porciones individuales y lista para beber: pequeñas bolsas o paquetes que contienen aproximadamente 125 ml de agua. Sin embargo, pueden ser relativamente caras: entre tres y diez dólares por litro. Aunque se comercializan por su larga vida útil y se promocionan como reservas de emergencia para el auto o el barco, hay una alternativa más rentable e igual de confiable: las botellas de agua pequeñas normales, de 330 o 500 mililitros (11,2 o 16,9 onzas líquidas), que se encuentran en cualquier supermercado del mundo.

El agua de estas botellas es estéril, como demuestra su larga vida útil. Puede ignorar cualquier fecha de caducidad impresa en ellas: el agua que se almacena durante meses es igual de segura para beber después de décadas. Los únicos cambios que puede notar son un ligero sabor a plástico y una lenta reducción de la cantidad debido a la difusión.

En cambio, las bebidas «normales» aromatizadas o azucaradas tienen un periodo de conservación limitado. Con el tiempo, se descomponen y dejan de ser aptas para el consumo. El agua carbonatada pierde gradualmente su efervescencia, ya que las botellas no son herméticas, pero aparte de un cambio de sabor, la calidad permanece relativamente inalterada.

Las bolsas de agua de emergencia son básicamente agua del grifo envasada en bolsas retráctiles. La buena noticia es que puede crear las suyas en casa. Solo tiene que envasar cubitos de hielo al vacío en una bolsa de plástico, dejar que se descongelen y esterilizarlos durante media hora en una olla a presión. Si le gusta la idea de tener a mano líquidos aromatizados o azucarados para emergencias, puede almacenar fruta o té helado en polvo en tarros de mermelada o bolsas selladas. Añada un poco al agua cuando lo necesite y listo. Es una forma económica y práctica de tener hidratación de emergencia.

2. Recipientes de transporte y almacenamiento

En situaciones de emergencia, es fundamental contar con un suministro de agua fiable y sustancial. Aunque el agua suele ser una necesidad pasajera, ciertas situaciones exigen estar preparado. Los tanques de almacenamiento estacionarios son una opción valiosa para los sistemas autónomos en campamentos remotos, zonas de desastre o edificios sin conexiones de suministro de agua. Estos grandes depósitos, a menudo destinados a un uso temporal, pero que pueden instalarse de forma permanente, pueden llenarse de forma natural mediante sistemas de recogida de lluvia. Debido a los largos periodos de estancamiento, el agua que contienen debe tratarse como agua cruda y no como agua de lluvia fresca, lo que permite almacenar cantidades significativas durante meses o incluso años.

En el pasado, las zonas rurales y las regiones sin conexión a la red almacenaban el agua en pozos, pero hoy en día predominan los depósitos de plástico. Construir un pozo de piedra o cemento presenta dificultades, mientras que los depósitos de plástico, como los IBC con capacidad de alrededor de un metro cúbico (250 galones), son más susceptibles de sufrir daños por las heladas.

- **Pozos y estanques:** Ideales para almacenar grandes volúmenes de agua, pero incluso al principio, el agua limpia debe tratarse como cruda debido a su naturaleza abierta.

- **Depósitos IBC:** Una opción práctica para sistemas autónomos. Se pueden sellar y apilar, pero son vulnerables a la congelación y la rotura a bajas temperaturas.

- **Depósitos de plástico enterrados**: Una solución de tamaño medio que puede enterrarse por debajo de la línea de congelación. Menos propensos a reventar si se hielan, pueden llenarse con agua de lluvia o cubrirse con un techo para evitar la contaminación.

3. Contenedores de almacenamiento móviles de tamaño medio

Los contenedores de almacenamiento móviles, conocidos comúnmente como bidones, resultan indispensables para quienes atraviesan regiones áridas en auto o carreta. Con una capacidad que oscila entre cinco y veinticinco litros (entre uno y seis galones), estos contenedores son versátiles y valiosos para almacenar el agua recogida localmente en regiones con escasez.

Dos opciones principales para transportar agua son los bidones rígidos de plástico o metal y los portadores de agua plegables. Es aconsejable mantenerse alejado de los contenedores de agua plegables, muy populares entre los campistas, porque sus finas paredes son propensas a romperse a lo largo de las líneas de plegado durante un uso prolongado.

• Contenedores de agua rígidos

Los recipientes rígidos, aunque resistentes y fáciles de transportar, ocupan el mismo espacio llenos o vacíos. Apilables y relativamente robustos, suelen llevar un grifo integrado que puede abrirse o romperse. Para evitar el riesgo de contaminación, es preferible usar bidones nuevos que reutilizar los del combustible. Debe asegurarse de elegir bidones aptos con tapas de calidad para evitar fugas y que el agua sea consumible.

Los recipientes de plástico absorben sabores y olores de los bidones adyacentes. Es esencial un etiquetado claro y la separación (combustible/agua bruta/agua potable), ya que los recipientes de agua deben almacenarse lejos del combustible y los lubricantes.

• Portadores de agua

Aunque son más susceptibles de sufrir daños que los bidones, los portadores de agua tienen una clara ventaja: solo ocupan el espacio del agua que contienen. Cuando están vacíos, pueden enrollarse y transportarse cómodamente. Los dos tipos más comunes son el portador de agua Swiss Army (20 litros o 5,28 galones), fabricado en goma robusta con un pico sólido, y las bolsas de agua con un gran tapón de llenado, fabricadas con un material más fino y disponibles en varios tamaños.

- Los portadores de agua Swiss Army, aunque tienen un precio razonable, se calientan al sol, lo que afecta el sabor del agua.

- Las bolsas de agua de material sintético, como las de Ortlieb (fabricante alemán de equipamiento para actividades al aire libre), son más ligeras, pero más caras y más propensas a estropearse.

Botellas y recipientes para beber

- Botellas **transparentes de PET**: Ligeras, asequibles y resistentes, son excelentes para beber y almacenar de forma sencilla. Sin embargo, son sensibles al calor e inadecuadas para hervir agua.

- **Botellas de policarbonato (PC) de boca ancha:** Ideales para agua caliente y para hervir sin que se deformen.

- **Botellas de metal:** Permiten controlar el consumo de agua y pueden calentarse en una hoguera. Adecuadas para métodos de separación y tratamiento radical.

Las botellas metálicas permiten controlar el consumo de agua[37]

La elección de la botella adecuada depende de la disponibilidad de agua y de los métodos de tratamiento previstos. Las botellas transparentes son preferibles en zonas con escasez de agua, mientras que las metálicas son adecuadas para los métodos físicos de tratamiento del agua. Tenga siempre en cuenta las exigencias específicas de su viaje y el tipo de tratamiento del agua que piensa aplicar.

Métodos improvisados de transporte y almacenamiento

Para los mochileros con poco espacio y opciones de transporte limitadas, especialmente los que realizan viajes largos, las bolsas de agua son una opción práctica para recoger agua cruda o transportar agua potable de emergencia. Pero hay un truco: las bolsas de agua tienen sus límites, sobre todo si las lluvias ofrecen la oportunidad de almacenar cantidades más importantes. Aquí es donde puede ser útil tener algo de experiencia en el mundo de la espeleología: puede fabricar recipientes con corteza, caña, bambú o madera. Recuerde que los materiales naturales pueden hincharse cuando se mojan y agrietarse cuando se secan. Ahí es donde las láminas de plástico finas y ligeras vienen al rescate, siendo útiles para el transporte seguro del agua de los viajeros extremos y de largas distancias.

1. Fabricación de estanques de almacenamiento con herramientas sencillas

Para quienes buscan una solución de almacenamiento improvisada en un campamento temporal, una manta de rescate o una sábana impermeable pueden transformarse en un pequeño «estanque». Empiece cavando un pozo poco profundo, asegurándose de hacerlo sobre un suelo libre de palos y piedras afiladas. Compacte bien la tierra para evitar que ceda bajo la presión del agua. Las dimensiones de la fosa deben permitir que la manta se extienda más allá de los bordes, lo que le permitirá almacenar entre cincuenta y cien litros (de quince a veinticinco galones) de agua. Estos recipientes improvisados, creados con materiales naturales, pueden dotarse rápidamente de tapas, usarse para transportar otras cosas e incluso reutilizarse para cocinar.

2. Recipientes de emergencia para el camino

Si el espacio en su mochila es escaso, elegir una bolsa de agua ligera no es factible. En estos casos, puede comprar vejigas baratas, que suelen encontrarse en las cajas de vino. Están hechas de plástico fino, pero son propensas a estropearse. También se pueden utilizar bolsas grandes de congelación y preservativos, que suelen formar parte de los kits de emergencia. Sin embargo, estos recipientes corren el riesgo de reventarse, incluso con un impacto mínimo. Haga una bolsa de tela con una camiseta o un pantalón sin cerrar para estabilizarlos. Ate un extremo de la tela con un nudo apretado, coloque dentro el material impermeable vacío y doble la costura superior para protegerlo. Llene de agua el recipiente improvisado, asegurándose de que no quede aire adentro, y fíjelo con un nudo o cordel. Levante la bolsa exterior, átela al interior y listo: un improvisado y estable envase para transportar agua. Es aconsejable llevarla fuera de la mochila o en las manos para evitar derrames accidentales y aprovechar al máximo su ingeniosa solución.

Consejos adicionales para el almacenamiento de agua

El almacenamiento de agua es un aspecto crítico y comprender los matices de las prácticas de almacenamiento en diversos entornos garantiza el acceso a agua fiable y segura. Factores como la temperatura, la exposición a la luz y la amenaza de plagas cumplen un papel fundamental a la hora de determinar la eficacia de los métodos de almacenamiento. A continuación, se presenta una guía completa de las mejores prácticas para el almacenamiento de agua en diferentes entornos:

1. **Consideraciones sobre la temperatura**
   - **Entorno frío**
     - o **Contenedores aislados**: En climas fríos, el aislamiento es clave. Utilice contenedores de doble pared o aislantes para evitar la congelación.
     - o **Almacenamiento subterráneo:** Enterrar los contenedores de agua bajo tierra ayuda a mantener una temperatura más estable, evitando la congelación.
   - **Entornos calurosos**
     - o **Contenedores oscuros**: Opte por contenedores oscuros u opacos para minimizar la exposición a la luz y el crecimiento de algas.
     - o **Almacenamiento a la sombra**: Mantenga los contenedores de agua en zonas sombreadas para reducir las fluctuaciones de temperatura y la evaporación.

2. **Exposición a la luz**
   - **Exposición a los rayos UV**
     - o **Contenedores oscuros:** Los rayos UV degradan la calidad del agua. Elija recipientes oscuros u opacos para protegerlos de la luz solar.
     - o **Materiales resistentes a los rayos UV:** Invierta en recipientes fabricados con materiales resistentes a los rayos UV para garantizar la calidad del agua a largo plazo.
   - **Almacenamiento en interiores**
     - o **Recipientes opacos:** Incluso en interiores, utilice recipientes opacos o almacene el agua en un lugar fresco y oscuro para evitar la degradación inducida por la luz.

3. **Prevención de plagas**
   - **Control de insectos y roedores**
     - o **Recipientes herméticos**: Utilice recipientes herméticamente cerrados para evitar que insectos y roedores contaminen el agua.
     - o **Almacenamiento elevado:** Eleve los recipientes para disuadir a los roedores y utilice trampas o repelentes en las zonas de

almacenamiento.

- **Filtrado**

  o **Filtros de malla:** Coloque películas de malla o filtros sobre las aberturas para evitar que los insectos y los residuos caigan en su contenedor.

  o **Tratamientos químicos:** Considere el uso de tratamientos químicos seguros que disuadan a las plagas sin comprometer la seguridad del agua.

4. **Selección del contenedor**

- **Consideraciones sobre los materiales**

  o **Recipientes aptos para alimentos:** Utilice siempre recipientes aptos para alimentos para evitar la filtración de productos químicos nocivos en el agua.

  o **Plástico vs. metal:** El plástico es ligero y cómodo, pero se degrada con el tiempo. Los recipientes metálicos son duraderos, pero pueden alterar el sabor.

- **Rotación e inspección**

  o **Rotación periódica:** Rote el agua almacenada con regularidad para garantizar su frescura y evitar el estancamiento.

  o **Inspección de fugas:** Revise regularmente los contenedores para detectar fugas o daños que comprometan la calidad del agua.

A la hora de almacenar agua, tenga siempre en cuenta el entorno. Si se enfrenta a temperaturas extremas, elija recipientes que soporten el calor o aíslen el frío. Opte por materiales que mantengan la calidad del agua y realice comprobaciones periódicas para asegurarse de que todo se mantiene en perfecto estado. Inspeccione y rote con regularidad sus depósitos de agua para evitar sorpresas. Dé prioridad a los recipientes fabricados con materiales aptos para uso alimentario para garantizar la pureza del agua. Piense en su suministro de agua como una inversión en resiliencia, más que como un simple plan de reserva. Piense en estrategias a largo plazo. Piense en los recipientes para un almacenamiento prolongado y explore la posibilidad de hacer bolsas de agua de emergencia en casa para estar mejor preparado. La funcionalidad es importante: elija recipientes con grifos fiables, especialmente en zonas propensas a accidentes.

Capítulo 10: Más allá de la botella: los múltiples usos del agua

Más allá de su papel fundamental en la hidratación, el agua tiene muchos usos. Por ejemplo, para la higiene personal y para facilitar procesos industriales, tener acceso al agua es imprescindible. Existen numerosos procesos que resulta casi imposible llevar a cabo sin agua. Además de que el ser humano ha dependido del agua para la agricultura y las necesidades domésticas durante siglos, la mayoría de las industrias requieren agua, como la elaboración de alimentos, la producción química, la fundición, la fabricación de papel y el comercio.

El agua en la vida cotidiana[88]

Este capítulo profundiza en los aspectos prácticos del aprovechamiento del agua para la supervivencia, arrojando luz sobre sus múltiples dimensiones como recurso crucial frente a diversos retos. Esta guía muestra el papel del agua en la higiene, haciendo hincapié en su importancia para preservar la salud y el bienestar, especialmente cuando los recursos médicos convencionales escasean.

El agua en la vida cotidiana

Higiene y cuidado personal

La higiene se destaca como un aspecto básico de la cotidianidad que requiere el uso de agua. Es esencial para bañarse, lavarse las manos y mantener el cuerpo limpio. Con una higiene personal adecuada, se evitan las bacterias y microorganismos nocivos, protegiendo el cuerpo de enfermedades y de su posterior propagación. Si no se mantiene la higiene, el cuerpo se vuelve susceptible a infecciones respiratorias, como resfriados y gripe, surgen enfermedades del sistema alimentario y aumentan las posibilidades de desarrollar infecciones víricas.

Cocina y preparación de alimentos

Además de su rol como ingrediente, el agua es un componente esencial en la preparación y rehidratación de los alimentos. Mientras que en situaciones de supervivencia y en algunas culturas cocinar los alimentos sin agua es una norma, en la mayoría de las regiones el agua es un ingrediente esencial para que los alimentos sean sabrosos, nutritivos y fácilmente digeribles. El agua es necesaria para varios métodos de cocción, como hervir los alimentos o cocinarlos a fuego lento o al vapor. La mayoría de los alimentos no pueden cocinarse adecuadamente sin agua, porque pierden su valor nutricional.

Limpieza y saneamiento

Desde la limpieza del hogar hasta el lavado de los utensilios de cocina, el agua es un ingrediente potente y natural que se utiliza para todas las necesidades de limpieza y saneamiento. Es un solvente universal que elimina la suciedad, la grasa y las impurezas, dejando los interiores relucientes de limpieza.

Agricultura y riego

Es la base de los cultivos en las prácticas agrícolas. El agua produce la humedad correcta en el suelo para fomentar la formación de raíces en la germinación de semillas y suministrar nutrientes esenciales. El agua también es absorbida por las raíces de los cultivos ya desarrollados, promoviendo su crecimiento saludable y un mejor rendimiento. Sin agua, las plantas no pueden crecer, prosperar y producir un rendimiento adecuado.

Es imposible que las plantas crezcan sin agua[89]

Generación de energía

Como ya sabe, el agua es necesaria para la generación de energía hidroeléctrica. Las centrales hidroeléctricas aprovechan la energía del agua que fluye para mover turbinas que generan electricidad. Es una de las fuentes de energía renovable más fiables y ha proporcionado electricidad a los seres humanos durante décadas.

Procesos industriales

Muchos procesos industriales modernos dependen en gran medida del uso del agua. Tiene numerosas funciones en la industria y se utiliza ampliamente como solvente en reacciones químicas, para el procesamiento de materias primas y en sistemas de refrigeración que evitan el sobrecalentamiento de maquinaria pesada.

Construcción y edificación

La construcción moderna también depende en gran medida del agua. Este líquido es esencial en actividades de construcción como la mezcla de cemento, la supresión del polvo y el asentamiento de los cimientos. Desempeña un papel fundamental en la creación de infraestructuras y edificios que son la columna vertebral de varias comunidades.

Lucha contra incendios

El agua es una herramienta fundamental en las labores de extinción de incendios. Los hidrantes, las mangueras y otras fuentes de agua pertinentes son cruciales para extinguir incendios y evitar su propagación. Aunque también se utilizan sustancias extintoras como polvos secos y dióxido de carbono, varias de ellas están basadas en el agua.

La comprensión de las diversas funciones del agua visibiliza su importancia como recurso esencial para mantener la vida y apoyar diferentes aspectos de las actividades humanas. Sin embargo, con la urbanización masiva y el uso irresponsable de agua limpia, regiones enteras de todo el mundo han empezado a enfrentarse a retos relacionados con el suministro de agua. Cada vez es más necesario actualizar los sistemas de suministro y tratamiento de agua para garantizar su disponibilidad y conservación.

Agua para la protección

En situaciones de supervivencia, en las que el acceso a las prácticas de higiene convencionales puede ser limitado, resulta imperativo comprender la importancia del agua para la limpieza personal y el cuidado de heridas. El agua es un recurso crucial para los primeros auxilios y la respuesta en emergencias. Se utiliza para limpiar heridas, rehidratar a las personas y garantizar una limpieza adecuada que evite la propagación de enfermedades. Aquí se observan algunos escenarios en los que la presencia de agua marca la diferencia.

Limpieza de heridas

En las emergencias médicas y los primeros auxilios, la limpieza de heridas es el primer paso para prevenir infecciones y favorecer la cicatrización. El agua no contaminada limpia eficazmente el lugar de la lesión, eliminando restos, microorganismos nocivos y suciedad y preparando la herida para el vendaje. En terminología médica, enjuagar la herida con agua limpia o salina se denomina irrigación y sirve para reducir el riesgo de nuevas infecciones y crear un entorno adecuado para el proceso natural de curación del organismo.

Irrigación ocular

Al igual que la irrigación de heridas, la irrigación ocular se realiza cuando productos químicos o partículas extrañas entran en contacto con los ojos. El agua evita la infección e irritación, proporcionando un alivio rápido y previniendo daños mayores. El lavado continuo y suave elimina hasta el último resto de sustancias extrañas y minimiza el riesgo de lesiones, ya que estas partículas pueden causar irritación ocular, y cuando el ojo se frota con fuerza, puede dañar la esclerótica y la córnea, capas externas del ojo.

Tratamiento de quemaduras

El agua es un componente fundamental en el tratamiento inicial de quemaduras. Se aplica agua fresca en la zona quemada para disipar el calor, reducir el dolor y minimizar el daño tisular. La aplicación prolongada de agua enfría la quemadura y proporciona alivio inmediato. La respuesta inmediata con agua es fundamental en las primeras fases del tratamiento de quemaduras, cuando aún se espera la atención médica profesional. Sin embargo, evite el uso de agua fría o hielo, ya que puede agravar la quemadura.

Mitigación del agotamiento por calor

Durante los días calurosos, el agotamiento por calor es un reto que puede evitarse con una buena hidratación. En el agotamiento por calor, el cuerpo pierde líquidos, electrolitos y minerales a través del sudor. Estas pérdidas pueden reponerse bebiendo agua. Sin embargo, en casos graves de agotamiento por calor, las personas pueden llegar a un estado de somnolencia e incluso quedar inconscientes. En situaciones como esta, avise a las autoridades competentes para que le presten asistencia médica. Mientras espera la asistencia, utilice un paño humedecido con agua y frótese suavemente la frente, los brazos, las piernas y el estómago. Esta técnica favorece el enfriamiento por evaporación, reduciendo la temperatura corporal y aliviando los síntomas de las enfermedades relacionadas con el calor.

Tratamiento de la hipotermia

El agua es esencial para prevenir y tratar la hipotermia. Evitar la ropa mojada y mantener el cuerpo seco en ambientes fríos es esencial para prevenir esta condición. En los casos en que ya se produjo la hipotermia, el primer paso es el calentamiento gradual con agua caliente para elevar la temperatura corporal de forma segura. El uso controlado del agua es crucial para equilibrar la necesidad de calor sin provocar un choque térmico en el cuerpo.

Descontaminación por exposición química

El agua es un componente primario para la descontaminación en situaciones de exposición a productos químicos nocivos. Enjuagar las zonas afectadas con abundante agua diluye y elimina las sustancias químicas, reduciendo el riesgo de daños mayores. Una descontaminación rápida y exhaustiva es fundamental para minimizar el impacto de la exposición química y evitar la absorción de sustancias tóxicas en el organismo.

Hidratación oral en estado de *shock*

Para las personas que sufren un *shock*, es crucial mantener una hidratación adecuada. En términos médicos, el *shock* puede desencadenarse por un traumatismo grave, una reacción alérgica, la pérdida de sangre por una lesión o un golpe de calor. Cuando una persona entra en estado de *shock*, su tensión arterial desciende drásticamente. En este caso, la hidratación oral estabiliza la tensión arterial y favorece la función circulatoria, reduciendo el riesgo de daños orgánicos. Una caída repentina de la tensión arterial también puede hacer que la persona pierda el conocimiento. Evite dar agua si nota que el paciente se siente mareado.

Activación de férulas

En situaciones de supervivencia en las que no se tiene acceso inmediato a servicios sanitarios, el uso de una férula de emergencia para un hueso roto resulta crucial. Estas férulas requieren agua para su activación y correcta aplicación. La férula de emergencia es una medida temporal, pero muy eficaz para mantener estable el hueso lesionado hasta que llegue asistencia médica profesional. El papel del agua en la activación de los vendajes garantiza la adhesión y el ajuste adecuado, contribuyendo a la estabilidad de las extremidades lesionadas.

Alivio de picaduras de insectos

Usar agua para aliviar mordeduras o picaduras de insectos es una práctica común de primeros auxilios para aventureros y exploradores. Dejar correr agua fría sobre la zona alivia el dolor y reduce la hinchazón. El efecto refrescante del agua proporciona un alivio inmediato y actúa como remedio natural en situaciones de primeros auxilios al aire libre.

Conocer las diversas aplicaciones del agua en situaciones de primeros auxilios demuestra su papel fundamental en los cuidados inmediatos, para mitigar el impacto de las lesiones y contribuir al bienestar general de las personas. El agua es un recurso versátil y esencial en cualquier botiquín de primeros auxilios, ya sea para la limpieza de heridas, la regulación de la temperatura o la descontaminación química.

El papel fundamental del agua

Además de ayudar en situaciones de primeros auxilios, hay varias situaciones de supervivencia en las que el uso del agua resulta fundamental. A continuación, se presentan algunas de las funciones del agua, destacando lo necesaria que es y los resultados positivos que proporciona, incluso frente a la adversidad.

Lucha contra incendios en situaciones de supervivencia

En situaciones de supervivencia, tener los conocimientos y la capacidad para controlar y extinguir incendios es crucial para la seguridad y la preservación de los recursos. Aunque el uso de extintores es más fácil, es mejor utilizarlos para incendios pequeños. En caso de que el fuego se propague rápidamente, es necesario utilizar todos los métodos posibles para frenarlo. El agua, provenga de ríos, lagos o arroyos cercanos, puede transportarse en suministros de emergencia, convirtiéndose en una herramienta primordial para la lucha contra incendios. Se utiliza para sofocar las llamas, evitar la propagación del fuego y proteger recursos esenciales como refugios y alimentos. En la supervivencia en la naturaleza, donde las rutas de escape pueden ser limitadas, la lucha eficaz contra incendios garantiza su seguridad y la protección de sus recursos.

Señalización para el rescate

Las propiedades reflectantes del agua pueden utilizarse estratégicamente con fines de señalización en situaciones de supervivencia en las que se encuentre atrapado en el agua o cerca de ella. Crear alteraciones en la superficie del agua, agitándola o creando ondas, aumenta su visibilidad para los equipos de rescate. También puede orientar espejos o superficies brillantes para captar y redirigir la luz solar, creando señales visibles. Este método aumenta significativamente la eficacia de las señales de socorro, haciendo que las personas sean más visibles para los equipos de búsqueda y rescate o las aeronaves que pasan.

Herramientas de navegación acuáticas

Las masas de agua sirven como guías naturales de navegación en situaciones de supervivencia. Comprender las corrientes de agua, observar el flujo de los ríos y reconocer las características de la costa se convierten en valiosas herramientas de navegación. Estas técnicas de navegación se han utilizado durante décadas, ayudando a los navegantes a llegar a su destino sin necesidad de aparatos modernos de geolocalización como el GPS. Estas características del agua ofrecen información sobre el relieve y ayudan a tomar decisiones sobre las rutas óptimas. Esta conexión innata entre el agua y la navegación se convierte en una ventaja en diversos terrenos.

Ampliación del hábitat

Aunque el papel directo del agua en diversas situaciones es fundamental, las aguas subterráneas y los arroyos fomentan la diversidad de hábitats, ya que las masas de agua atraen diversas formas de vida salvaje. En escenarios de supervivencia, la presencia de una masa de agua apunta a la presencia de fuentes de alimento cercanas. Cuando los niveles de lagos y arroyos descienden, disminuyen las capas freáticas, se limita el suministro de agua y se pone en peligro el hábitat y a la población cercana. El agua es una necesidad para los humanos y hacer esfuerzos persistentes de conservación asegura que los arroyos, lagos y ríos sigan fluyendo.

El agua es fundamental en las tareas de supervivencia porque es un recurso dinámico y adaptable que ofrece soluciones para la extinción de incendios, la señalización, la navegación y la obtención de recursos. Comprender las diversas aplicaciones del agua en escenarios de supervivencia puede ayudarle a utilizar su potencial de forma creativa, contribuyendo a su resistencia y a su éxito a la hora de navegar y superar retos en la naturaleza.

El agua en la artesanía

Moldeado y construcción con arcilla

La alfarería y el uso de arcilla para la construcción son técnicas ancestrales que aún se utilizan hoy en día. Saber moldear la arcilla y construir un refugio utilizando elementos esenciales de la tierra como el agua puede ser una gran herramienta de supervivencia en caso de emergencia. El agua hace que la arcilla sea maleable, por lo que se le pueden dar formas complejas. Con esta técnica sencilla y eficaz se pueden crear recipientes, herramientas y refugios.

Procesamiento de plantas y extracción de fibras

Además del moldeado de la arcilla, el agua es crucial en el procesamiento de plantas para la elaboración de materiales. En la artesanía y en la supervivencia, las plantas se utilizan a menudo para tejer cestas, crear cuerdas o construir refugios. El agua ablanda las fibras vegetales, haciéndolas más flexibles y fáciles de manipular. El material vegetal procesado se utiliza a menudo con arcilla para reforzar construcciones y hacerlas más resistentes a los cambios climáticos.

Además, el proceso de remojo aumenta la flexibilidad de la fibra vegetal, facilitando su tejido en artículos funcionales como cestas y otros recipientes de fibra. En situaciones de supervivencia, las cestas o recipientes tejidos sirven para transportar agua, almacenar alimentos u organizar pertenencias.

Teñido y tintura natural

La artesanía tradicional incluye el arte del teñido natural, en el que el agua sirve como medio para extraer los colores de los materiales vegetales. Los métodos de teñido y tintura, que datan de hace décadas, sirven para camuflar la ropa, crear banderas de señalización o cumplir funciones específicas en situaciones de supervivencia. El uso de tintes naturales, facilitado por el agua, añade una capa de creatividad a la artesanía.

Curtido y trabajo del cuero

El agua facilita la transformación de pieles crudas en cuero. En la naturaleza, este arte ha sido utilizado por comunidades remotas durante siglos, transformando pieles crudas en cuero duradero. En situaciones de supervivencia, esta habilidad permite procesar pieles de animales para fabricar ropa, calzado o recipientes improvisados. El agua ablanda las pieles, haciéndolas más flexibles, y forma parte integral del proceso de curtido para preservar las pieles y transformarlas en cuero utilizable.

Fabricación de cuerdas y sogas

La fabricación de cuerdas o sogas a partir de fibras vegetales es otra habilidad valiosa en situaciones de supervivencia. El agua se utiliza para ablandar y retorcer las fibras, lo que facilita la creación de cuerdas resistentes y duraderas. Estas cuerdas sirven para construir refugios y fabricar herramientas. El dominio de la cordelería aumenta el ingenio y permite improvisar artículos esenciales para distintas tareas.

Cocina tradicional y preparación de alimentos

El agua es indispensable en la cocina tradicional como componente para hervir, cocinar al vapor y guisar. En situaciones de supervivencia, es esencial saber purificar el agua para el consumo y utilizarla para cocinar de forma segura. El agua garantiza la preparación de comidas saludables y nutritivas y facilita la extracción de nutrientes de las plantas comestibles, haciéndolas más sabrosas y digeribles.

Artesanía con fuego y herramientas para calentarlo

El agua interviene estratégicamente en la elaboración del fuego y el endurecimiento de las herramientas. Los métodos tradicionales para encender fuego suelen utilizar materiales que se benefician del tratamiento con agua, haciéndolos más propicios a la ignición por fricción. Del mismo modo, las herramientas de madera o hueso pueden endurecerse mediante la exposición controlada al agua y al fuego, lo que aumenta su durabilidad y funcionalidad en situaciones de supervivencia.

Medicina natural e infusiones

El agua es fundamental en la medicina tradicional y la herboristería, ya que sirve como medio para extraer compuestos beneficiosos de las plantas. En situaciones de supervivencia, el conocimiento de las plantas medicinales y la habilidad para crear infusiones o cataplasmas de hierbas utilizando agua es algo vital. El agua ayuda a extraer propiedades de las plantas, lo que permite tratar dolencias y lesiones utilizando remedios naturales.

Conciencia medioambiental y predicción meteorológica

El comportamiento del agua en el medio ambiente contiene información valiosa para la supervivencia. Para predecir los cambios meteorológicos, las técnicas tradicionales se basan en la lectura de señales de las masas de agua, como las ondulaciones, las corrientes o la vida acuática. Comprender estas señales ayuda a planificar y adaptarse a las condiciones ambientales, maximizando las posibilidades de sobrevivir. Es un ejemplo de que el agua no es solo un recurso, sino una fuente de información crucial para adaptarse a las condiciones cambiantes de la naturaleza.

El papel del agua en las técnicas tradicionales y la supervivencia va más allá de sus propiedades físicas. Cataliza la creatividad y la adaptabilidad, permitiendo a cualquiera elaborar artículos esenciales, extraer colores y predecir cambios medioambientales. Al comprender y utilizar el agua en estas diversas actividades, las personas mejoran su resistencia e ingenio para superar los retos que presenta la supervivencia.

Sin duda, el agua es el elixir de la vida, que se hace imposible sin ella. Es una sustancia única, una fuerza motriz para los seres vivos y un elemento crucial en todos los aspectos de la vida, desde la artesanía hasta la supervivencia. La tierra está cubierta por un 71 % de agua, de la cual solo el 3 % es agua dulce. De este 3 %, sólo el 1,2 % es potable. Aunque este precioso líquido que alimenta la vida en la tierra sigue siendo accesible, la expansión demográfica y la urbanización amenazan las reservas de agua potable del planeta. Afortunadamente, la mayoría de los gobiernos del mundo están tomando medidas eficaces para controlar el despilfarro de agua y trabajan en su conservación plantando árboles y creando espacios verdes urbanos. Muchas regiones incluso han empezado a monitorear el uso del agua para recopilar información relevante y tomar medidas eficaces que eviten la pérdida de esta preciosa fuente de vida.

Capítulo extra: Lista de chequeo rápida

Ahora que leyó el libro, esta lista de chequeo rápida le ayuda a orientar sus decisiones sobre la supervivencia con agua. La lista cubre todos los aspectos del uso del agua, incluyendo el almacenamiento, la purificación, el equipo necesario y para qué la necesita. Utilice estas directrices como referencia rápida para asegurarse de que va por el buen camino. A veces, mucha información resulta abrumadora. Esta lista de comprobación le ayuda a considerar todos los datos y asegurarse de no pasar nada por alto.

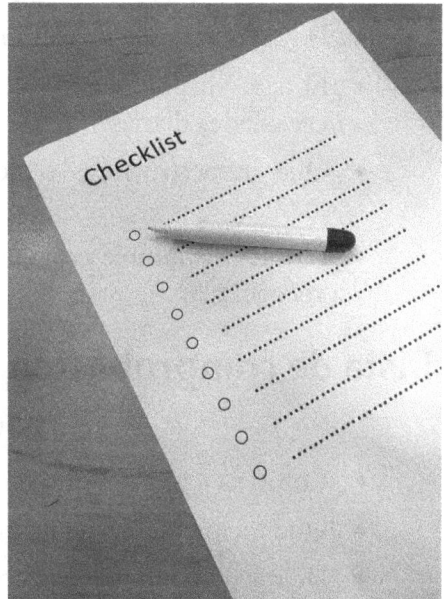

Atienda sus necesidades de agua llevando una lista de chequeo[40]

Si está estableciendo una granja, viajando, preparándose para una aventura o explorando la naturaleza, necesita una fuente de agua independiente. Sin embargo, teniendo en cuenta lo peligroso que es consumir y almacenar agua, debe comprobar dos o tres veces que está listo y que tiene todo lo necesario para disponer de agua potable y saludable. No quiere pasar por alto un detalle importante que ya conoce. Incluso los expertos cometen errores, por lo que es esencial disponer de una lista de chequeo exhaustiva que le recuerde todo lo que debe tener en cuenta. Tómese su tiempo y lea esta lista de comprobación para asegurarse de que tiene todo en cuenta.

Lista de comprobación hidrogeográfica

- ¿Cuál es la mejor forma de captar agua en su ubicación geográfica?
- ¿Cuáles son los peligros que afectan al agua en esta zona?
- ¿Cómo afecta el terreno a sus fuentes de agua?
- ¿El agua de la zona está limpia o contaminada?
- ¿El agua en la región es escasa o abundante?
- ¿Existe riesgo de inundación en la zona?
- ¿Hay sequías estacionales en la región?
- ¿El agua disponible en su zona es suficiente para satisfacer sus necesidades diarias?
- ¿Qué infraestructuras o herramientas necesita para acceder al agua?
- ¿El agua disponible está en la superficie o bajo tierra?, ¿cómo va a recogerla?

Lista de comprobación para el agua de lluvia y rocío

- ¿Cómo va a recoger el agua de lluvia?
- ¿Qué recipientes se adaptan mejor a sus necesidades?
- ¿De qué contaminantes debe preocuparse en la zona?
- ¿Dispone de un lugar fresco y seco para almacenar el agua?
- ¿Comprobó si los recipientes tienen fugas?
- ¿Qué métodos de purificación va a utilizar para limpiar el agua de lluvia o rocío?

- ¿La superficie que utiliza para recoger el agua de lluvia está limpia?
- ¿Hervirá el agua? ¿o utilizará otros métodos de desinfección como lejía o pastillas de cloro?
- ¿Está preparado para la estación seca?
- ¿Su capacidad de almacenamiento se ajusta a sus necesidades?
- ¿Estableció protocolos de limpieza para usted y para la zona de almacenamiento?
- ¿Sus recipientes de almacenamiento son aptos para alimentos?
- ¿Limpió los depósitos?
- ¿Rota el agua cada seis meses?

Lista de comprobación para la purificación del agua

- ¿Qué tipo de filtros de agua utiliza?
- ¿Va a utilizar tecnología de luz ultravioleta para limpiar el agua?
- ¿Qué tipo de pastillas de desinfección química satisfacen sus necesidades?
- ¿Sus métodos de purificación del agua son portátiles?
- ¿Sabe cuánto tiempo debe hervir el agua teniendo en cuenta los parásitos y patógenos presentes en su comunidad o en la región en la que se encuentra?
- ¿Comprobó si hay contaminantes en sus recipientes?
- ¿Es el método de purificación adecuado para el uso del agua?
- ¿Mantiene el agua para diversos usos y está correctamente etiquetada?
- ¿Dispone de un kit para analizar el agua?

Lista de comprobación para el agua de nieve y hielo

- ¿Se encuentra en una zona donde abunda la nieve y el hielo?
- ¿El hielo es de agua dulce o salada?

- ¿Dispone de suficiente combustible o energía para derretir la nieve y cubrir sus necesidades de consumo de agua?
- ¿Qué contaminantes hay en la nieve y cómo va a purificarla?

Lista de comprobación para viajar con agua

- ¿Cuánta agua necesita transportar?, ¿tiene capacidad para mover esa cantidad?
- ¿Son duraderos los recipientes?
- ¿Tiene forma de hervir el agua?
- ¿Tiene pastillas potabilizadoras?
- ¿De dónde va a sacar agua cuando viaje?, ¿es segura esa fuente?
- ¿Las botellas o recipientes están bien cerrados?
- ¿Tiene dispositivos de filtración portátiles?
- ¿Tiene un purificador UV?
- ¿Tiene un purificador eléctrico?
- ¿Tiene un kit portátil para analizar el agua?

Lista de comprobación para el almacenamiento de agua a largo plazo

- ¿Se han utilizado los recipientes para otra cosa que no sea agua?
- ¿Los recipientes para almacenar agua son seguros?
- ¿Dónde va a almacenar el agua y para qué la va a utilizar?
- ¿Cuánto tiempo quiere almacenar agua y de qué material están hechos los recipientes que utilizará?
- ¿Dispone de espacio suficiente y adecuado para el agua?
- ¿Cuántos litros necesita almacenar?
- ¿Es necesario que el depósito de agua sea móvil?
- ¿Cuántas personas utilizan su suministro de agua?
- ¿Tiene medios para filtrar y desinfectar el agua?

Lista de control para la conservación del agua

- ¿Son sostenibles sus métodos para recoger agua?

- ¿Los materiales utilizados son amigables con el medio ambiente?

- ¿Tiene en cuenta los productos químicos que utiliza y su efecto en la ecología local?

- ¿Limpia lo que ensucia?

- ¿Utiliza el agua de forma responsable sin malgastarla?

- ¿Tiene en cuenta a la comunidad que le rodea a la hora de recoger agua?

- ¿Ha comprobado si hay fugas en los sistemas de almacenamiento y distribución de agua?

- ¿Tiene en cuenta su impacto en el medio ambiente al recoger agua?

- ¿Utiliza el agua que le corresponde sin excederse en el consumo?

Para todas sus necesidades relacionadas con el agua, repase cuidadosamente esta lista de chequeo. No importa si viaja con una pequeña cantidad de agua o si almacena cientos de litros durante un largo periodo, esta lista de comprobación cubre todos los aspectos en los que debe pensar. Los detalles de purificación, almacenamiento, filtración y distribución son muy importantes para pasarlos por alto. Tómese su tiempo para repasar esta lista de chequeo y reflexione en profundidad sobre las indicaciones. El agua puede dar y quitar vida, por lo que es importante respetar esta sustancia milenaria. Si trabaja bien con el agua, satisfará muchas de sus necesidades, pero si no la respeta, es inevitable un resultado desastroso.

Conclusión

El agua es vida. Los humanos, los animales, las plantas y todas las demás criaturas la necesitan para sobrevivir. Si planea vivir fuera de la red de suministro, debe descubrir diferentes recursos hídricos y aprender a recoger, purificar y almacenar el agua para hidratarse, cultivar, bañarse, etc.

El libro comenzó explorando la importancia del agua y su papel como sustento de todas las formas de vida. Descubrió que es más vital que los alimentos y por qué siempre está asociada a la vida. También aprendió las graves consecuencias de la falta de agua.

A continuación, se expuso la relación entre las características físicas de la tierra y la presencia de agua. Aprendió a reconocer cordilleras, valles y otros accidentes geográficos. Descubrió cómo localizar el agua a través de su movimiento por diferentes paisajes.

Comprendió el proceso natural de formación de la lluvia y el rocío. A continuación, descubrió las metodologías para recoger agua mediante técnicas tradicionales e innovadoras. Después, aprendió a almacenar el agua de lluvia y rocío. Descubrió cuáles son los mejores recipientes para el almacenamiento a largo plazo, así como sus tamaños y materiales. También vio la importancia de mantener el agua sin contaminar.

El agua recogida no es segura para el consumo hasta que esté purificada. Por esto, comprendió los riesgos del agua no tratada y aprendió diferentes métodos de purificación para consumir agua limpia.

La mayoría de los recursos hídricos están congelados en un entorno frío. Si es su caso, descubrió técnicas para derretir la nieve y el hielo.

También aprendió mitos y conceptos erróneos sobre la nieve, para no cometer errores fatales.

Si vive en un entorno con recursos hídricos limitados, necesita estrategias para conservar el agua. Por eso, comprendió los retos de una región propensa a las sequías y aprendió técnicas eficaces para minimizar el consumo de agua.

Las personas que están siempre en movimiento se enfrentan a más retos que las que se asientan en un solo lugar. Para estos casos, aprendió a abastecerse de agua cuando está en movimiento y cuáles son las necesidades de hidratación derivadas de un mayor esfuerzo físico.

A continuación, descubrió técnicas para almacenar el agua sin contaminarla. Conoció los recipientes de almacenamiento adecuados y sus materiales, diseños y capacidades. También descubrió las mejores prácticas de almacenamiento en diversos entornos.

El agua no solo sirve para hidratarse. Por eso, descubrió los múltiples usos del agua en la vida cotidiana y aprendió sobre su importancia en emergencias y contextos de supervivencia.

La vida sin agua es imposible.

Vea más libros escritos por Dion Rosser

Referencias

Cemento, J. K. (2023, 11 de agosto). Métodos, técnicas y consejos para la recolección de agua de lluvia. Cemento JK. https://www.jkcement.com/blog/construction-planning/rain-water-harvesting-techniques/

Componentes de un sistema de captación de agua de lluvia. (s.f.). Rainwaterharvesting.org. http://www.rainwaterharvesting.org/Urban/Components.htm

Captación de agua de lluvia. (s.f.). Recolección de agua de lluvia para tierras secas y más allá por Brad Lancaster. Recolección de agua de lluvia para tierras secas y más allá por Brad Lancaster. https://www.harvestingrainwater.com/

Redacción de Vivienda. (2023, 12 de junio). Recolección de agua de lluvia: importancia, técnicas, pros y contras. Noticias de Vivienda. https://housing.com/news/different-rain-water-harvesting-methods/

Maxwell-Gaines, C. (2004, 3 de abril). Captación de agua de lluvia 101. Soluciones Innovadoras de Agua LLC. https://www.watercache.com/education/rainwater-harvesting-101

Ogale, S. (2023). Sistema de captación de agua de lluvia. En Enciclopedia Británica.

Sistema de recolección de agua de lluvia: pasos, ventajas y tipos. (s.f.). Ultratechcement.com. https://www.ultratechcement.com/for-homebuilders/home-building-explained-single/descriptive-articles/the-steps-to-an-efficient-rainwater-harvesting-system

Captación de agua de lluvia. (2016, 6 de enero). BYJUS; BYJU'S. https://byjus.com/biology/rainwater-harvesting/

Estudio de caso de Ruchi Singhal. (s.f.). Captación de agua de lluvia. Cseindia.org. https://www.cseindia.org/rainwater-harvesting-1272

Sarkar, S. K., & Tigala, S. (27 de octubre de 2022). Recolectar agua de lluvia para la seguridad hídrica. Línea de negocio. https://www.thehindubusinessline.com/opinion/harvest-rainwater-for-water-security/article66060897.ece

Vartan, S. (2020, 4 de diciembre). Una guía para principiantes sobre la recolección de agua de lluvia. Abrazador de árboles. https://www.treehugger.com/beginners-guide-to-rainwater-harvesting-5089884

Conservación del agua: Captación de agua de lluvia. (s.f.). Mygov.In. https://blog.mygov.in/water-conservation-rainwater-harvesting/

Revolucionar los espacios urbanos: Cinco técnicas innovadoras para recoger agua de lluvia. (sin fecha). https://smartwateronline.com/news/revolutionising-urban-spaces-5-innovative-rainwater-harvesting-techniques

(sin fecha). Iwaponline.com. https://iwaponline.com/ws/article/20/8/3052/75992/Crafting-futures-together-scenarios-for-water

(s.f.). Masterclass.com. https://www.masterclass.com/articles/how-to-find-water

(Sin fecha). Amnh.org. https://www.amnh.org/explore/ology/water/what-is-water

(N.d.-a). Nyp.org. https://www.nyp.org/healthlibrary/definitions/untreated-water#:~:text=Untreated%20water%20is%20drinking%20water,and%20mild%20to%20severe%20illness.

(N.d.-b). Amnh.org. https://www.amnh.org/exhibitions/water-h2o--life/life-in-water/humans-and-water

(N.d.-b). Aspiringyouths.com. https://aspiringyouths.com/advantages-disadvantages/water-purifier/#google_vignette

(N.d.-c). Iwaponline.com. https://iwaponline.com/jwh/article/19/1/89/78374/Shungite-application-for-treatment-of-drinking

Nueve ventajas de los sistemas de desalinización de agua de mar. (s.f.). Pure Aqua. Inc. https://pureaqua.com/blog/9-advantages-of-seawater-desalination-systems/

Una solución a la escasez de agua. (s.f.). TREE AID. https://www.treeaid.org/blogs-updates/water/

Ventajas e inconvenientes de la desalinización. (s.f.). Brother Filtration. https://www.brotherfiltration.com/pros-and-cons-desalination/

Anderberg, J. (2016, 20 de abril). Cómo encontrar agua en la naturaleza. The Art of Manliness; Art of Manliness. https://www.artofmanliness.com/skills/outdoor-survival/how-to-find-water-in-the-wild/

Bramley, A. (2022, 3 de enero). ¿Es seguro comer nieve? Los científicos dicen que sí (con estas precauciones). NPR. https://www.npr.org/sections/thesalt/2016/01/23/463959512/so-you-want-to-eat-snow-is-it-safe-we-asked-scientists

Cal, R. (2019, 16 de marzo). Guía de once métodos para la filtración y purificación de agua fuera de la red. Rustic Skills; Regina Cal. https://rusticskills.com/off-grid-water-systems/off-grid-water-filtration-purification/

Caldwell, J. (2019, 11 de julio). Sistemas de filtración de agua de desalinización. Qué es la desalinización. Tecnologías de equipos de agua; Tecnologías de equipos de agua - WET. https://wetpurewater.com/desalination-water-filtration-systems/

CDC. (2023, 19 de abril). Creación y almacenamiento de un suministro de agua de emergencia. Centros para el control y la prevención de enfermedades. https://www.cdc.gov/healthywater/emergency/creating-storing-emergency-water-supply.html

CDC. (2023a, 13 de abril). Garantizar la seguridad del agua en caso de emergencia. Centros para el Control y la Prevención de Enfermedades. https://www.cdc.gov/healthywater/emergency/making-water-safe.html

CDC. (2023b, 19 de abril). Cómo crear y almacenar un suministro de agua de emergencia. Centros para el control y la prevención de enfermedades. https://www.cdc.gov/healthywater/emergency/creating-storing-emergency-water-supply.html

Cho, R. (2011, 7 de marzo). Los colectores de niebla: Cosechar agua del aire. State of the Planet; Columbia Climate School. https://news.climate.columbia.edu/2011/03/07/the-fog-collectors-harvesting-water-from-thin-air/

Clarke, J. (2022, 10 de diciembre). ¿Por qué no puede comer nieve para hidratarse en una situación de supervivencia? advnture.com. https://www.advnture.com/features/dont-eat-snow

Guía completa de filtración de agua para casas rodantes. (2022, 23 de julio). Engineers Who Van Life - DIY Van Building & Van Life. https://engineerswhovanlife.com/campervan-water-filtration/

Cunningham, R. (2023, 2 de mayo). Cómo recoger agua de rocío: Técnicas eficientes para el aprovechamiento de los recursos naturales. Survival World. https://www.survivalworld.com/water/gathering-dew/

Debutify, & Tasneem, S. (2022, 3 de enero). Siete maravillosos beneficios de la shungita para el agua (actualización de 2023). Atmosure. https://atmosure.com/blogs/stories/shungite-water-benefits

Rocío. (s.f.). Nationalgeographic.org. https://education.nationalgeographic.org/resource/dew/

Agua potable. (s.f.). Who.int. https://www.who.int/news-room/fact-sheets/detail/drinking-water

DrinkPrime. (2023, 10 de abril). Agua hervida frente a agua filtrada: ¿Cuál es mejor? Drinkprime.In; DrinkPrime. https://drinkprime.in/blog/boiled-water-vs-filtered-water/

Fink, L. (2022, 3 de agosto). Recipiente de arcilla para agua: la mejor forma de filtrar el agua en 2022. Uai Central. https://uaicentral.com/blogs/news/clay-water-pot

Fitzgerald, S. (2019, 7 de marzo). Seis formas de viajar con agua potable sin plástico. National Geographic. https://www.nationalgeographic.com/travel/article/how-to-drink-water-safety-on-vacation-sustainability

La superficie inclinada acelera la recolección de rocío -. (2019, 20 de marzo). Physics World. https://physicsworld.com/a/grooved-surface-accelerates-dew-harvesting/

Haas, E. (2018, 18 de septiembre). Guía del excursionista para mantenerse hidratado y tratar la deshidratación. Backpacker. https://www.backpacker.com/survival/how-to-stay-hydrated-and-treat-dehydration/

Hari, A. (2023, 20 de octubre). ¿Puede deshidratarse por comer nieve? Verdad o mito. Medium. https://medium.com/@marketing_14327/can-eating-snow-dehydrates-you-truth-or-myth-d00b4fdb3882

Cosechar agua y aprovechar la cooperación: Los *qanat* en Medio Oriente y Asia. (sin fecha). Middle East Institute. https://www.mei.edu/publications/harvesting-water-and-harnessing-cooperation-qanat-systems-middle-east-and-asia

Hitchcock, J. (2023, 3 de marzo). Cómo hervir agua sin electricidad - Quince maneras fáciles. Survival Stoic. https://survivalstoic.com/how-to-boil-water-without-electricity/

Almacenamiento casero de agua para emergencias. (2017, 8 de diciembre). Departamento de Calidad Medioambiental de Utah. https://deq.utah.gov/drinking-water/emergency-water-storage

Cómo desalinizar el agua. (2011, 16 de mayo). wikiHow. https://www.wikihow.com/Desalinate-Water

Cómo encontrar agua en un escenario de supervivencia. (2021, 18 de octubre). Operatorsassociation.com. https://www.operatorsassociation.com/how-to-find-water-in-a-survival-scenario

Cómo encontrar agua en una situación de supervivencia. (s.f.). Tacticalgear.com. https://tacticalgear.com/experts/how-to-find-water-in-a-survival-situation

Cómo recoger agua de lluvia. (s.f.). Off-Grid Collective. https://www.offgridcollective.co.nz/pages/how-to-harvest-rain-water

Hung, E. (2018, 14 de octubre). Los mejores contenedores para almacenar agua en emergencias [probado]. Pewpewtactical.com; Pew Pew Media, Inc. https://www.pewpewtactical.com/best-water-storage-containers/

Impulse, S. (s.f.). Soluciones a la escasez de agua. Solarimpulse.Com; Solar Impulse Foundation. https://solarimpulse.com/water-scarcity-solutions

Salud individual y familiar. (s.f.). Bacterias, virus y parásitos en el agua potable. State.Mn.Us. https://www.health.state.mn.us/communities/environment/water/contaminants/bacteria.html

Isobeld. (2016, 25 de febrero). Derretir el agua: Cómo obtener agua de la nieve y el hielo. TGO Magazine. https://www.thegreatoutdoorsmag.com/skills/melt-water-how-to-get-water-from-ice-and-snow/

KPS. (2017, 21 de abril). Diez formas de encontrar agua para sobrevivir en la naturaleza. Know Prepare Survive. https://knowpreparesurvive.com/survival/10-ways-to-find-water/

Kresh, M. (2018, 14 de octubre). ¿Pueden las jarras de barro filtrar el agua? Green Prophet. https://www.greenprophet.com/2018/10/how-clay-jugs-make-polluted-water-safe/

Kylene. (2018, 8 de agosto). Cómo almacenar agua para la preparación ante emergencias. The Provident Prepper - Common Sense Guide to Emergency Preparedness, Self-Reliance and Provident Living. https://theprovidentprepper.org/how-to-store-water-for-emergency-preparedness/

Lewicky, A. (2008). Cómo derretir la nieve para obtener agua. SierraDescents. https://www.sierradescents.com/2008/05/how-to-melt-snow-for-water.html

Libretextos. (2020, 27 de mayo). 13.3: Escasez de agua y soluciones. Biology LibreTexts; Libretexts. https://bio.libretexts.org/Bookshelves/Ecology/Environmental_Science_(Ha_and_Schleiger)/04%3A_Humans_and_the_Environment/4.02%3A_Water_Resources/4.2.03%3A_Water_Scarcity_and_Solutions

Los usos del agua en la vida cotidiana. (2022, 4 de julio). Byjus.com; BYJU'S. https://byjus.com/question-answer/list-the-uses-of-water-in-our-daily-life/

Gestión de la escasez de agua. (sin fecha). Fondo Mundial para la Naturaleza. https://www.worldwildlife.org/projects/managing-water-scarcity

McKay, K. (2021, 22 de agosto). Cómo almacenar agua para emergencias a largo plazo. The Art of Manliness; Art of Manliness. https://www.artofmanliness.com/skills/outdoor-survival/hydration-for-the-apocalypse-how-to-store-water-for-long-term-emergencies/

Miller, K. (2021, 1 de enero). ¿Es seguro comer nieve? Los médicos explican los posibles efectos secundarios - prevention. Prevention.com. https://www.prevention.com/health/a34618470/is-it-safe-to-eat-snow/

Millhone, C. (2023, 24 de octubre). Shungita: ¿Esta piedra «curativa» es tan buena como se dice? Health. https://www.health.com/shungite-7972956

Minimizar el crecimiento de algas en estanques de granjas. (2021, 9 de marzo). Agriculture Victoria. https://agriculture.vic.gov.au/farm-management/water/managing-dams/minimising-algal-growth-in-farm-dams

Mollah, M. (2023, 23 de mayo). Siete soluciones sostenibles a la escasez de agua. Sea Going Green. https://www.seagoinggreen.org/blog/2023/5/23/7-sustainable-solutions-to-water-scarcity

Muskrat, J. (2017, 16 de octubre). Tres formas de obtener agua potable de la nieve. Instructables. https://www.instructables.com/Three-Ways-to-Get-Safe-Drinking-Water-from-Snow/

Naude, J. (2022, 1 de noviembre). Cómo almacenar agua de forma segura a largo plazo. Abeco Tanks. https://abecotanks.co.za/long-term-water-storage/

Personal de Offgrid. (2017, 26 de julio). El mito del racionamiento de agua si está perdido en el desierto. RECOIL OFFGRID. https://www.offgridweb.com/preparation/the-myth-of-water-rationing-while-stranded-in-the-desert/

Gente, O., y Consejo Asesor. (2019, 25 de marzo). Entender los códigos de reciclaje de plástico: Su guía para el RIC. Sustainable Brands. https://sustainablebrands.com/read/corporate-member-update/understanding-plastic-recycling-codes-your-guide-to-the-ric

Price, A. (s.f.). Obtención de agua de la nieve y el hielo - dryad bushcraft. Dryadbushcraft.co.uk. https://www.dryadbushcraft.co.uk/bushcraft-how-to/obtaining-water-from-snow-and-ice

Rae. (2022, 9 de junio). Cómo preparar agua falsa para artesanías (+ Guía para terrarios de resina). Terrarium Tribe. https://terrariumtribe.com/fake-water-for-crafts/

Ramey, J. (2017, 25 de agosto). Los mejores recipientes para almacenar agua en casa. The Prepared. https://theprepared.com/homestead/reviews/best-two-week-emergency-water-storage-containers/

Ray, T. (2013, 10 de abril). La purificación del agua. American Hiking Society. https://americanhiking.org/resources/water-purification/

Ósmosis inversa. (2019, 20 de febrero). BYJUS; BYJU'S. https://byjus.com/chemistry/reverse-osmosis/

Ósmosis inversa. (2020, 28 de junio). VEDANTU. https://www.vedantu.com/chemistry/reverse-osmosis

Rosinger, A. Y. (s.f.). La evolución humana condujo a una sed extrema de agua. Scientific American.

Sahana. (2022, 30 de abril). Diez ventajas y desventajas de la cloración del agua que debe conocer. Tech Quintal.

https://www.techquintal.com/advantages-and-disadvantages-of-chlorination-of-water/

Scavetta, A. (s.f.-a). Agua hervida frente al agua filtrada. Aquasana.com. https://www.aquasana.com/info/boiled-water-vs-filtered-water-pd.html

Scavetta, A. (s.f.-b). Filtro de agua frente a purificador de agua: ¿Cuál es la diferencia? Aquasana.com. https://www.aquasana.com/info/water-filter-vs-water-purifier-pd.html

Cloración de choque. (2020, 5 de agosto). Programa de agua de pozo. https://wellwater.oregonstate.edu/well-water/bacteria/shock-chlorination

Shoop, M. (2010, 10 de septiembre). Cómo filtrar agua con macetas de barro. Sciencing; Leaf Group. https://sciencing.com/filter-water-clay-pots-6975650.html

Singh, P. K. (2023, 27 de septiembre). La purificación del agua y sus ventajas y desventajas. Livpure. https://livpure.com/blogs/article/water-purification-and-its-advantages-and-disadvantages

Sissons, C. (2020, 27 de mayo). ¿Qué porcentaje del cuerpo humano es agua? Medicalnewstoday.com. https://www.medicalnewstoday.com/articles/what-percentage-of-the-human-body-is-water

SITNFlash. (2019, 26 de septiembre). Funciones biológicas del agua: ¿Por qué el agua es necesaria para la vida? Science in the News. https://sitn.hms.harvard.edu/uncategorized/2019/biological-roles-of-water-why-is-water-necessary-for-life/

Smith, A. O. (2019, 23 de julio). Diez formas efectivas de purificar el agua potable. A. O. Smith India. https://www.aosmithindia.com/easy-and-effective-ways-to-purify-water/

Desinfección solar del agua. (sin fecha). Ctc-n.org. https://www.ctc-n.org/technologies/solar-water-disinfection

Soluciones 12/01/2020, P. W. (2020, 1 de diciembre). ¿Es seguro comer nieve cuando se tiene sed? Pentair Water Solutions. https://www.pentair.com/en-us/water-softening-filtration/blog/snow-into-water.html#:~:text=Recoger%20hielo%20o%20nieve%20y,to%20catch%20the%20falling%20water.

Almacenar el agua de forma segura - Guías de salud Hesperian. (sin fecha). Hesperian.org. https://en.hesperian.org/hhg/A_Community_Guide_to_Environmental_Health:Store_Water_Safely

Stricklin, T. (2023, 5 de octubre). Quince enfermedades peligrosas causadas por el agua contaminada. Sistemas de filtración de agua SpringWell. https://www.springwellwater.com/15-dangerous-diseases-caused-by-contaminated-drinking-water/

Tallarico, G. (2018, 20 de julio). Captación de agua de lluvia: ocho métodos. Asociación Mundial de Permacultura. https://worldpermacultureassociation.com/rainwater-harvesting-8-methods/

Las mejores formas de mantenerse hidratado en la naturaleza. (sin fecha). Survivor Filter. https://www.survivorfilter.com/blogs/home/the-best-ways-to-stay-hydrated-in-the-wild

TIMESOFINDIA.COM. (2023, 25 de agosto). Recuperar la *Matka*: Por qué el agua de olla de barro es la más saludable. Times Of India. https://timesofindia.indiatimes.com/life-style/food-news/bringing-back-the-matka-why-clay-pot-water-is-the-healthiest/articleshow/103057332.cms?from=mdr

Tom. (2023, 2 de febrero). Riesgos para la salud de consumir agua de nieve derretida, lo que debe saber. Weather Geeks.

Agua sin tratar. (s.f.). Alberta.Ca. https://myhealth.alberta.ca/Health/Pages/conditions.aspx?hwid=stu3124&lang=en-ca

Us Epa, O. W. (2015). Desinfección de emergencia del agua potable. https://www.epa.gov/ground-water-and-drinking-water/emergency-disinfection-drinking-water

Us Epa, O. W. (2017). Cómo usamos el agua. https://www.epa.gov/watersense/how-we-use-water

Purificación UV del agua y cómo funciona. (s.f.). Espwaterproducts.com. https://www.espwaterproducts.com/understanding-uv-water-filtration-sterilization/

Van Vuuren, A. (2023, 28 de junio). Ventajas de las soluciones de tratamiento de agua con energía solar. NuWater Water Treatment Solutions South Africa https://nuwater.com/advantages-of-solar-powered-water-treatment-solutions/

Vuković, D. (2020, 14 de octubre). Plásticos seguros para los alimentos: ¿Qué recipientes de plástico son seguros para almacenar alimentos y agua? Primal Survivor. https://www.primalsurvivor.net/food-safe-plastics/

Iniciativas de conservación del agua en regiones propensas a la sequía. (n.d.). Energy5. https://energy5.com/water-conservation-initiatives-in-drought-prone-regions

El agua en la naturaleza. (2020, 11 de mayo). The Survival University. https://thesurvivaluniversity.com/survival-tips/wilderness-survival-tips/all-things-water/water-in-the-wild/

Purificación del agua, sus ventajas y desventajas. (2018,23 de abril). Jplast.Co.Za; JPlast. http://jplast.co.za/2018/04/23/water-purification-and-its-advantages-and-disadvantages/

Escasez de agua. (n.d.). World Wildlife Fund. https://www.worldwildlife.org/threats/water-scarcity

Lemire, M. (2023, 3 de noviembre). *5 consejos para prevenir la deshidratación durante el montañismo*. Adventure Medical Kits. https://adventuremedicalkits.com/blogs/news/5-tips-to-prevent-dehydration-while-hiking

Water, C. (2022, 13 de diciembre). *Ventajas y desventajas de los principales métodos de filtración*. Clean Tech Water. https://www.cleantechwater.co.in/what-are-the-advantages-and-disadvantages-of-different-water-filtration-methods/

¿Cuáles son las ventajas de un filtro de agua de ósmosis inversa? (n.d.). Espwaterproducts.com. https://www.espwaterproducts.com/reverse-osmosis-advantages-and-disadvantages/

¿Qué es la hidrogeología y qué hacen los hidrogeólogos? (2018, 17 de diciembre). IAH - The International Association of Hydrogeologists. https://iah.org/education/general-public/what-is-hydrogeology

¿Por qué el agua es esencial para la vida? (2020, 9 de enero). Toppr Ask. https://www.toppr.com/ask/question/why-is-water-essential-for-life/

Williams, T. (2023, 27 de junio). *Guía de supervivencia para encontrar agua en la naturaleza*. Desert Island Survival. https://www.desertislandsurvival.com/how-to-find-water/

Woodard, J. (2018, 27 de julio). *¿Qué es un sistema de ósmosis inversa y cómo funciona?* Fresh Water Systems. https://www.freshwatersystems.com/blogs/blog/what-is-reverse-osmosis

Guía de filtros de agua de intercambio iónico. (n.d.). Freedrinkingwater.com. https://www.freedrinkingwater.com/water-education/quality-water-filtration-method-ion-exchange.htm

Zagala, R. (2018, 20 de marzo). *La mejor filtración de agua fuera de la red: Cómo filtrar tu agua sin la red eléctrica*. The Berkey. https://theberkey.com/blogs/water-filter/best-off-grid-water-filtration-how-to-filter-your-water-without-the-power-grid

Zhou, W., Matsumoto, K., & Sawaki, M. (2023). Sistemas domésticos tradicionales para recoger agua de lluvia: clasificación, retos de sostenibilidad y perspectivas para el futuro. *Journal of Asian Architecture and Building Engineering, 22*(2), 576–588. https://doi.org/10.1080/13467581.2022.2047979

Fuentes de imágenes

[1] https://www.pexels.com/photo/raindrops-1529360/

[2] https://pixabay.com/zh/illustrations/water-cycle-rain-clouds-8176128/

[3] https://www.pexels.com/photo/photo-of-foggy-forest-4633377/

[4] https://www.pexels.com/photo/photo-of-roof-while-raining-2663254/

[5] https://www.pexels.com/photo/person-on-mountain-1647972/

[6] Wikideas1, CC0, vía Wikimedia Commons:
https://commons.wikimedia.org/wiki/File:Standing_seam_metal_roof_low_pitch_roof-3.jpg

[7] Secretaría de SuSanA, CC BY 2.0 <https://creativecommons.org/licenses/by/2.0>, vía Wikimedia
Commons: https://commons.wikimedia.org/wiki/File:Variety_of_water_storage_tanks_and
_rainwater_harvesting_equipment_(4481564110).jpg

[8] Stilfehler, CC BY-SA 4.0 <https://creativecommons.org/licenses/by-sa/4.0>, vía Wikimedia
Commons: https://commons.wikimedia.org/wiki/File:Upstate_New_York_Seamless_
Aluminum_Gutters_02.jpg

[9] hatps://picsby.com/vectors/virus-boat-doctor-team-rescue-7341187/

[10] httpps://commons.wikimedia.org/wiki/file:Aerogel_hand.jpg

[11] https://pixabay.com/vectors/washhouse-laundry-house-room-294621/

[12] https://www.pexels.com/photo/crop-person-filling-bottle-with-water-from-drinking-fountain-
7245245/

[13] Genetics4good, GFDL <http://www.gnu.org/copyleft/fdl.html>, vía Wikimedia Commons:
https://commons.wikimedia.org/wiki/File:Water_stress_2019_WRI.png

[14] https://pixabay.com/photos/water-droplets-dewdrops-water-955929/

[15] https://unsplash.com/photos/persons-eyes-looking-on-left-side-mE6e5-5jLu8

[16] https://pixabay.com/photos/raindrops-sheets-ladybug-574971/

[17] *PePeEfe, CC BY-SA 4.0<https://creativecommons.org/licenses/by-sa/4.0>, vía Wikimedia Commons: https://commons.wikimedia.org/wiki/File:Water_well_-_Coste%C8%99ti_-_Romania.jpg*

[18] *https://pixabay.com/photos/raindrop-drops-car-roof-heaven-4929166/*

[19] *No se ha proporcionado un autor legible por máquina. Zimbres asumidos (basados en reclamaciones de derechos de autor). CC BY-SA 2.5<https://creativecommons.org/licenses/by-sa/2.5>, vía Wikimedia Commons: https://commons.wikimedia.org/wiki/File:Gabion1.jpg*

[20] *ModalPeak, CC BY-SA 4.0<https://creativecommons.org/licenses/by-sa/4.0>, vía Wikimedia Commons: https://commons.wikimedia.org/wiki/File:Forester_Tent_Tarp_and_Poles_(6262CE06).jpg*

[21] *Pafnutius, CC BY-SA 3.0<https://creativecommons.org/licenses/by-sa/3.0>, vía Wikimedia Commons: https://commons.wikimedia.org/wiki/File:QanatFiraun.JPG*

[22] *Jakub Hałun, CC BY-SA 4.0<https://creativecommons.org/licenses/by-sa/4.0>, vía Wikimedia Commons: https://commons.wikimedia.org/wiki/File:20191219_Panna_Meena_ka_Kund_step_well,_Amber,_Jaipur,_1132_9646.jpg*

[23] *Coleopter, CC BY-SA 4.0<https://creativecommons.org/licenses/by-sa/4.0>, vía Wikimedia Commons: https://commons.wikimedia.org/wiki/File:Uv_lamp.jpg*

[24] *https://pixabay.com/photos/metal-container-technology-8332370/*

[25] *https://unsplash.com/photos/a-pond-surrounded-by-trees-in-the-middle-of-a-forest-7CdNNvjiw9E?utm_content=creditShareLink&utm_medium=referral&utm_source=unsplash*

[26] *Bibiire1, CC BY-SA 4.0<https://creativecommons.org/licenses/by-sa/4.0>, vía Wikimedia Commons: https://commons.wikimedia.org/wiki/File:A_stagnant_water_at_Ilepo_Araromi.jpg*

[27] *https://pixabay.com/photos/water-drops-falling-droplets-20044/*

[28] *https://unsplash.com/photos/person-pouring-water-on-white-ceramic-mug-A4Gy_rEdsdA?utm_content=creditShareLink&utm_medium=referral&utm_source=unsplash*

[29] *Devan Hsu, CC BY-SA 2.0 https://creativecommons.org/licenses/by-sa/2.0, vía Wikimedia Commons: https://commons.wikimedia.org/wiki/File:ITRI_Intelligent_Seawater_Desalination_System_20170603.jpg*

[30] *Mx. Granger, CC0, vía Wikimedia Commons: https://commons.wikimedia.org/wiki/File:Iodine_pills.jpg*

[31] *https://pixabay.com/photos/ice-melt-frost-melting-frozen-570500/*

[32] *https://pixabay.com/photos/to-protect-hands-ecology-protection-450596/*

[33] *Naksh, CC0, vía Wikimedia Commons: https://commons.wikimedia.org/wiki/File:Water-Reservoir-51552-pixahive.jpg*

[34] *https://pixabay.com/photos/faucet-fountain-water-1684902/*

[35] *https://unsplash.com/photos/green-plants-and-trees-during-daytime-GwDQjh66Le8?utm_content=creditShareLink&utm_medium=referral&utm_source=unsplash*

[36] *https://pixabay.com/photos/storage-tanks-vats-metal-tanks-20959/*

---

[37] https://unsplash.com/photos/green-hydro-flask-tumbler-on-wood-slab-ktpymCAIvGc?utm_content=creditShareLink&utm_medium=referral&utm_source=unsplash

[38] https://pixabay.com/photos/water-jet-shower-to-water-water-8007873/

[39] *Foto de* Tony Pham *en* Unsplash https://unsplash.com/photos/woman-in-black-long-sleeve-shirt-and-black-pants-standing-on-green-grass-field-during-daytime-TV7m_tpmqhw

[40] https://pixabay.com/photos/checklist-check-list-pen-3556832/

www.ingramcontent.com/pod-product-compliance
Lightning Source LLC
Chambersburg PA
CBHW071957260326
41914CB00004B/830